岁月可当歌

邓传理　黄圣依　著

东方出版中心有限公司

1976年5月，传理（右一）与父母及姐姐的全家合影

1993年，传理（后排右一）在美国与奶奶（前排）、小姑姑（后排右二）、叔叔（后排左二）、婶婶（后排左一）合影

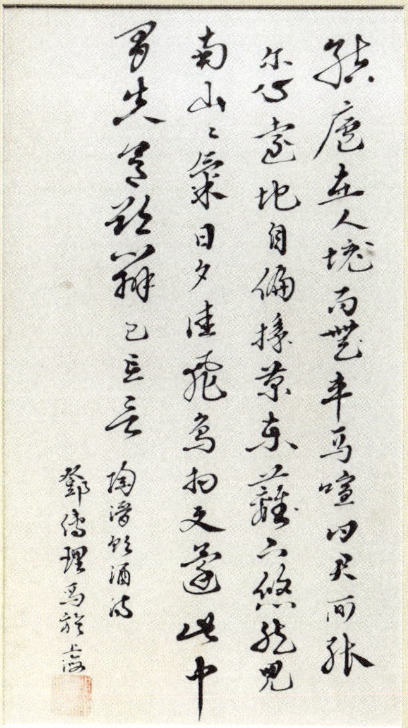

传理的书法作品

传理的绘画作品

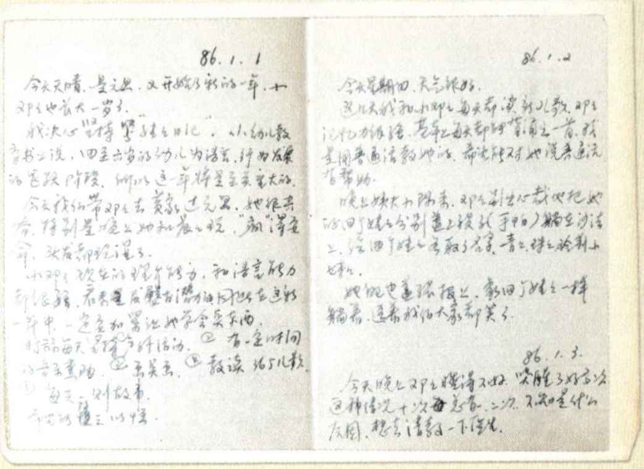

86.1.1

今天天晴，是元旦，又开始了新的一年，小邓邓也长大一岁了。

我决心坚持写好宝宝日记。小幼儿教育书上说，四至六岁的幼儿为语言、行为发展的关键阶段，所以这一年将是至关重要的。

今天我们带邓邓去黄家过元旦，她很高兴，特别是晚上她和表姐姐“疯”得要命，大家都玩累了。

小邓邓接受新事物能力和语言能力都很强，[illegible]在这新的一年中，一定要加紧让她学会更多东西。

打算每天安排以下活动。① 有一定时间[illegible] ② [illegible] ③ 教读幼儿歌。[illegible]每天一则故事。[illegible]

86.1.2

今天是星期四，天气很好。

这几天我和小邓邓每天都读新儿歌，邓邓记忆力很强，基本上每天都能背诵一首。我[illegible]普通话教她的，希望能对她说普通话有帮助。

晚上姨夫和阿姨来，邓邓别出心裁地把她的四个娃娃分别盖上被子（手帕）躺在沙发上，给四个娃娃分别取了名字，[illegible]

她说也要[illegible]，和四个娃娃一样躺着，逗得我们大家都笑了。

86.1.3.

今天晚上邓邓睡得不好，哭醒了好多次，[illegible]不知是什么原因，想去请教一下医生。

传理写的宝宝日记

邓邓小时候的素描作品

邓邓一岁时母女合照

传理全家与书法老师李天马（右一）合影

邓邓（前排左二）在徐汇区少年宫排练

1996年，邓邓在南浔一座桥上拍照留念

1999 年，邓邓在西昌卫星发射中心留影

邓邓和表舅吴敬琏及其夫人周南

邓邓和丈夫、孩子在一起

2021 年元旦，传理在三亚

目录

二　小松植平原，他日自参天

三 人散后，一钩新月天如水

四 似是故人来

推荐序

◊ 吴敬琏

作为一个经济学家，我很欣赏诺思教授在《制度、制度变迁与经济绩效》一书中提出的路径依赖的理论。在我近一个世纪的人生旅程中，能结合中国正在经历的一个伟大的变革，来谈中国的经济改革，谈一个家族的兴衰的历史，我觉得很有意思。

邓传理的父亲邓友金是我的舅舅，在经济界，他是我的前辈，同样是一个经济学家。但传理和我的母亲邓季惺一样是一个新闻工作者。因此，家族史中的我们，有很多的相同点。但是个人的命运和国家的命运息息相关，这就是个人命运的历史局限。

中国正在经历一个伟大的变革，是一个重大的制度变革过程。这种过程具有路径依赖的特征是不言而喻的。这就是说，第一，初始的体制选择会提供现存的刺激和惯性，因为沿着原有的体制变化路径和既定方向往前走，总比另辟蹊径要来得方便一些。第二，一种体制形成以后，会形成某种在现存体制中既得利益的压力集团，这种集团一般来说会力求巩固现有制度，而不管新的改革是否较之现存体制更有效。我们的目标是清楚的，具体措施的大方向也是正确的，可是只要在初始的路径选择上有一些细微的差异，在往后的发展中，它就会按本身的逻辑，偏离原来的目标。这就是俗话说的“差之毫厘，谬以千里”。所以我们如果发现了路径偏离，就要尽快地采取措施，加以纠正。

我的母亲去世二十六年了，她创办了《新民报》(《新民晚报》前身)，并在抗日战争期间创造了《新民报》五地八版的辉煌，她的一生是以一个企业家的姿态实现自己的人生追求。传理是我们家唯一一个在改革开放以后进入上海报纸发行量最多的《新民晚报》社工作的人，她的报人经历和我母亲的紧密相连。

知识得以贯通，即获得“每有会意，便欣然忘食”的快乐。正因为有这样的体验，我愿意为本书作序，这样做，一方面是为了向读者推荐，另一方面，也希望有更多的作者来做与之相类似的工作，起抛砖引玉的作用。

2021年1月

自序一

◊ 邓传理

要写生活史，首先需要有生活的经验，自己七十年的人生岁月，相对我的同龄人来说，经历还是比较丰富的。

我的童年是幸福的，父母关心我的生活，也关心我的学习，时下父母们对孩子进行素质教育，让他们参加各种艺术培训，这些我早在孩提的时候便有幸享有了，当然我也没忘在女儿邓邓[1]的教育中传承这一理念。

我的下乡务农生活，与同时代的上山下乡知识青年相比，是比较特殊的，我是个人联系的插队落户，去的地方是江南鱼米之乡南浔，南浔有小莲庄和嘉业藏书楼。正是这些特殊性使得我有更多的人生历练与对农村生活的感受。

改革开放后，我进了《新民晚报》工作，我更广泛地接触了各阶层的民众，倾听他们的心声，报道他们的喜怒哀乐。我遵循

1　黄圣依的小名。

我姑妈[1]和老一代报人的教导，认认真真地做一个新闻人，我也牢记父母给我起的名字的意义，“传理”就是传播真理。

20世纪90年代，我走出国门到过美国，在那里开阔了眼界，感受了繁荣，看到了差距，我为祖国这些年来所取得的发展成就感到鼓舞和骄傲。

我差不多与新中国同龄，经历过安定，也经历过动荡，更进入了一个百舸争流、盛世腾飞的年代。我们每个人的身上也许都会留下时代的印记，但我愿以“清者自清，浊者自浊，不忘初心”来自勉。

2021年3月

---

1 邓季惺为传理的堂姑妈。

自序二

◊ 黄圣依

母亲在我的印象里是一个正直又很有个人情怀的人，这本书里有很多故事是我之前不知道的。

她曾是一名记者和编辑，在过去几十年里，她喜欢用文字去记录生活的点滴，记录她在做媒体人期间看到的人和事。

写这本书，她花了很多精力，她常常在深夜挑灯伏笔，不辞辛劳，我问她原委，她说想把她的个人经历、生活理念和那些我不知道的家族故事告诉我，希望我能从中吸取有益的养料，得到启迪，让自己的人生道路变得更为平坦。于是我欣然捧过手稿，认真地读了，读进去了。

从母亲的文字中，我了解了先辈的故事以及家族的历史。我知道了在四川保路运动中，我外曾祖父是保路同志会的领袖，在抗日救亡的一二·九运动中，我外公作为清华大学学生会主席带领同学积极响应。在这些众所周知的爱国运动中，都有我先辈的身影。

母亲有一个快乐的童年，在她幼儿的时候，得到了父母充分的爱的沐浴，书中记录了他们对她各种才能的培养与教育。母亲传承了父母之爱，又把这种爱给了她的女儿——我。

书中也记载了我成长的经历。我小的时候，大家还不太在意孩子各种能力的培养，重视的多是数理化等文化课的成绩。母亲却花了巨大的精力，持之以恒地对我进行才艺培训，重视素质教育。我从小培育起来的琴棋书画、歌舞才艺的能力，为我后来在演艺道路上的成长打下了厚实的基础。

母亲始终重视我文化知识的学习，告诫我无论从事什么职业，都要不断学习，要明白知识就是力量。我敬佩母亲的睿智远见，感谢她呕心沥血的栽培。

书中还记载了我小时候很多有趣的事情，有我不喜欢弹琴而乱踢钢琴的顽皮，也有她实施有偿家务的教育方法。已为人母的我，看了很是亲切，也很有启发，我会像母亲一样，把我的爱给予我的孩子们。

有关我的成长，特别是母亲对我的关爱和教育，我自己也有一些想说的话。书中第二部分收录了我的四篇文章——《面对新的挑战》《交大附中的学习生活》《电影学院的日子里》《儿时的启迪》，以及我少年时的部分日记（《邓邓日记》），作为一种人生记录，也是对母亲的爱的回应。

2021年3月

一 / 有宠无惊
过一生

来到人间

1951年10月26日，我出生在上海淮海路常熟路口的一家私人医院，后来这个地方属上海市卫生防疫站。据说我出生时，正当螃蟹上市时节，外婆打电话让妈妈去啖蟹。可能是贪嘴吃多了的缘故，妈妈甚至还没经过几次产前的阵痛，我便匆匆地来到了人间，为我接生的狄医生在出生证上按下我的小脚印后，用毛笔草草地写上了“邓妹妹”三个字。

我叫邓传理，这个名字在我出生之前，父亲就为我起好了。父亲告诉我，名字寄予了父辈的追求，所有名词里面，他最欣赏的是“规律”与“真理”。对一个学经济的人来说，人生最为追求、期盼的便是“规律”，但把它用在名字中就有点不妥。我们的排行是“传”字辈，我有一个姐姐，如果她叫“传规”，那我就得叫“传律”，当然叫“传律”也未必不好，可“传规”就不好听了。所以他讲第二个选择就是用“真理”二字，我姐叫“传真”，我无论是男孩还是女孩，名字就叫“传理”——尽管这个名字似乎缺点女性的味道，而且初听起来，还以为我家里是信教的呢。

我姐姐出生在香港，她有个英文名叫Bessy，是我三姨取的。我出生在上海，于是父母把我出生证上的“妹妹”算作我的别名。当时的医院不像现在妇产科医院那样有出生孩子的评分记录，但从父母为我保存的出生证上的小脚印看，出生时我是十分健康的。

顺产的妈妈和我很快出院回到了家里。我家在高安路16号，上海市委宣传部的西面。高安路的家是一个三房一厅的房子，按当时的标准，似乎是有点宽敞了。家里有爸爸、妈妈、姐姐、我以及两个阿姨。一个阿姨叫阿英，是我的奶妈，另一个阿姨我们叫她陈姐，是我们家的老保姆。其实陈姐姓贺，是个吃素念佛的女人，她是宁波人，年轻的时候丈夫就去世了，自己没有孩子，在我舅舅还很小的时候她就来到了我外婆家，后来又来到了我家。我们家有一排转弯的窗子，小时候的我，总爱和姐姐一起趴在临窗的沙发上，看每天早上十点钟宣传部的人升旗和做广播体操。

那时妈妈要去中苏友好协会办的夜校读俄语。刚解放的上海英语不时兴了，所有追求进步的人都开始学习俄语。夏天一到，妈妈总会在地上铺一张席子，妈妈躺在中间，我和姐姐一人躺在一边，听妈妈用俄汉双语给我们朗读普希金的诗歌。印象最深的是《金鱼和渔夫》的故事："从前有一个老公公和一个老婆婆……"爸爸最喜欢看我的保留节目，我会穿着妈妈为我们姐妹俩做的同样款式的黑色海虎绒大衣，摇头摆尾地表演小黑熊走路。

那时爸爸在永安纺织印染公司总管理处工作，妈妈还没参加工作，偶尔和邻居、时任上海市副市长的赵祖康的夫人一起做做里弄工作，由于我和姐姐还小，这样的活动参加得也很少。外婆家就在咫尺之遥的上海新村，我姑妈邓季惺的一家那时也在上海。姑妈是《新民报》的总经理，她的儿子、我表哥吴敬琏正在复旦大学经济系读书。那时经常有很多姑妈的朋友、爸爸的同学、父母家的亲戚以及其他文化人来我们家聊天聚会，很是热闹。

上海新村

我小时候的生活充满了欢乐，爸爸在年龄比较大的时候才有了姐姐和我，所以格外喜欢我们。也许他原有的抱负都没有实现，所以他人过中年以后，很重视对姐姐和我的培养。

每个星期天，妈妈的兄弟姐妹都会相约一起出去吃点心和购物，常去的地方是陕西路到瑞金路段的淮海路，最常去的店是老大昌、复兴、蓝村等。吃过点心后，阿姨、舅舅就会去看场电影，我和姐姐也总会挤在他们中间。在吃点心时，我们总会要一客冷饮，当然我们最喜欢的是冰激凌。

长大一点后，从长辈那里知道，那一段时间家里发生了一些重大的变故。

一是我爷爷邓孝可去世。我老家在四川奉节。我爷爷是一个很奇特的人，他是清朝的翰林，走上了民主维新的道路，曾参加并领导了四川的保路运动。

二是远在香港的外公破产了。外公是一个我从来没有见过的人，外婆一直都不让任何人提起他。当时我不知道什么叫破产，只知道陈姐在家里总会向我和姐姐叨叨，应该节约一点了，可省的一定要省。

1955年，外公破产以后，妈妈为了帮助外婆照料弟妹，搬到了位于淮海中路1487弄的上海新村——我的外婆家。尽管当时爸爸并非十分愿意，因为他喜欢自己有一个独立的小家庭，可他还是尊重了妈妈的意见。那时的外婆家还是十分热闹，有两个阿姨，几个舅舅。我们在那里一住就是几十年，我在那里度过了童年和少女时代，后来又在那里结了婚，生了孩子。

搬到外婆家对我和姐姐来说，倒是一件不坏的事情，我去幼儿园后，姐姐就不会是一个人在家，有一个阿姨家的小弟弟可以陪她，这是我第一个小表弟。

与此同时，亲戚们都在搬家，姑妈[1]一家去了北京，叔叔一家

---

1 指邓季惺。

去了沈阳，原来的爷爷家成了姑姑[1]家了，好像一时间都在大搬家，大调房。

上海新村是20世纪30年代建造的新式里弄房子，这里原是我的外婆家，随着几个舅舅陆续离沪去北京读书，这里便成了我们家、二姨家和外婆家。这个房子是我妈妈度过少年、青年时期的地方。我们搬去后，把紧邻的二姨家的晒台打通了，连成了一个大的晒台，在这上面有一个小小的黑房子，那里就是我们童年的乐园。

在这个黑房子里，我们堆放着很多玩具，有小小的滑滑梯，高高的白跳马，跳马上面配着华丽的马鞍，小孩骑在上面，把两脚搁在鞍套上一夹马肚，白马就会向前一跳一跳。还有两把藤面的摇椅，我们经常躺在上面，一摇一摇地读着小人书。当时我、姐姐和表弟有着几乎所有上海能买到的小人书。内容有古代的，有现代的，但更多的是各式各样的童话故事。那时姐姐身体不好，表弟还小，所以最淘气的当数我了。家里的大人都不是太喜欢我，白天把我送到幼儿园去，但这恰恰给了我一个机会，让我接触到比家里孩子更多的同龄小朋友，因此在家里我的坏点子就显得比姐姐、弟弟多。

在家里我们除了读书看画以外，最多的就是淘气。当时我三姨一个人住在二楼的一间屋子里，她将她的闺房布置得很雅致，房里有一张很大的梳妆台，上面有几面大小不等的镜子，我们

1　指传理父亲的妹妹。

就喜欢去她那里。一个偶然的机会，我们发现，将镜子放置成不同的角度，镜子中会出现不同的自己，尽管小小的我们根本没有任何的物理知识，但这个发现顿时使我们兴奋不已。姐姐会安静地徘徊在镜子前面琢磨，为什么不同的角度，不同的方向，甚至不同的阳光的照射会产生不同的效果，于是三姨的闺房成了我们经常光顾的地方。当然有时我们会忘了将镜子关好，恢复到它原来的模样，这就往往会使三姨大发脾气，她会马上把我们三个叫到跟前，让我们承认错误。假如我们相互隐瞒，她就惩罚我们，罚的办法都是她自己想出来的，如让我们站在门后或者是立壁角。有时我们在她的房间里玩，一听到她上楼就飞速地跑开。在这方面我很占优势，我跑的速度快，一转眼就跑得无影无踪了。她抓住次数最多的是表弟，然后要他说出我们都躲到哪里去了。这时候表弟总会哭着说："我真的不晓得。"

我逃跑的办法多，我会骑着楼梯扶手滑下楼去，踩着沙发，越过沙发背，然后悄悄躲进客厅的窗帘后面，一躲就是很久，以至于他们都把我忘了，然后我再大摇大摆地出来。当然这个主意我还是招供了出来，于是三姨就要我们保证以后一定不踩沙发，不拉窗帘。其实我们那时可以玩的地方很多，特别是姐姐，她很安静，喜欢在家里看书，因此总是有很多我们意想不到的主意，她会照着书上的图画，给我们讲各种故事，而且编得很是动听。

家里客厅的大餐桌成了我们的玩伴，桌子旁边有六七把椅子，两头还可以拉长，再放椅子，上面有台布，拖下的一角就遮盖了下面的底座，我们几个就会在桌子的底下坐着，想象着我们是坐在山洞里。我们用大张的纸折叠成一条条船，有的有篷，有的则没有，折出小猴坐在船上，用线将大大小小的船连在一起，让它们穿过一把一把的椅子，我们说是船经过了峡谷，经过了大河……几个人会玩上好几个小时，演绎着各种我们可以想象出来的故事，这时姐姐总是显得格外的智慧。

自然我们也会到弄堂里去玩，那时我们玩得最多的是骑自行车，那种自行车不像现在孩子骑的三轮小车，而是一种外形像吉普车一样的小自行车，一个人用脚踏，车就往前开。不过我们在弄堂里从一头骑到另一头的机会不多，大人们总让我们自己在家里玩。

黑房子给我的童年带来很多欢乐，也给我们带来很多童年的梦想。

礼拜堂里的幼儿园

也许是我实在太好动了，家里决定把我送到幼儿园去，当时的上海和北京不同，北京有很多苏联式的大型幼儿园，全套照搬苏联的模式，是我们童年在电影里看到的那样，据说设备都比较先进。我说的这所幼儿园，是上海侨联、工商联家属筹资兴办的，有点像现在的私立幼儿园，在20世纪50年代初，称得上是非常好的。

幼儿园坐落在衡山路国际礼拜堂内，严格说它又不在礼拜堂内，只是占据了礼拜堂的一个西南角，和礼拜堂共用一个极大的草坪。我被安排在一个小班，我们有两位老师，一个高个子的女老师，姓董，还有一个老师个子不高，胖胖的，两个老师都极和蔼。我们上课，也不是像一般学校上课那样打铃，而是由老师双手敲打着小铃召唤我们上课。我班上的同学都是住在附近的小朋友，在我的记忆中有李鸿章外甥家的孩子沈培娣、沈培明姐妹，还有很多知识分子的子女。

在幼儿园里，我们有时也会参加礼拜堂的一些大型的宗教活动，我当时就认识了住在礼拜堂另一端的牧师李储文夫妇，他们的孩子后来也成为我的小学同学。李在礼拜堂内，见到我们小孩总是特别亲切。记得有一次礼拜堂做弥撒，庄严、肃穆的氛围使我们小朋友有点害怕，但好奇心又促使我们非要去参加不可，我们排着队和很多大人一起走在牧师祈祷的行列中，我想那该是耶稣受难日。尽管是白天，礼拜堂内却点着蜡烛，李牧师穿着大袍，神情严肃。我走到他的面前，他微笑着给我们分发了圣餐。身着白袍、胸佩十字的信徒组成的唱诗班进行了合唱和独唱、重唱。礼拜堂的穹顶从来没有像那天那么高，透过刻花彩色玻璃窗的光显得格外明亮。前面耸立着的是耶稣受难的塑像，空中飘动着圣子圣母画像，庄严的氛围使人害怕得有点透不过气来。我们好像还受了洗礼，有人将圣水洒在了我们的头上。这个活动持续了一个多小时，我的心里紧张得久久不能平静，虽然回家并没有把这件事告诉家人，但这一情景却萦绕在我的脑际很久很久。这是我记忆中最清晰的一次非常正规的宗教活动。

我的生活中有些习惯的养成可能和我从小在礼拜堂幼儿园生活过有关，我习惯随手关灯，家里上下楼层间虽然有连通的开关，但我从一楼上到二楼时，必把一楼的电灯关掉。我特别喜欢干净，记得在我们幼儿园，老师让我们每一个小朋友都用一块小手绢，用一个小别针别在胸前，可以擦嘴、擦鼻涕，手绢天天要换洗。我因为习惯把手绢洗净后贴在厕所墙面的瓷砖上，所以我的手绢永远是那么的平整，这一点一直得到老师、小朋友的称赞，当然也使我挺有自豪感。不过这算不算一种洁癖，我不得而知。记得有一次在家里，不知是谁，弄脏了我洗脸的毛巾，我就号啕大哭，二姨赶来问清原因后便说小孩毛巾有点脏有什么关系，我却一直不依不饶，于是她生气了，将一整瓶紫药水全部倒在了我的毛巾上，我气得大哭大跳。

在幼儿园里我画画很出色，但我是一个左撇子，习惯用左手画，妈妈和老师一定要我纠正，说我的不良习惯会影响别的小朋友。长大后我知道，在西方有很多左撇子，这被认为是正常的，但在中国就不同了，几乎所有的人都认为应该改，因为不一样的习惯会在行动中影响别人。于是我就开始慢慢地改。开始时是困难的，我往往用两只手同时画画，这在小朋友中也很奇特。我左手要远比右手画得好，写字也一样。但老师和同学都特别耐心，一发现我用左手了，就会提醒我改用右手。

在这个幼儿园里还很受重视的是唱歌和跳舞，在我的记忆中好像女孩多一些，我不记得有男孩朋友，这可能也使得这里的女孩不会因性别受到差别对待，个性能够更充分地发展。

我在这个幼儿园生活了好几年，它是不是沿用了一些教会学校培养女学生的模式，我不得而知，但它的教学模式绝对不是一般的机关幼儿园，或者后来1958年所提倡的为解放妇女劳动力而兴建的里弄托儿所的样子。它没有提供太多的玩具，更多的是注重对习惯、能力的培养，有点像现在的一些特色幼儿园，仅有的一些玩具可能大都来自一些教会组织和妇女的捐助。现在想来，这段生活还是很值得怀念的。

因为我在四五岁时上了幼儿园，妈妈可以在家里开始和丰子恺先生的大女儿丰陈宝阿姨一起工作。当时她和妈妈在中央音乐学院华东分院的研究室从事编译工作，筹备组建了后来的上海音乐出版社。

《万卡和卞卡》

那时的妈妈还不工作，她总是自己带我们，当然她一星期会有几个晚上要去中苏友好协会办的外语学校读书。当时是新中国成立初期，各方面都需要人才，妈妈是上海中西女中毕业的，在整个中学阶段读的都是英语，大学上的是上海国立音乐专科学校的钢琴系，当时中苏关系出现新形势，所以她很希望自己在俄语上能进修进修，那时有这样想法的知识分子很多，妈妈后来还进了上海文艺出版社音乐编辑室工作。

《万卡和卞卡》就是当时妈妈教我和姐姐唱的苏联歌曲：村里有个小万卡，万卡爱上小卞卡，万卡和卞卡一起坐，卞卡对万卡开口说，万卡亲爱的小雄鹰，唱个歌儿给卞卡听。

那时她和丰陈宝阿姨在一起编写《英汉音乐词典》和《外国名歌200首》，其中很多部分是从英文转译的，她们的工作进行得很顺利，关系也很融洽。记得夏天中午妈妈在休息的时候，总会铺一张席子，让我和姐姐睡在她的两边，我们最常待的地方是楼梯的转角处，这个地方总是特别凉快。在我的童年，天气远没有现在这么热，很少需要在睡觉的时候不停地吹电扇，顶多只需要扇扇扇子而已。很多的摇篮曲，都是我们童年的催眠曲。除了唱歌，还有就是讲童话故事，当时没有后来的《365夜故事》，但还是有很多古今中外的儿歌与诗歌。

在这方面，爸爸就有绝对优势，他能编出很多故事来。他有计划地教我和姐姐背唐诗，他曾列过一张表，把适合小孩读的唐诗列了出来，我们学背的第一首唐诗就是《静夜思》：床前明月光，疑是地上霜，举头望明月，低头思故乡。爸爸还会给我们讲诗的意境。他也会和我们一起做游戏，告诉我们他童年时玩过的游戏，像手影、拉洋片等。当时连幼儿园的小朋友都不知道什么叫手影，其实这是一种晚上玩的游戏，我们关了大灯，只开一个小台灯，爸爸用手交叉伸出几根手指，台灯的光被手遮挡，墙上就会出现小白兔、大灰狼的影子，有点像皮影，这是我们孩提时经常玩的游戏。还有套圈圈，也是我们经常玩的，谁套得多谁就有权提要求，这时爸爸就会趴在地上给我们当马骑。

比起姐姐，爸爸似乎更喜欢我一些，而妈妈则更喜欢姐姐一些。姐姐身体不好，她漂亮、聪明、安静、敏感，因为她常常生病，就不去学校，但她的智力、能力总会时时处处胜我一筹，整个童年都是这样，让我觉得很不舒服。在家里我发觉无论我多努力，多懂事，多听话，总得不到大人的赞赏，而一做错了事就会马上被发现。我成绩不好受到批评时，姐姐会来安慰我，但是一想到我一个很健康的孩子反而不及姐姐，我就会感到很大的压力。我们两个在整个童年一直是同级的，我们总是穿一样的衣服，梳一样的头发，学一样的东西，连睡觉的床也是一样的，爸爸妈妈以此来表示对我们两个孩子是绝对公平的，他们教育我们要相互关心，相互帮助。

我们经常玩的是接龙的游戏，即讲一个故事，开了一个头后便假设不同的发展和结尾。像小红帽的故事、白雪公主的故事，这时我们就会把其他童话的故事情节穿插在其中，随意地发展。姐姐的故事总是讲得特别好，我总会有一种望尘莫及的遗憾，所以我常常会在爸爸下班回来的时候向他提问，以便从他那里得到启示，这时爸爸总会安慰我说："不要急，因为你小。"为了鼓励我，每天吃饭的时候，他会驮我下楼去吃饭，当然有时我会自己一溜烟地从三楼双腿跨着扶梯一路滑下去，此时如果不小心钩破了衣裤，那一定又会受到大家的批评。

黑白世界

我们家自从我妈妈学钢琴后，几乎所有的女孩都学钢琴，尽管没有出现过一个专业的音乐人，不过倒是培养了我们的音乐爱好与修养。

黑白相间的钢琴琴键，随着手指的飞扬，就会产生美妙的音乐，产生一种动人的语言，所以听一场音乐会就会使人产生一种欲望，想要试一下自己亲手演绎的效果，这或许成了我们最初的向往，我和姐姐就是这样。家里有一架钢琴，几乎每天妈妈都会弹上一曲，所以我们从小就对钢琴声非常地熟悉，像她常弹的一些名曲，随便地哼一声，就能唱起来，但我们真正开始学琴是在五六岁的时候。那时妈妈带我们去一个女老师的家中，刚开始是想让姐姐先学，但她一学马上就引起了我的强烈兴趣。其实当时我并非很想练琴，只不过是姐姐有的，我觉得自己也应该要有，平等的信念非常强烈。于是我们俩就一起开始了学琴的生涯。那位老师姓黄，名乐群，是个很有儿童钢琴教学经验的老师，她没有工作，在家里私人教授钢琴。到她那里上课的学生不少，当然程度参差不齐。我们从贝贝汤普森开始，随即转到汤普森的教程。到她那里上课，一是因为当时上音附小还没有建立，二是那时更没有什么课余班之类的教学，她那里的教学属游戏性质。她上课不是十分严格，而注重兴趣的培养，在每年的圣诞节、母亲节等西方重要节日，她都会在自己的学生中举行小型音乐会，当然曲目都是由老师根据学生所学的程度进行选择的。我和姐姐参加过好几回，为了参加演出，就要准备服饰，我和姐姐选过一次四手联弹节目。因为我和姐姐一样大，穿着一样，连鞋袜都一样，在黄老师的学生中就很突出，所以很得老师及其他同学的赏识。老师在音乐会结束后会给我们小礼品，还有点心之类的招待。

在儿童时代有这样一段经历很值得回味。但是学琴并不只是表演，伴随着的是每天严格的音阶的训练，这就不太让人喜欢，尤其是小时候我非常好动，要像姐姐那样每天安静地坐在钢琴前不停地练习，我很快就厌烦了，于是我学会了逃学。上课的时候我假装生病，能赖一节课是一节课。姐姐弹得很不错了，因为我老是不想去，姐姐就转到了妈妈中学时的老师处，和我的表姐一起去那里上课了。但是为了我的琴课不至于掉课太多，妈妈就让她的同学，后来上音附小的老师来家里教我。严格地说我并不是一个好学生，练琴也不是很上心，我喜欢唱歌和跳舞，于是我的钢琴课似乎有点像是声乐课的学生所学的视唱练耳课，当然这些课都是我在学龄前上的。

纸头人与小人书

比起学钢琴，我更喜欢画画，我学画画很有优势，我们家看图识字的书要比一般小朋友家多，在看画的时候就想动手画。我和姐姐收集糖果包装纸，也喜欢收集香烟牌子，因为上面都有漂亮的图案。

开始时画得并不好，我和姐姐便尝试用描红的办法，将习字簿上半透明的薄纸撕下来贴在小人书上，然后将书上的人物一笔一笔地描下来。刚描红时我们没有经验，常常不是把纸划破，就是把书弄脏。经过一段时间的练习后，我们的描红水平便很高了。

为了提高绘画本领，我们恳求家里的保姆带我们去熟悉的画家家里做客，他就是上海画院很著名的山水画家贺天健。他的家里同样有一个和我们差不多大的男孩，是他的养子，但这个孩子好像不似我们那么喜欢画画，我们在贺天健的家里看他作画，他画山水也画花鸟。看他敷色很有趣，因为当时小人书的印刷都比较简单，往往是单笔的勾勒，而香烟牌子尽管有颜色但套色技术很差。能亲眼看画家着色，对我们来说很过瘾。在贺老的家中，我们又认识了那时画坛很有名望的女诗人、女画家陈小翠。她的古文、诗词歌赋都很好，而且擅长画仕女。我们就会常去她那里看她画仕女。

随着我画画水平的提高，我就自然地萌发出一种创作的念头，从描红开始的创作几乎伴随着我整个童年。

我和姐姐从喜好小人书开始转向喜好香烟牌。因为小人书是大人主动给我们购买的，但香烟牌子是我们用自己的零花钱一张一张收集的。但香烟牌子的马粪纸印刷质量实在太差，我们就决定用铅画纸自制，有点像水粉画、金山农民画。虽然效果不及一般的传真纸，但吸水能力强。我们试着将小人书上的人放大，所谓放大，就是先把小人书上的人物描下来，在上面打上格子，再临摹到另一张也打了格子的大纸上去，这样画出来的效果和原作就非常接近了。为了使人物漂亮，我们常常给它们涂上自己喜欢的颜色，用黑笔勾边，然后再剪下来。家里的小人书画完了，我们就去买香烟牌子，那时香烟牌子上的图画内容很丰富，既有《小红帽》之类的外国童话，也有《杨家将》那样的中国故事。我们画画的范围越来越大，我们收藏的纸头人也越来越多。光有纸头人还不行，最重要的是还得玩。我们常常给这些纸头人分配角色，配上布景，参照书中的情节来演绎各种各样自己可以想象的故事。那时我和姐姐有一张带许多抽屉的写字桌，那抽屉里放的全是我们设计的一套套用外婆的香烟壳搭建的舞台布景和纸头人演员。那时不但我们姐妹俩玩得津津有味，连我们的表姐、表妹，甚至邻居小伙伴都被吸引到我们玩纸头人的游戏中来了。

我们的这种爱好，现在看来是一种非常富有想象力和创造性的游戏，当时父母若能对我们加以适当引导甚至培养的话，说不定今天我已是一个画家或剧作家了。遗憾的是，当年父母不但没有如此做，反而视之为祸。记得有一天爸爸非常严肃地把我和姐姐找去，追问我们平时都玩些什么，并要我们把写字桌打开。他觉得我们不正常，说从没有看到过孩子嘴里老是念念有词地说个没完，同时说这太浪费时间，每一个人所拥有的时间是有限的，假如人的精力太分散，就将一事无成。还说一定要学会合理地安排时间，在最大的范围内多学东西，只有在知识广泛的基础上才能有所专长。爸爸不但训斥我们，还将我们画的小人、做的布景全撕了。

但不久我和姐姐又偷偷地画起来、玩起来。终于有一天，爸爸发怒了，把我们的所有宝贝全部丢进了火里。记得那天，我和姐姐看着心爱的纸头人在火中被烧为灰烬时都号啕大哭起来，仿佛是世界末日来临一般。在童年，我曾有过许多玩具，可是能使我如此着迷的恐怕唯有这纸头人了。

许多年过去了，如今孩子们的玩具和游戏远远要比我们那时现代化得多了。然而每当我看到他们玩着高级、昂贵的娃娃、积木、电动声光玩具或沉溺在电子游戏中时，我倒常常会甜蜜地回忆起儿时那些简单而快乐的游戏：造房子，跳橡皮筋……更会怀念起我自己发明的并给我带来美好时光的纸头人。

爸爸妈妈虽反对我们玩纸头人，但一直鼓励我们看小人书，让我们从看图，到识字，到读书，有意识地一步步培养我们阅读的兴趣。他们给我们的礼物常常是书，我和姐姐有一个很大的写字台，里面放满了连环画。从《伊利亚特》到《奥赛罗》，从《小红帽》到《白雪公主》，从《三国演义》到《水浒传》，各种书应有尽有。特别有意思的是，我们还有一个公公，他是我外婆家的朋友，他们夫妇几乎每个星期都来，而奇特的是他每次来手中必带着一摞书。我们可以不时地向他借，但就是一不能弄脏他的书，二必须在他下个星期来时将书归还他，这样大大提高了我们的阅读速度，扩大了我们的阅读范围。与此同时，爸爸还给了我们很多的指导，即按旧式的方法让我们背诵很多中国的古典诗词、外国的诗歌。这样的学习后来因为“文革”的开始而告终。

艺术启蒙

因为妈妈与丰子恺的女儿丰陈宝阿姨是上海音乐出版社的同事，是要好的朋友，所以我们与他们一家走得很近。丰子恺先生是著名的画家，同时也是一位翻译家、文学家。他翻译的《近世西洋十大音乐家故事》是人人皆知的。丰子恺先生说，没有音乐的耳朵是痛苦的，因为这个人不能理解“哆来咪发唆拉西”七个固定的音如何能够通过不同的排列组合形成不同的节奏和声音，它是一种语言，但假如你不具有这种音乐的耳朵，那么再好的音乐你都不能理解。这话在我们童年时听起来有点玄虚，但在随后的日子里我慢慢有所感悟。

因为职业的关系，妈妈经常带我们和丰陈宝阿姨、杨民望叔叔以及他们的孩子一起去听音乐会，对于一个小学生来说，能经常去听音乐会，当然是一件很高兴的事。刚开始我们听不太懂，只是能感受到音乐本身的节奏和旋律，后来边看杨叔叔为音乐配置的文字，边听杨叔叔对曲目的介绍，慢慢地就会去感受音乐所表现出来的情感，尽管当时我们是孩子，理解得非常肤浅，但这样的经历也使我们受益匪浅。

杨民望叔叔是一个很有声望的研究者，是普及音乐尤其是交响乐的音乐人。他常常能用通俗易懂的语言来讲解深奥难懂的音乐曲目，出版过很多这方面的书。与他在一起听音乐会是一件很开心的事。

当时我们听了很多音乐会，有些还是外国代表团的演出，对于我们来说，都是珍贵的艺术享受，感谢我们的父母，给了幼小的我们受音乐艺术教育的机会。

听音乐会的同时，我认识了丰子恺先生的外孙杨朝婴、杨子耘姐弟。朝婴的名字原来叫超英，意为大干快上赶超英国，但后来感到这个名字太不含蓄，就改成了朝婴，言为迎着朝霞出生的婴孩。她姐弟俩成为我童年时的好朋友。记得那时候全国都大炼钢铁，连我们家小小园子里的铅丝篱笆都被上缴去炼钢铁了。解放妇女劳动力，亿万女同胞走向了社会，她们办起了各种学校，这一年我和姐姐同时上了一年级，成了同级的小学生。

读书对于我来说，不是什么难事，我们从小就看书识字，而且我们很小就弹钢琴，弹钢琴要眼看琴谱，脚踏脚板，左右手弹不同的琴键，而且还需要背谱，经过这样的训练，接受初级小学课程就没有太大困难。讲到学汉语拼音，我爸爸不会说上海话，我们在家里一直讲的就是普通话，所以学汉语拼音也就很简单。但读书的孩子和学龄前孩子不一样了，爸爸、妈妈很严肃地跟我和姐姐谈了，一定要我们改掉以前玩纸头人的坏习惯，尽管我们很不情愿，但还是听话了，下决心不再玩了，好好读书。

姐姐去了妈妈原来的钢琴老师处学琴，她的琴学得比我要深得多，我被送到少年宫去学歌舞。因为妈妈当时是上海音乐出版社音乐舞蹈室的编辑，所以我没有经过什么考试就进了舞蹈组。

那时正是人民公社的年代。我记得进徐汇区少年宫表演的第一个节目是小歌舞《人民公社好》，我和表姐还有一些小朋友一起参加了排演，歌舞由《拔萝卜》等民间童话改编而成。有人演老公公，有人演老奶奶，当然也有演小朋友、演大萝卜、演小动物的。一个少儿歌舞歌颂了人民公社，很具儿童特色，我们的演出得到好评。有意思的是，我当年在少年宫的舞蹈指导，二十多年后又成了我女儿在少年宫的舞蹈指导，这不能不让人感叹。

但那时少年宫的舞蹈多是以传统的民族舞为基础的，不久，我们家附近开设了一家私人的芭蕾班，教授舞蹈的是一位曾跟白俄罗斯人学过芭蕾舞的女士，我和表姐、姑姑的女儿小眯就一起去学了，学的是一些最基本的芭蕾舞基础，可对我们艺术欣赏能力的提高有很大帮助。我开始喜欢上了芭蕾舞，有两次芭蕾舞演出，使我至今记忆犹新。

一次是在当时的文化广场演出的苏联功勋演员奇米娜表演的

芭蕾舞剧《吉赛尔》，她的表演精彩极了，记得那晚在演员谢幕的时候，我像现在的发烧友一样，拿着演出说明书奔到台前，等在舞台边，请奇米娜在上面签了名，并长久地保存着她的签名。后来去无锡旅游，我没有买传统的大阿福泥塑，而是买了一座漂亮精致的女芭蕾舞演员的塑像，泥塑坯子的表层，涂刷了一层乳白色的涂料，不亚于高雅的石雕，我把她和贝多芬铜像一起放在我的钢琴上。

后来我又看了英国电影《红菱艳》，那时上海国泰电影院最先一轮放映的早早场电影票价为2角5分。《红菱艳》讲述的是一个芭蕾舞女演员成长的过程，优美的舞姿、悠扬的乐曲、动人的故事，在当时是极好的艺术享受。

小学生活

我进的小学是一所很特殊的学校——上海市徐汇区永嘉新村小学，是当时为数甚少的体育特色小学，游泳是学校最大的特色。所以在我们学校里几乎所有的学生都热爱体育，尤其是游泳。

我童年时就受训过很多体育项目。我练过手旗，这是一种很原始的通信方法，但对我的汉语拼音的提高极有帮助。我练过游泳，可以游自由泳、蛙泳、仰泳。我受过较正规的田径训练，腿绑沙袋，脚穿钉鞋，用助跑器，每天要在风雨操场跑2 000米，以此来增强体能。

星期天有时还会随爸爸去弹子房，玩上一两盘弹子。在学校里我绝对是一个体育爱好者，我喜欢踢毽子、跳绳，而且都很不错。这都源于我家庭的特殊情况，我姐姐从小身体不好，所以爸爸特别注意我的健康。另外爸爸在清华大学念书时，有幸遇到了著名的体育教师马约翰，很受他的影响，所以也就重视我的体育锻炼。

那时的小学生也和现在一样，都是就近入学，早晨我常喜欢邀几个同学一起去上学。在家里，我们总是喝牛奶，吃上海食品厂、哈尔滨食品厂的面包，就是吃泡饭，也会有皮蛋、花生等佐餐，但一到同学家，看到的却是一大家子的兄弟姐妹围在一桌，泡饭、酱菜吃得津津有味，真是令我羡慕不已，回来我总吵着要尝尝什锦菜的滋味，这时总会遭致从小带我的保姆一顿奚落。

1959年是我读小学的第二年，我和姐姐书都读得很好，只是姐姐的哮喘病很严重，在换季的时候，经常会发病，妈妈为此找了一个照料我们的阿姨，她是丰子恺先生的同乡人，我们叫她佩珍阿姨。她是一个有着初中文化的年轻人，和妈妈一样大，很是漂亮，对我和姐姐都很好。

那一年，参加工作后的妈妈要去农村锻炼，她去了乡下。我们十分思念她，不过佩珍阿姨的到来给我们带来了很多欢乐。

她给了我们从未有过的乡土教育。其实她本人亦并非出身农村，而是一个来自江南小城镇的居民，用今天的话说是上海周边“卫星城”的居民。一天我们放学回家，见她正在悄悄地落泪，她正在阅读我们的一本电影小人书——《一江春水向东流》，当时我们很吃惊，不知道她为何落泪。姐姐静静地坐在了她的身边，和她一起读起了小人书，这样的氛围同样感动了我，于是我也加入进去。这是一部新中国成立前拍摄的电影，由陶金、白杨扮演男女主人公，讲述了解放战争时期一对夫妇为生存和生活到一户人家帮工的故事。电影里有贤惠的妻子，有气宇轩昂的丈夫，有通情达理的婆婆，有献媚逢迎的交际花，情节围绕众多人物一一展开。这部电影由蔡楚生编剧、郑君里导演，拍摄于1947年，是当时很优秀的影片。

虽然童年的我们对故事的整个情节不甚理解，但它还是有颇能引得我们共同落泪的地方，那就是孩子的离弃，母女情的深情流露，无情丈夫的背信弃义与婆媳间的相互支撑。

也许是怀念家乡，也许是思念孩子，佩珍阿姨流泪了。我们将这些情况一一在信中告诉了远在乡下的妈妈。我至今清楚地记得妈妈让我们答应，在她下乡的日子里，按时写信给她，并把这当作我们写作的内容，因为她同样地思念着我们。

待到妈妈在休假时回到上海，她马上作出了一个决定，每年的寒暑假，一定接佩珍阿姨的女儿来上海，和我们一起度过假期。从此我们的童年伙伴又多了一个，那就是剑雯——佩珍阿姨的女儿，一个年龄在我和姐姐之间的小伙伴。

写信讲述近日的生活，是妈妈渴望的，也同样是我们喜欢的事。由此我还想到在我们学写信的时候，我们还阅读了契诃夫的《万卡》《困》，我们会模仿万卡，在写给妈妈的信中加上一句：信是在我们晚上有点困的情况下写的。

在乡下的妈妈每每收到我们的信都会给我们回信，这同样给爸爸和我们带来很大的欢快。回味爸爸教我们背诵的《静夜思》，对离愁，对聚散，我们有了更加深刻的理解和切实的感受。

小学里还有一件难忘的事，就是在我十岁的那一年，我光荣地加入了少先队。这是我人生中的一件大事，也是我唯一参加过的组织。那一天发生的一切永久地定格在我的心底。

那是我小学三年级的六一儿童节，为庆祝这个节日的到来，我们早早地做了准备。我被选为儿童节的少年先锋队的队鼓手，为了能在入队的那一天敲响队鼓，我们准备了很久，先是要学会正确地打鼓，队鼓的节奏是“咚吧，咚吧，咚咚吧，咚吧”的节奏，然后为了几个小鼓手能够整齐地敲响队鼓，我们又不知参加了多少天的排练。

六一那天天气好极了，阳光明媚，我兴高采烈地前去参加活动。按规定我们小鼓手一定要穿白衬衫、蓝长裤、白跑鞋。可妈妈不在上海，没有人会为我去买长裤，好在有一位同学主动提出借给我一条漂亮的蓝裤子，解决了我的服装问题。

那天，当队旗升起，我们整齐地敲响了队鼓，大队主席宣布入队仪式开始时，有高年级的少先队员，在少年先锋队队歌声中为我们佩戴上红领巾。在那庄严、神圣的气氛中，我们加入了少先队。当红领巾在我胸前飘起时，喜悦之情难以言表。

几年后，在我进中学的入学考试中，一篇题为《记一件难忘的事》的作文，成了我考入上海市二女中的敲门砖，正是这篇写了我入队时喜悦心情的文章，使得我获得了高分。我成了我们小学同学中少数几个能走入重点中学的人之一，这事至今想来还是很令我陶醉。

在我们童年时，有布的红领巾，有绸的红领巾，少先队有小队长、中队长和大队长，当时为我佩戴红领巾的就是我们小学的大队主席。

不过很快我就发现文具店里有卖各种红领巾以及少先队队长的标志，队长标志只是背后没有学校的图章而已，但是可以随便买，于是我就想偷偷地买一个自己玩玩，过把瘾。但人要讲诚信的观念阻止了我，我徘徊在商店的门口，还是抑制了自己的念头。但是姐姐的中队长标志，我在家里还是悄悄地在镜子前佩戴过，当我在镜子前将佩戴中队长标志的左手摆放在胸前时，觉得这个姿势是最佳造型。当我们小学毕业，大家去拍报考中学的准考证上的照片时，我看到很多人就是摆这个姿势的，但我当然与此无缘了。

不久，由中央音乐学院附中和银河艺术团组建，著名女指挥家郑小瑛担任指挥的红领巾交响乐团来上海文化广场演出。当时我已是上海音乐学院业余合唱队的队员了，我也参加过演出，但我们也只是在学校的礼堂和少年宫的舞台上表演罢了，这一次我却有幸上了荧屏，说来也很有趣。

那天的演出非常精彩，有报道称郑小瑛女士将去苏联留学，可能这次是她的告别演出。舞台上白色的纱裙子、鲜艳的红领巾，把童年所有的梦想都完美地表现了出来。演出是在文化广场举行，离我们家很近，我与姐姐又是唱歌爱好者，所以我们自己买了票去观看。晚上看转播的家里人，突然叫了起来："那不是她们姐妹俩嘛。"原来我们俩在幕间休息的时候跑出去买冰棍吃，正巧被摄像机扫到了，就这样意外地上了荧屏。

从乒乓到京剧

我从小好动，这可能是我喜欢上体育的原因，正因为我有良好的身体素质，才使得我能欢快地活跃在绿茵场上。自从《新民晚报》的冯小秀带我在当时的上海市体育馆看过一场乒乓球赛后，我就完全沉浸在对乒乓球的热爱中，成了一个十足的乒乓迷。

我会像小时候学游泳一样，每天在家里比画乒乓球的攻球动作，提拉、搓挡、弧旋，乐此不疲。家里不可能有人愿意和我一起打，而乒乓球又是两个人的运动，于是我在家里的大餐桌上放一两块砖，搁一根竹竿，拉着佩珍阿姨和我一起练球。她大叫“砖头不要放在桌上”，为此，我和她跑到南京路上的体育用品商店买来了正规的球网，于是家里就有了球桌，我的热情不减，在家里就挂网挥拍了。

“粉丝”这个称呼现在很流行，其实每一个时期的人都有自己这个时期钟爱的偶像。假如说起第25届、26届世界乒乓球锦标赛的体育明星，我会如数家珍地一一报出他们的名字，他们是庄则栋、李富荣、徐寅生、周兰荪、林慧卿、郑敏之、梁丽珍、李赫男等等，我能说出他们当年一场场比赛的现场状况，全然十足的发烧友。

我不但关注中国国手，连外国的选手都极其熟悉，我还将一个个运动员的资料收集全，了解他们比赛的近况。家里原来订的《新民晚报》上的报道不能使我得到满足，我就翻阅其他报纸，很快我发现，南方《羊城晚报》上的报道更为具体全面。我会一一做好札记，以便随时观看他们的赛事。我不仅在电视上观摩，我还喜欢研究他们打球的风格和使用的球拍。那时我自己使用正贴的球拍，因为绝大多数的中国选手都使用直握单面正贴的球拍，使用红双喜牌的乒乓球。我看到电视中欧洲选手横握双面球拍就很感兴趣，家里的球桌和比赛桌面完全不同，连网的高度都不正规，于是就想去体育馆打球。记得那时打一个小时是两块人民币，我还是很愿意花这个钱的。

在我的童年，爸爸、妈妈会经常带我去看京剧，那时我并不欣赏传统的京剧，尤其不喜欢三国戏，锣鼓声起，几个挂胡须的老生，台前一坐，张嘴就是大段的唱词，一点也不吸引我。当然那时我还不懂得什么京剧的流派。

为了培养我对国粹的理解，爸爸就先从折子戏、武打戏开始教我。那时上海的《新民晚报》上长篇连载我后来的同事张之江撰写的《盖叫天舞台生涯》，我的京剧启蒙就从此处开始。

盖老是杭州人，杭州是我爷爷以及我爸爸常年生活过的地方。爸爸给我讲武生练功的辛苦和对艺术孜孜不倦的追求，其中一个细节就是盖老的眼神。盖老最拿手的是武松的戏，为了演好武松景阳冈打虎的英武之气，他的武生的装束和眼神是很奇特的。首先和一般老生不同的是没有胡须，没有水袖，没有盔甲，没有扎靠，而是用扎紧的衣袖，表现的是盖老的威武。其次，为了锻炼他的“火眼金睛”，他甚至用了很多特殊的方法，比如用火柴杆撑住眼皮，注视飞鸟来锻炼灵活的眼神，练习不随意眨眼，而且还能随身段，做到手到、眼到，等等。若干年后，我去过盖老的故居，也是他的安葬地，坐靠西子湖畔的岳飞墓旁。

我们还经常和一位我们叫她聂伯母的人相聚。她是曾国藩的后代，梅兰芳的入室女弟子，同时也是一位留学日本的小提琴专业的学生。和她一起看戏，在她的熏陶下，我特别迷恋著名的武旦张美娟，张是“文革”中样板戏《智取威虎山》中小常宝扮演者齐淑芳的嫂子。当时张是上海最好的刀马旦，她表演的红绸舞，既有京剧的武功，又有舞蹈的秀美。

电视的诱惑

我家从20世纪60年代初就有了一台17英寸（1英寸=25.4毫米）的北京牌电视机，那是最早的国产电视机。当时的上海，有电视机的人家屈指可数，电视机不仅给我，也给全家带来了快乐。

妈妈和现在的家长一样，坚持认为家里有了电视，孩子就不想做作业，更何况天天看电视会影响睡眠，可她自己也喜欢看西洋音乐节目。外婆呢，喜欢听民乐、评弹，看北方戏曲。父亲则爱看电影、京剧。两位保姆呢，最想看的是越剧。一到晚上就很热闹，电视陪伴我度过了一个又一个的夜晚。

那时的电视频道远没有现在那么多，往往是一个节目播了又播。通过电视，我看了当时的许多电影，也认识了不少演员。像当年风靡一时的歌剧《江姐》，我就看了不下二十遍，以至于每句台词都能背出来。又如现在的发烧友那样，看过了空政文工团的，还要看上海歌剧院的，看了A角，还想看B角，看过了电视，就闹着要看舞台剧。那时学校的作业并不多，所以我有足够的时间看自己喜欢的闲书，欣赏各种文艺节目。可这样的生活，与当时一般人的生活常态相距有点大，这无形之中也造成了我和同龄人之间的隔阂。

因为家里那台17英寸的北京牌电视机，我的虚荣心有了莫名的膨胀，我经常会邀请和我要好的小伙伴来家里看电视，而这样也有意无意地得罪了不少人。

电视机的普及是七八十年代的事了。最初大家都买一种小的9英寸电视，有人怕太招摇，所以白天放在柜子里，到晚上再拿出来。后来上海金星金笔厂引进了一条彩色电视机的流水线，主要生产14英寸的彩色电视机，从此金星牌电视机就开始流行，但当时产能不大，所以很紧俏，要凭票才能购买。

说到买电视机，我不禁想起了后来柯老（柯灵，原名高季琳）的一件往事。那年我去柯老家，柯老说，电影局给了两张

《二嫫》的电影票，电影局的小放映厅就在他家附近的安福路上。陈阿姨是柯老的夫人，是我在市二女中读书时的校长，她兴致不高不想去，就让我陪同柯老前往。电影讲述的是一个农村妇女的执着信念是要买一台大电视机，最后通过自己的辛勤努力实现了这一目标。

回到柯老家后，因为我们都不熟悉西北黄土高原上人的生活，所以也没有太多谈及电影，但柯老却对我说起了他自己买第一台电视机的事。

改革开放初期，国家给柯老发回了“文革”时抄家冻结的钱物，当时这是一笔可观的财产。作为一个老电影人，柯老很想买一台电视机。但买什么样的，是大的还是小的，他和陈阿姨很纠结，想着节约点买台9英寸的吧，反正就是两个人看，一贯生活简朴的他们似乎统一了思想，下了决心。可那天黄佐临家的孩子来了，告诉他们说，“巴老（巴金）家已经决定一步到位，买大彩电了，我们也狠心买了台19英寸捷克进口的，你们也应该享受享受了”。一番话让他们愣住了，一想，是啊，都苦了这么多年了，的确也应该善待自己了，于是他们就决定和黄佐临家一样，买一台19英寸的捷克彩电。用了这么多年，如今这台电视机也都快坏了，屏幕已经经常出现雪花。当时我听了柯老讲的也很感慨，这些老前辈真是难为他们了。那天临走，我提议柯老、陈阿姨买一台VCD影碟机，“现在有很多非常好的片子，你们可以买来看看”，可是他们最终也没有买。

我的五舅舅

我的五舅舅叫戴正武，是我最喜欢的一个舅舅。其实他和我生活在一起的时间并不长，但确实是外婆家里和我交往最多的一个，而且在我随后的人生中还成了与我最休戚相关的人。

五舅舅长得最像外婆，不但外貌长得像，就是人的秉性也和外婆很相像，也许正是两个人个性都太强了，所以他们又是相互非常排斥的一对母子。

记得在我五六岁的时候，他就一个人离家去了北京，上了清华大学的机械系。他聪明好学，很快就在学业上崭露头角，他喜欢游泳，成了学校游泳队的成员。因为他也是清华学子，和我爸爸成了校友，所以他们之间就有很多的谈话内容。就在五舅舅读书的时候，由于他在学校发表了反对苏联专家的言论而被打成了右派。

毕业后他被上海硅酸盐研究所录取为副博士研究生，正当他兴高采烈地去报到时，对他的处理也出来了。他顿时从兴奋的巅峰跌入了失望的谷底。在学校时，他曾经有一个非常要好的女朋友，姓施。施阿姨是清华建筑系教授的女儿，五舅舅和她相识正是在自己风华正茂的时候，可他们的交往却遭到了施阿姨父亲的反对。寒假的时候施阿姨不顾家里的反对和五舅舅一起来到上海外婆家。施阿姨当时是北京电影学院摄影系的学生，她和我们谈到了自己会选择去北影读摄影的原因。那是她高中毕业前的一个暑假，她随父亲去青岛度假，旅途中她正巧坐在著名电影表演艺术家赵丹的对面，大家在闲聊中谈起了电影业的前景，赵丹感慨地说，中国电影事业的后继需要大批有文化的年轻人参与。正是在赵丹的启发下，施阿姨毅然决定报考北京电影学院。那时正是三年困难时期，心灵手巧的施阿姨用碎旧绸缎为外婆缝制了一只票证袋，精细的女红活顿时让我们这些孩子大开眼界。她在缝制的每一格上都作了精美的标志，如在鱼票格上绣了一条鱼，在肉票格上绣了一块肉，让我们大为赞叹。我还很喜欢施阿姨专业的抓拍技术，她给人拍照从不让人摆姿势，而是用相机抓拍静态中人物的动态，这对于喜欢美术的我和姐姐来说，是个有趣的启示。

当时我爸爸也与他们探讨了恋爱和婚姻问题，针对施阿姨的父亲不同意他们结婚的情况，爸爸婉言地劝解五舅舅不要着急，并表示婚姻应该需要有父母的祝福，这点很重要。

当然五舅舅的这段短暂恋爱随着他被打成右派而彻底结束，和施阿姨为我拍的照片一样，留给了他无限的回忆和感叹。在被打成右派的这些日子里，五舅舅的情绪坏极了，百无聊赖的他就和我、姐姐一起打发着日子。

他不去上课，也不上班，那时家里有一台带唱机的落地收音机，他常常整天鼓弄唱机，整理唱片。他很喜欢声乐，尤其钟爱女中音和男高音，他开始收集很多这方面的唱片，自然和妈妈——他的大姐有着很多共同的语言。妈妈正参与编辑《外国名歌200首》，其中就有很多五舅舅喜欢的歌曲。他喜欢听郭淑珍的花腔高音，刘淑芳浑厚醇美的中音，他收集了很多当时流行的苏联歌曲，有很多爱情题材的歌曲寄托了他对于美好爱情的向往。他的爱好很快地影响了我们，当然对于爱情这一题材，我们孩子的见地很懵懂，但刘淑芳的《鸽子》所表达的对于和平、自由的期盼，却是已经七八岁的我们能够理解的。有意思的是五舅舅不仅仅是沉浸在对于歌曲的喜好中，他还从物理学的角度开始研究拟音，他告诉我们这是一个十分有意思的研究课题，用电子去模拟各种声音，多有趣。当时他就找来一张东欧的爵士乐唱片，其中就有电子模拟青蛙的哇哇叫声，他用浅易的科学道理给我们讲解熟悉的音乐，同样使我们着迷。那时出过一套叫《十万个为什么》的书，就是他推荐给我们的。和五舅舅在一起的生活是非常愉快的。

不久他提出要去新疆，打算去中国科学院新疆分院。新疆对于我们来说太遥远了，那里是我们在诗中才听说过的“春风不度玉门关”“风吹草低见牛羊”的地方，我们不知道五舅舅为什么自己要求去。

五舅舅是个十分要强的人，他对自己的能力有着充足的信心，他不愿意留在家里吃闲饭，更看不惯外婆奢华的生活方式。我和姐姐对他的远行非常地遗憾。可他却安慰我们说那是很具挑战性的工作，当然我们隐隐地知道他是不愿意靠别人养着，我们都很难过。他经常会在晚上拉着我和姐姐的手出去散步，这时候他很少和人接触了，但他非常喜欢我和姐姐，说我们是他心目中的阳光女孩。

五舅舅终于走了。家里的唱机哑了，我们谁都不愿意去开启它，尤其是那张有青蛙叫声的唱片，被深深地埋在了唱片堆的底层……

不久中苏关系破裂了，当初五舅舅就是因为说了清华的教学模式不该全盘照搬苏联而被打成右派，但现在再也没有人与部门顾及此事了，他也已经去了新疆。那里的生活异常艰苦，他很少写信回来。我们只是在偶然间听说施阿姨毕业后主动要求去了四川新成立的峨眉电影制片厂工作。

也许是五舅舅的缘故，我和姐姐不喜欢下课回家就随外婆一起外出吃饭了。隐隐地，我们懂得了生活水平的悬殊是人与人不平等的开始。

舅舅们的婚礼

1964年初，外婆家热闹起来了。在北大读书的六舅舅毕业了，他有一个漂亮的女朋友，我们叫她庄阿姨，她年轻能干，也是北大的学生，六舅舅和她确立了恋爱关系，并打算春节在上海结婚。也不知道是不是这个消息刺激了五舅舅，他突然宣布他也要结婚了。

五舅妈是谁？是施阿姨？谁也不知道。总之家里准备着让五舅舅、六舅舅同时举办婚礼。家里办喜事，对于我们孩子来说自然是一件高兴的事。我也帮着为六舅妈设计服饰，她个子高，人比较洋派，穿裙子好看。我陪着她去布店买衣料，去裁缝店做衣服。我们选择的是粉红色的塔夫绸，上面嵌有传统的金色的团花，配上金色的项链、耳环和金色的皮鞋，六舅妈顿时显得光彩照人。我们和六舅妈经过几个寒暑假的接触，已经很熟悉了，我们已将庄阿姨改口为六舅妈。可是五舅舅呢，他不像当年那样待在家里，而是匆匆忙忙地、默默地做着结婚的准备。

婚礼定在年初头上，外婆坚持说该哥哥结了婚，弟弟才能结婚。我们都在忙着，我和姐姐每人都做了一件新的棉袄，和六舅妈一样是格子的塔夫绸，但因为我们是孩子，自然轮不上去服装店定做，只是由一位请到家里来的女裁缝做，这让我和姐姐大为不满，因得不到和大人一样的待遇而耿耿于怀。好在二阿姨从香港给我们两姐妹带来了好看的蝴蝶结，才使我们的不平之心得以缓解。

一天，五舅舅带了一个比我们大不了多少的女人来。她长得眉清目秀，背了一只塑料的蓝背包，穿了一件皱巴巴的苹果绿绵绸罩衫，显得有点土气。她不大说话，五舅舅向我们介绍说，这就是我们的五舅妈。说真的，和六舅妈相比，她太逊色了。外婆发话了，让我陪她出去买点东西，言下之意是人要衣装，要为她打扮打扮。

我陪着她去了淮海路，记得那是一个下雨天，在三轮车上，我问她：“你是哪里人？”

“南浔人。”她回答。

“南浔，在哪里？”

“在湖州那里。”她轻轻地说。

我从来没有听说过南浔，心里默默地说，既然是在湖州那里，应该查查地图。我陪着她买了一些东西回来，不由自主地把我的两个舅妈作着比较。六舅妈是六舅舅的同学，他们俩虽不同系，但都是上海去北大的大学生，她活泼聪明，有好几次假期，六舅舅带我们两姐妹和他们一起出去玩，所以我们与六舅妈连带她的家人都已经很熟了。可五舅妈呢，才出现，她很是纯朴，却让我们有一种很陌生的感觉。

当我将陪着她买回来的东西一一往她身上堆时，五舅舅笑了：“你们可不要欺负她啊，人家可是乡下人。”五舅妈腼腆地笑了，那年她只有二十一岁，所以显得比六舅妈要年轻得多。

大家急着办喜事，五舅舅的婚礼定在年初头上，六舅舅的婚礼定在他的后两天。外婆为自己一下子办完了所有孩子的婚事而高兴，自然谁也没有过问，为什么他们两兄弟要一起结婚。总之家里乱糟糟的，也喜洋洋的，可五舅舅的婚事相比之下总显得有点仓促。

六舅舅夫妇结婚后就会回北京，他们将在北京安置自己的小家，在上海只是举行一个仪式而已。五舅舅他们呢？五舅舅在新疆，五舅妈在南浔，结婚以后他们怎么生活？相继两个婚礼让大家都忙坏了，自然谁也没有提及他们以后的情况。我知道妈妈只是忙着为两个弟弟让出房间，好为他们布置新房，并准备为他们的新婚送上贺礼。

我和姐姐七嘴八舌地为五舅妈挑选她的礼服，她也没什么意见，她在婚礼上要穿的是一件大红色的丝绒旗袍，上面配的是一件白底金线的圆领外套，下面配的是一双银色的皮鞋。考虑到五舅妈平日里不是很善于打扮，就又为她做了一套桃红色真丝面的丝绵衣裤，配一条白色的珠链。为了能让她有一双相近色的软底鞋，我和她没有少跑路，这就是我和五舅妈最早的相处。我觉得打扮后的她一点不比六舅妈差，相反多了几分朴实，这是我对她的最初印象。

在五舅舅的婚礼上，来了五舅妈同乡的几个小姐妹，还有她婶婶一家。再有就是五舅舅单位的彭加木先生，作为领导来参加员工的婚礼。彭加木当场赋诗一首，爸爸对他颇有好感，因为他们同座，自然聊得很投机。当时彭加木在上海已经很有名了，报纸上连续报道了他同癌症作斗争的情况，尤其是他带病去支援边疆的事迹更是令人感动。当然爸爸不知道他的爱人就是小姑姑的好朋友，这当然是后话了，但爸爸还是为五舅舅能有这样一位儒雅的领导而庆幸。

五舅舅的婚礼安排在衡山饭店，六舅舅的婚礼在新雅饭店，闹哄哄的婚礼结束了，五舅舅夫妇回了新疆，六舅舅夫妇去了北京，我们也回归到了平常的生活。

市二女中

我是1964年参加上海市的初中学校招生考试的，记得在我们考试前，为了填写报名表，我和同届的姐姐煞费苦心。当时我们已经很独立了，遇事都是两姐妹自己商量决定。姐姐说，她希望考一所五年制的学校，希望自己能比我早一年中学毕业，我则想报考一所我们区里校园最美丽的学校。于是在填写报名单前，我就和我的好朋友姜一起考察了徐汇区所有的重点中学。当我们俩走到上海市第二女子中学时，不由地被那里鸟语花香的环境所吸引，于是我们毫不犹豫地将市二女中填上了第一志愿（尽管当时姜已被上海市体校录取为体育班成员）。

那天我们的考试是在半天内完成的，数学的内容很简单，语文的考题为“难忘的一件事”。在两个小时的时间内，我很快地完成了作文题。我记叙了自己加入少先队那一天的情景，抒发了自己上学路上的愉快心情，记录了庄重的入队仪式。记得那天考完回家，爸爸让我和姐姐陈述自己答题的情况。姐姐写了一个阴雨霏霏的日子里的一件小事，当时爸爸对姐姐的文风大为欣赏，当即让我们背诵了苏东坡的诗句“水光潋滟晴方好，山色空蒙雨亦奇”。当时他还鼓励我说，小孩子喜欢光明，表达好心情，同样很好。考完后的我们完全沉浸在欢乐之中，家里从来没有为我们的学习成绩烦心过，我们也认为自己一定能如愿考上好学校。

外婆为了犒劳我们为升学考试所做的努力，请我们俩还有我们的三姨、三姨父一起去上海大厦吃饭。当时我和姐姐已经很少随外婆外出吃饭了，因为经过三年困难时期，我们已经能够感受到社会上存在很多弱势群体，他们生活很困难，我们读的小说已经是胡万春描写穷人生活的《过年》了。当然这次去大饭店吃饭是预祝我们考上中学，那就另当别论了。

那时的上海大厦才装修一新，每一层都是新装的卫生五件套，而且每一层都各不相同，相比我们原来经常去的新雅、美心、衡山、复兴、红房子等饭店明显漂亮得多。记得那天我们吃得很好，外婆说，相信我们一定能考上重点中学。

录取通知书来了，我如愿考上了市二女中，但姐姐和很多学习成绩优秀的同学都没能考上重点中学，另外我的好朋友姜等也都与重点中学擦肩而过，这使我的高兴程度大打折扣。

上海市二女中是一所有着悠久历史的教会中学，可能是当时上海最高级、校舍最漂亮的中学。我们这一届新生有300个，又按英语、俄语分了班级，我被分在第二班。我们班上有许多当时上海市委、中共中央华东局干部的子女。52个同学中有10个来自工人家庭，都住在学校附近的嘉善路上，毕业于李侠烈士的遗孀任校长的徐汇区第一小学。

我们班的班主任是男的，而副班主任则是一位刚留校的女老师，和我们年龄差不多大。当时正在搞教改，很多课的内容都作了删减，我们的主课老师都极好，数学老师是市二女中的老教师，还负责带教一位年轻的老师，该年轻老师是华东师范大学顾可权教授的独女，也是后来和我很熟悉的朋友。语文老师是一位当时上海很少有的能吟诵古诗词的老先生，连政治课也是由从部队转业的教导主任亲授的。

在学校里，我结识了很多后来成为好朋友的同学，其中有陈、孙、曹与顾。

我们在无忧无虑的环境中学习、生活着，业余时间我还成了学校乒乓球队的队员，回家有钢琴课，还在少年宫上舞蹈课。

一年的时间很快过去了，我们班开了一次家长会。那天很多家长都去了，我妈妈也去了。我们这些十来岁的孩子，嘻嘻哈哈地玩耍着，穿来穿去地奔跑着，这情景真像是苏联电影《乡村女教师》中的情景。那晚，最漂亮的妈妈当数我的同学陈的妈妈。她个子高挑，梳着漂亮的发式，穿着时尚的服饰，在众多的家长中特别突出，尤其是她豪爽的笑声给我留下了很深的印象。

我的小伙伴

我的同学中有很多人在当时以至后来都和我成了最好的朋友。住在我对面的同学顾，胖胖的身材，很是可爱。小时候她是个极调皮的“坏学生”，也许因为是独女，在家很孤独，她经常来我家玩。她家的经济条件很好，学习用品从来是我们同学中最好的。打开她的铅笔盒，有红蓝钢笔，还有一支绿钢笔，连橡皮都是当时很特别的两用沙皮条，还有塑料香橡皮。有一次她买了一把有机玻璃的尺，在当时就要花好几元，对于我们十多岁的孩子来说，这真是大大的奢侈品了。

说起她还真有很多有趣的故事。有一天我去顾的家，那天正是吃午饭的时候，只见她的外婆端了饭菜进来，叫她：“顾同志，吃饭了。”我很惊奇，忙问：“你怎么让外婆叫你顾同志？”她外婆说：“是啊，她昨晚将她爸爸带回来的一盒巧克力全吃完了，她爸爸（上海船舶进出口公司的经理）生气了，非要把盒子挂在她的脖子上，把她赶出去。我打了好些圆场，她就叫我称她顾同志了。”

我的另一个好朋友熊，也是和我交往很多的一个，她和我一样的身高，一样的体重，一样喜欢唱歌，尤其是她也有一个姐姐，她姐姐也学钢琴，还跟我们家世交的一位老先生学京剧，这就让我们无形中又增加了很多谈话的内容。和所有的孩子一样，我们都有过自己那个年代喜欢的流行歌曲。我们读初中的时候，正是《长征组歌》、音乐舞蹈史诗《东方红》、歌剧《江姐》《红珊瑚》等风行的日子，那时我们热衷于自弹自唱，以至于所有这些曲目，我们都能演唱，连幕间的过门、台词都能一一背诵。可惜我的这个好朋友竟然和我的姐姐在同一年英年早逝，实在是让我痛心至极。

我还有过两个很要好的朋友，老吴和沪沪。老吴在学校时，因为她是班上仅有的十位工人家庭出身的学生之一，而且她走的路线和我们不同，所以在读书的时候我们间的交往并不多，但在“文革”中，我们却联系得异常频繁，以至于在很长一段时间内，我们和沪沪都会以“相约星期六”来形容我们间的交往。

说到沪沪，我们有太多的巧合。她父亲冯伯伯过去曾兼职于上海信谊药厂，而这家厂的私方正是我家的亲戚。冯伯伯家庭非常美满，冯伯伯对冯伯母的关心、体贴真的很少见。冯伯伯在自己的晚年，挂心每一个子女，甚至每一个子女的家庭。

沪沪长得极漂亮，是个天真、纯情的孩子。她的第一个男朋友是上海一个资本家的儿子，经常来请她出去吃饭、玩耍。这人是她哥哥的同学，两人刚开始相处就遭到了她哥哥和我的反对。此人并无太大的才能，他们全家商人气息都很浓，他的父亲有两个家庭，男朋友这样的家庭环境对沪沪这样的纯情女孩是很不合适的。

果然不久沪沪就和那个男朋友吹了，奇怪的是那人将当时热情赠送给沪沪的礼品又全部要了回去，于是我们赶紧劝慰沪沪，这样的男朋友还是早早断了好。

直到有一天，沪沪告诉我，她的表哥给她介绍了一个朋友，是个军人，当时在我们的心目中军人家庭似乎是一个完全陌生的世界，但沪沪说，“你不妨认识一下他，和你心目中的高干子弟不一样”。这个人后来成了她的丈夫，他的确是一个非常好的人，对家庭对妻儿都极好。

如今多少年过去了，有的朋友已经不在人世了，但每每回忆起我的少女时代，还是会带来很多的乐趣和感慨。

糠饼事件

1967年底到1968年初期间，学校已不开学了。一天，休学在家的我和同学接到通知，要去上海郊县的一个公社参加劳动，因为“文革”的关系，原有的班级结构已打破，到了学校的劳动基地后，大家就三五成群地自由组合。

由于来自不同的班级甚至不同的年级，又有着各自不同的社会经历，因此同学间的关系和过去同窗共读时完全不同了，各个年龄段的中学生因受其家庭的影响，以及对“文革”的认识不尽相同，互相之间的关系也和大人一样变得异常紧张。我们所谓的劳动其实是做砖头，就是从远处把泥土挑来，把一大块一大块的土放到一个个木制的框子里压紧，待其干硬后当砖造房子。每天的早饭是稀粥加自己腌制的萝卜干，中午、晚上有米饭供应。

一天接到通知说那天的伙食改了，改吃糠饼。什么是糠饼呢？我们疑惑不解。有领导出来说是吃“忆苦饭”，那是一种用麸糠加野菜干烤的饼。到了午饭时候，桌上放的果然是金黄色的糠饼，看起来诱人，但口感实在是不敢恭维，严格说那是我第一次尝试吃粗粮。如今爱吃些粗粮的人很多，说是平日里多吃杂粮、粗粮能补充维生素、纤维素，对人体有好处，还能治疗各种疾病。但我这里所说的粗粮则是指加工极粗糙的食物，现如今早已不为人所食用了。

糠饼端上来了，每人必须要吃一个。这时的我，环顾四周，发现各人手握糠饼，咀嚼的神情是大不相同的。有人紧皱眉头，大口地吞咽，希望以最快的速度解决掉，有人则默默地吃着，低头蹙眉，可也有的人竟然大声地赞誉说，这糠饼味道好极了。吃糠饼既然称为吃“忆苦饭”，就是想让年轻的孩子懂得生活的不易，珍惜盘中餐，但明明是忆苦，为什么有人会觉得好？我觉得很奇怪。

我曾经是一个五谷不分的人，什么是糠，什么是粮，我都不知道，连粮食该到什么地方去买都搞不清楚，我读过白居易的《卖炭翁》，其中有“心忧炭贱愿天寒”的诗句，这次下乡，对劳动人民的困苦有了实实在在的感性认识。可那天，我却惊讶地发现有人将糠饼扔掉了，而她扔掉的东西偏偏被人发现了，有人就去举报，还证明了糠饼是揉碎后被扔掉的。于是在一群十多岁、二十来岁的孩子中间就有人出来侦查，想要发现是谁扔掉了糠饼，孩子中间开始了面对面、背对背的检举揭发，这一事件使孩子们的心灵蒙上了一层阴影。

若干年过去了，如今早已年过半百的我们若相遇，说起往事，也许扔掉糠饼的人会一笑而过，倒是那些紧追不放者，也许会为当年自己的激愤举动而有点愧疚吧。往事历历，很是难忘，这毕竟是我们曾经走过的人生之路。只愿我们的下一代少一些我们的无知，我们的困惑。

响应最高指示

1968年12月22日，《人民日报》刊发了毛主席“知识青年到农村去，接受贫下中农的再教育，很有必要”的指示。当时我们都是十多岁的中学生，因为运动的缘故，学校根本不上课，工厂也不上班，全都闹“革命”了。“革命”对于我们来说是模糊的，只知道父母受审查，家里被抄家。至于我们将何去何从，是完全不知道的。

那天天气很冷，我和以往一样，在家里闲着，我的一个大朋友打电话给我，说“今晚你们不要出去，有最新指示发表，而且是有关你们前途命运的”。我们听说后都很吃惊，不知道这个最新指示将会对我们的命运有什么影响。

晚上八点，收音机里播放了对于知识青年的最新指示，听完我们几个都呆呆地坐着，不知道这条消息会让我们这一代人的命运起多大的改变。

我听完最新指示后的第一个反应就是我应该响应，问题是怎么去农村，到哪里去，如何体现“接受贫下中农的再教育，很有必要”这个最新指示的真正的含义。

之前我对农村的概念全来自我的表哥小兹哥，他1964年高中毕业后去了新疆农八师，后来又去了农八师的文工团，据他说新疆的生活非常艰苦，所以我们本能地排斥去军垦农场。另外我们的邻居到外地去，回来后得了肝炎，所以我们觉得外地好像也不太好去。

在1967年的时候学校对我们进行了一次分配，我们班有十来个人被分到了工矿，另有一部分人去了上海郊县农场，许多人处于无人过问的状态。当时我因为与京剧演员李玉茹相识，跟她学会了唱《我家的表叔》等基本唱段，所以就想尝试报考部队文工团，结果政审老是过不了关，人家告诉我："你充其量，只能考上青海省歌舞团。"当时的我对跨几个省到黄河源头去还是感到比较恐惧，于是就放弃了。

1968年12月，上海郊县的农场不会有招工的可能性了，原来还在工矿和农场之间犹豫的人已经没有选择的余地了，只好考虑去农村插队。我和李如茹是同校的好朋友，我们的情况大同小异，认为没有理由不去农村。那时她母亲李玉茹正在上海京剧院接受隔离审查，我们都不愿意增加家里的负担，相反想为家里分担责任，问题是到哪里去。这是我在最新指示下达后的几天里一直考虑的问题。

对我来说有两种可能：一是去从小带我们的阿姨的家乡桐乡，因为我对那里的生活最熟悉；二是去南浔，我五舅妈的家乡。两个地点都在离上海不远的杭嘉湖地区。当时五舅妈的弟弟曾经来过家里几次，谈到他就在当地插队，是当地插队的青年，我考虑能否效法他。正在我们开始思考的时候，上海乃至全国的上山下乡运动开始了。

1968年12月26日的中午，我们接到通知，所有没有分配的同学都要到学校去。我们按时到了，接着就是开会，气氛有点紧张。那天谈知青问题，我思想上是有准备的，所以在会上我表现得很从容，马上表态愿意到农村去，接受贫下中农的再教育。其实说真的，我们当时连什么叫“再教育”都不懂，反正本着“毛主席挥手我前进”的决心，就这么表了态。结果就在这天晚上，有人敲锣打鼓地将大红的喜报贴到了我家门上。

我的一个非常普通的同学，成了我们学校毕业生分配办公组成员。这时我犹如箭在弦上，不得不发，形势逼迫我尽早地作出决定，于是我决定先去桐乡。

插队南浔

那是一个风雨交加的夜晚，我最终没有能够说服我的好朋友李如茹与我同行。我的路线是先从上海西站坐火车去崇福，然后换小货轮去石门——丰子恺先生的家乡。因为去崇福的车是晚上十一点开，而我当时只是一个不太懂事的女孩，我将会碰到什么样的情况，当时根本是无法预料的。我穿了一件蓝色的棉袄罩衫，一条军裤，一双当时非常时尚的军用跑鞋，用一条大红围巾包住头，背着一只军用背包就出发了。临行时朋友们都说我有点像要去闯关东。

那天又是风又是雨，待我赶到上海西站时，衣服几乎全淋湿了，车站上的人寥寥无几，我买了一张火车票就坐在候车室里等候，等到火车来了，我一个人上了车。现在从上海到崇福，乘小汽车只要一个多小时，但是当时我是按照从小带我的阿姨回家的路线出行，车到崇福要换小货轮，这是一种只能乘三四十个人的小船，船开到石门几乎要天亮了。当时的杭嘉湖地区很多地方都没有公路，尤其是没有国道相连，地区之间几乎完全靠河道运输，交通工具有货轮，有帆船，还有手摇的小船。

石门是一个江南小镇，出过很多著名的人物，现在的石门镇和周边的乌镇等地都属桐乡市。我到石门时，正下着鹅毛大雪，整个石门镇周边的农村完全覆盖在茫茫的白雪之中。到乡下联系插队，这在当地很少听说，只有在1961年时，带我的阿姨曾经被动员回过乡，但是当时她的户口在我们家，我们都小，从而被拖延了。现在带我的阿姨都不知道如何联系插队，于是她首先想到让我去她的表弟家看看。她表弟家在石门镇周边的司马庄，那里完全没有知青下乡一说，所以当时让农村接纳知青，其实还是一件非常不容易的事。

在江南比较闭塞的地区，对最新指示根本没有听说过，因为那里连广播线都拉不进去，唯一与外界的联系方式是出镇，以及听一些识字人读报。那里一星期邮递员只送一次信，所以消息的到达是很不容易的。当然这些情况都是我下农村后才真正了解到的——下乡后我才明白城乡之间有很大的差异。

临行前我做了两手准备，假如桐乡联系不上，我就去南浔。当然我对南浔更加陌生，连在书上都很少见到。后来我才知道，它属于江南的大镇，在历史上出过很多著名的人物，地理位置优越，位于杭嘉湖“金三角”，当时就有318国道将上海与浙江、江苏乃至安徽紧密相连，它也是若干年后我表哥吴敬琏他们考察苏南模式的地方。

说起石门，那里的风俗习惯，我们可以从茅盾的小说、丰子恺的散文中了解到。我小时候就熟悉他们那里的口音，听过丰先生讲他的家乡，他浓浓的乡音体现了对于家乡石门深深的怀念。

因为在石门联系插队不太顺利，于是我搭上了去南浔的小货轮。那是我第一次乘船在浙江境内穿梭，我经过了桐乡，经过了乌镇，最后到达了南浔。我从南浔的南栅上岸，走过弯弯曲曲的青石板路，沿街都是用木头排门板作墙面的商店，在天蒙蒙亮的时候到达了这个我后来生活了六年的江南小镇。

那时真是非常幸运，当地离镇最近的一个生产队正在寻找会计，以解决生产队分配不公的问题，于是我去一谈就达成了双向协议。当时生产队原本无意要我把户口迁去，但是我希望这么做，使他们感到非常诧异。生产队长的哥哥是当地所属的县革委会常委，所以很快地满足了我的要求。于是我马上离开乡里来到县革委会所在地湖州市区，非常顺利地办完了生产队、公社、县的三级证明回到了南浔。

这时，上山下乡运动已经在全国如火如荼地开展起来了。李如茹和另一个我姑姑家的原籍是南浔的邻居，也匆匆从上海赶到南浔想来插队落户。

但是当我们再次向县革委会的人提出还有人想来插队时，南浔地区所在的吴兴县委已经接到省里的最新通知，明文规定要到江南插队必须有直系亲属在生产队才行。我的好朋友同我就此分离，她去了从小带她的阿姨的家乡——江苏泰安的农村插队。

全部家当

回到上海，我和李如茹到学校办了手续，准备了行装，因为大批的同学都会随学校或所居住的里弄一起去农村，所以我们的行动就有点特殊，我们在完全没有大人的照料下默默地前往了自己人生中的第一个驿站。我清晰地记得我是在1969年1月15日将户口迁出上海的，我自己去转了粮油关系，买了按政策规定可以买的蚊帐等用品下了乡。

刚去的时候，我住在我的五舅妈家里。从他们家到我的生产队走路只要十分钟。生产队要我当会计，农村的会计具体干些什么，当时我是不知道的。我把家安在了五舅妈的家，准确地说是五舅妈的娘家。对于她和她的娘家，我们知道得太少，只知道她很年轻就和我的五舅舅结了婚，五舅舅是在中科院新疆分院工作，五舅妈结婚后和五舅舅生活在一起的时间不满两年。

我在南浔住下了，我带去的全部家当就是我家厨房里的一张桌子，一只小皮箱，一张钢筋桌子及两把椅子，另外还有一张小床。钢筋桌子是我们童年放在晒台上玩的桌子，非常轻，重量不及一辆自行车，而且是可以折叠的。这些东西不是一次带去的，我第一次只随身拿了一只小皮箱。

五舅妈自己不工作，在家里带孩子，她的生活费用是五舅舅寄给她的。她们家不开伙，吃食堂，既然这样我也就每月交给五舅妈十五元的生活费，开始了我的落户生活。

五舅妈的娘家是经营棉花店的，她的父亲是一个孤儿，一个很善良的人，对于生活的态度很是达观，母亲则是一个很强势的女人。五舅妈结婚时，娘家只来了她的叔叔婶婶一家和她的几个小姐妹，所以我对五舅妈一家不太了解，这样类型的家庭我也没怎么接触过。

同样，五舅妈的母亲对我五舅舅也缺乏了解，尤其是对我外婆家知道得太少，只是听来上海吃喜酒的小姐妹讲起过我外婆家的一些事。从五舅妈母亲的角度来说，她希望自己的女儿嫁得好一点，所以她培养女儿上了大专，这在南浔镇上是很少见的事。可五舅舅是个非常有主见的人，他希望他的家安在新疆，他觉得自己和一些志同道合的人一起，白手起家建设新疆分院本身就很有挑战性。当时五舅妈是中科院的分析员，长得清秀，也较能干。三年困难时期五舅妈被新疆分院精简，回到了南浔，而五舅舅利用回上海探亲的机会去了一趟南浔，从而定下了自己的婚姻大事。

在五舅妈家住了几个月后，我就搬了出来，在我们生产队租了一间房子，房租每月两元。那是在南浔钟家桥头的一间平房，我和几家人家一起合住一个门堂。我住在最南面，和我同住的就有一个是当地的知青。他是一个在20世纪60年代初下放的南浔青年，和毛主席号召去农村的知识青年还是有点区别的。十多年的农村生活使得他和当地的农民几乎没有差别，他在当地和一个农村的女青年结了婚，这被看作一件很光荣的事，因为他是自立了门户。他的妻子叫李金凤，是一个长得很漂亮的农村姑娘，但不识字。

我当时的想法就是积极参加劳动，走一条自食其力的道路。我参加了生产队里的所有劳动，独立生活大大激发了我的潜能，生活的磨炼使我变得成熟了，从一个只会弹弹琴、唱唱歌、读读书的十多岁的女学生，变成了一个在农村能干各种农活，很受欢迎的人。

我乡下的家很快就成了很多年轻人最喜欢聚会的地方。尽管当时生活的环境并不理想，但这毕竟是一个可以完全按自己的个人意愿生活的地方，我非常满意。我从上海搬来了一张小床，用一个小的垫箱柜架起了我的箱子，作为床头柜。从五舅妈家原来的厨房搬来了一个柜子放我的衣服，在上面铺了一块塑料布放脸盆、镜子和书，这便成了我的一个独立的小家。

在回上海和姐姐一起去城隍庙时，我发现了一只像《一千零一夜》里的神灯般的、小巧玲珑的油灯。有趣的是它不似一般的煤油灯，下面一个玻璃瓶，上面罩一个灯罩，放上棉线煤油芯可以捻亮捻暗的那种，而是有一个古铜色的底座，上面配一只精致的灯罩，尤其是它还能两用，既可以放在我的床头柜上，也可以悬挂起来。有了这只“神灯”，我可以恢复读书了。

南浔的藏书楼是一个很特殊的地方，这么一个在历史上有过杰出贡献的地方，当时冷落到只有一位老人在看管，但却堆积着从整个南浔镇收集来的“四旧”。所谓“四旧”，今天讲来无非是中外的名著，于是那里便成了我经常光顾的地方。

我清楚地记得，当时生产队长去三公里外很出名的一个泥匠家学泥工，学成回来后，我的灶头便成了他的处女作。我提出要一只小巧一点的灶头，一来省柴，二来可节约地方。同时建议不要在灶台上画当地人喜欢的灶神，而是自己画上挺现代派的立体图案。当我的灶头第一次生火时，引来了不少人观看。

到农村半年多了，我想论挑担、割稻等体力活，我或许比不上人家，但我可以发挥我的优势啊。当时的孩子都失学了，我决定把他们组织起来，教他们学文化、学打算盘、学唱样板戏，把年轻人组织起来办班，按当时的说法是办政治夜校。

我与许多有经验的老农谈起这个念头，得到了他们与队里的认同，队里也补助我工分值。这样我就身兼数职了，除了做几个生产队合并的大队的会计外，还兼农村孩子的教师、业余的歌手、“赤脚医生”等，我和村里年轻人的关系变得越来越融洽了。

我们的政治夜校还登上了《浙江日报》，这在当地是个破天荒的大事。于是队里的农民一致认为我只要做好记工的工作，就可以完全不出工了，这是给我的特殊待遇。

记工需要仔细认真，很多人过了一段时间就会遗忘自己出没出工，这就需要耐心地告诉他，某月某日他没有出工，没出工的原因是什么。这个工作就得事前记得详细，事后说得耐心。

另一个就是分配，这在农村显得尤其重要，涉及家家户户的实际利益。而我一个外乡人，由于和任何人都没有瓜葛，相对来说，分配票证、物件就会公平得多，所以我很快就被要求参与大队的各季分配。这往往需要很认真地听取有经验的老农的意见，然后作出预算，制报表，最后再和他们商讨，作出分配的决定。

在以队为经济单位的年代，关于如何实现农业八字方针，我们做过很多的实验。我们实验过小苗带土移植，一改传统的先做秧田后拔秧插秧的方式，而是将小秧苗在幼小期时带土用铲子铲下来，直接移植到大田里，虽然这只是一项小的改革，但这为小型手扶插秧机的使用创造了可能。

南浔是个出蚕桑的地方，在那里我像电影《蚕花姑娘》里的尤嘉一样养过蚕、采过桑。其实养蚕也同样是一门科学，绝非仅靠农民信奉的烧香拜蚕神就行的，而要讲究蚕匾的卫生，蚕房的清洁、温度，病虫害的预防，蚕种的优良，等等。

在农村我们每个人都有自留地，我因为是个会计，很像小说《山乡巨变》中的“弯弯绕”，在农村有较大的权力，尤其是几个自然村的合并，使得原有的家族势力受到了较大的限制，会计的分配如果没有体现公平，是极易引发矛盾的。经过计算后，我把自己的自留地交给了生产队长家承包，一来加深了我们间的交往，二来双方得益。虽然我在自留地里种满花确实很浪漫，但对农民来说这实在是太浪费土地资源了。

突发变故

我把自己的一些做法与经验，写信告诉了五舅舅，他很支持我，同时提出五舅妈的大弟弟是不是也可以这样做，一来可以增加他们家的收入，二来年轻人学门手艺是件大好事。五舅舅提出他的妻弟可以学学模具工和木工，假如他能学会木工，并且向模具发展，那他的生活就不一定只能像他哥哥那样，参军复员后在这里弹弹棉花而已。

那段时间，我和五舅舅的妻弟交往比较多，他是他们家里对小匀最好的人——小匀是五舅舅的女儿；另外我们年龄差不多大，又都是下乡知青。在劳动之余，我们会和很多村民朋友一起跨省漫步，从生产队出发，只需走上半个多小时，就能走到江苏省的地界。他们又会带我去捞虾、钓蟹。漆黑的夜里，远处传来蛐蛐的叫声，我们卷起裤腿，打上手电，提上竹编的小篼，下河一捞，就是半把斤的河虾，只只鲜活乱跳。还有在清晨的石桥头摸螺蛳也是一件乐事。螺蛳会一只只挤满桥头，只要伸手一摸，就是一把。有时我想偷懒，队里的小娃娃就会帮我摸上足够我一人享用的量，我呢，自然会按市价付给他钱，五分钱足够。孩子又会问："明日我逮条鲫鱼给你，怎么样？""好啊，老价钱，五角。"菜呢，农家会在上市出街时放在我的窗台上，那是剥到心的碧绿鲜嫩的蔬菜。

五舅妈的弟弟自始至终没有去学模具，就是学木工也只学了很短的一段时间，我不知道如今他还能不能做出一件木工活。

可在这个时候，五舅妈开始有了做临时工的机会，她要到纺织厂上三班，她的女儿小匀就得放到托儿所去，自然我经常要在晚上照料小匀，这是我从来没有干过的事。童年时，我也有带我表弟表妹一起玩耍的时候，但要我一个人带一个孩子在农村过夜，对我还是很大的考验。有很多个夜里，五舅妈要去上夜班，家里无人可托，我就同意小匀到我这里来住。那时她只有一两岁，五舅妈带她的时候很宠爱她，吃饭很不规律，经常半夜里要吃东西。在农村，我也没什么点心，唯一可行的就是白天带她去大庆楼——南浔唯一的大饭店，那里有汤包、豆花、臭豆腐以及小馄饨，但这些在半夜里都不能买到。于是我用柴草去换了柴油，再请人做了只煤油炉，尽管煤油烧东西有很多的烟气，但带来很大方便，等于在乡下享用了上海才有的煤气了。我为小匀做得最多的就是炒面粉糊，或干脆用新鲜的米粉调成糊，很像人们说的奶膏。我还学着为她讲我所记得的故事。

1969年9月的一天，五舅妈抱着小匀来到我乡下的家中，她哭着告诉我五舅舅不幸去世的消息。怎么可能呢？五舅舅只有三十九岁，还正年轻。这个消息太惊人了，当下的情况不是我可以应对的，我当即决定和五舅妈带小匀一起回上海。那是一个风雨交加的夜晚，天气冷到了骨子里。我们三个人匆匆地赶回上海，那时的外婆住在三姨的家里，妈妈、三姨惊闻五舅舅去世，都难过得哭了，她们拿出仅有的三十五元钱给五舅妈，面对不幸，她们又能做什么呢？我和姐姐商量，让小匀暂时留在上海，因为我不知道五舅舅遭遇不幸的消息在南浔小镇传开以后，会对小匀的生活带来多大的影响。

第二天，就在我们忙着安排的时候，五舅妈却带着孩子去了淮海路上的六一儿童用品商店，为小匀买了一双当时最高级的白色皮鞋和一些玩具，把妈妈、三姨给的三十五元钱全部花掉了。

她的举动让妈妈、三姨、姐姐和我都惊呆了。三姨为了节约几分钱的车钱，每天和她的同事石凤珍一起步行上班。我和姐姐都极力地劝解妈妈和三姨，也许五舅妈想表示，她本不要五舅舅家的钱，而只是给女儿小匀用，也许她觉得五舅舅家的人都很奢侈，戴孝时她想让孩子穿最好的皮鞋。

大家谁都不想再为其他事烦恼了。小匀留在了上海，交给了姐姐和我们的朋友带，姐姐同样没有带过孩子，但她还是拿出仅有的生活费，尽可能地满足小匀的喜好。小匀在上海待了好几个月，姐姐和好朋友带她出去吃西餐，吃冷饮，给她讲故事，为她做能做的一切。

我和五舅妈则回到了南浔。经历了这件事后，我和五舅妈家的关系变得更微妙了。当时我已经很少去他们家了，去了也只是去看小匀。不过我本人的经济状况却有了很大的改善，我开始关心我自己的家人，我计划去租大一点的房子，希望把爸爸、妈妈、姐姐接到南浔。我经常带小匀外出吃饭，有时干脆到她的托儿所去接她。

这里我特别要提到的是五舅妈的弟弟，小匀的童年，没有父亲的关爱，是她的舅舅给了她童年的欢乐。我们会一起去吃夜宵，然后散步，南浔汽车站外的河边是我们经常会去的地方，不是去钓鱼，而是去玩打水漂。在有星光的夜晚，静静地坐在水边，拿一块薄薄的小瓦片，侧身将它抛向水面，瓦片会在银色月光的照耀下翩然起舞，噔、噔、噔一跳就跳出很远，小匀会高兴地拍手欢笑。

当上计分工

下乡后我积极地参加了各种农业劳动。挑担，下秧田，积肥，各种农活都干。对于一个从上海来的女孩，劳动确实很艰苦，第一次做秧田还是乍暖还寒的季节，我赤了脚，把裤腿卷得高高的，一天下来就发了风团（荨麻疹）。队里刚开始给了我2.4个工分，当时我还真不知道工分的实际意义。

这样的生活持续了半年后，我当上了计分工。由于工作的关系，我很快熟悉了周围的环境。南浔镇最好的地方是嘉业藏书楼与小莲庄。嘉业藏书楼是近代江南最大的私人藏书楼，里面有很多绝版古书，当时南浔镇的阶级斗争和全国一样，也是进行得如火如荼，抄家抄来的书籍全被堆放在藏书楼中。和小莲庄相连的是漂亮的亭台楼阁，假山林立，满池莲花，奇怪的是这样一个漂亮、幽静的地方居然很少有人去。我多次去那里，看到里面很多书籍被随意地堆放在墙角，有时小孩子到小莲庄割草，就会顺道拿几本书回家引火用。楼里除了古籍外，还有各种中国的、外国的小说。刚开始我不敢轻易去拿，怕被人说是动了“四旧”。但看见捆扎松散的地方常有被人扯动翻拿过的迹象，也没人过问，于是也就试着去拿了书来看，看完后再放回去。久而久之，倒是看了不少书，应该说这是我那时最快乐的事情。

1996年，传理和邓邓回到南浔，身后就是嘉业藏书楼

2021年，邓邓故地重游，小河对岸就是嘉业藏书楼

作为记分工，我为生产队的每一个人建立了个人劳动档案，详细到每一天干了什么活，什么时候没出工以及没出工的原因。傍晚，我站在田边，会被田里那些埋头苦干、汗流浃背的农民所感动，因为我知道他们也许已经像这样从早干到现在，离收工可能还有相当长的时间，而他们的双脚踏在火热的水田里已经一整天了。

这时我总是会将自己的裤腿高高卷起，甚至连草帽都不戴，任太阳晒黑自己。走到田头，我会大声地招呼：某某今天在干什么？他为什么没有在这块田里？有人会大声地告诉我：今天人家去丈母娘家吃满月酒。于是我会在记工簿上记上一笔，还会记上他是一个人去的，还是夫妻俩同时去的，然后第二天问他为什么没有预支钱，他回答我说送的是自家的鸡。

所有的生产队员对我的记分工作都非常满意，我的记录比他们自己的记忆都清楚，所以我深得大家的信任。更多的时候，我还会组织小孩烧水，把大麦茶分两次送到田头，然后在田头为大家唱歌，有时可以唱上十来首，只要是广播里听到过的歌、现代京剧，我都会为他们演唱，我觉得只有这样我才能对得起我拿的工分。

夕阳渐渐落下，天边渐渐变红，天色暗了下来，这时空中往往会吹过一阵微风，随之飘来的是远处的炊烟，是有老人在家里做饭了，此时我才匆匆赶回家中。夕阳下，成群的鸭子排着队上岸了，它们一定是要在天黑之前赶回家中，那份恬静，那份平淡，真是只有在杨万里、范成大的诗中才有的意境。

我们生产队是一个宗族大家的自然村落，各家各户都有自己的利益所在，每一次的收割分配都会引起纠纷。比如柴草，就有一个干湿的问题，谁都愿意拿到干的，这样分量足、烧得久。诸如此类的矛盾很多，作为一个知青来说，我从不参与其中，而是竭尽所能地干好自己的工作。

那时村里很少有人订报纸，以及知晓公社的事情。我就利用各方来的消息，在村里办了一个黑板报，有标语，有口号，办得图文并茂。这些都是农民不擅长的，公社领导看到很是欣赏，于是我的价值就体现出来了，渐渐地我拿到了生产队里妇女最高的工分。

很多年轻人成了我的好朋友，他们愿意学文化，学打算盘，学记账。村里人们学习文化的热情也高涨起来。男女老少都爱听广播里唱的歌和样板戏，尽管他们不会唱，也很少张口，但地方戏、传统戏还是很吸引人。我们村里很快就以办政治夜校而闻名，人们自觉地来参加，犹如现今学唱卡拉OK一样热情，特别是我们的事迹上了《浙江日报》，更引起大家的欢喜。

到了第一次秋收的季节，江南农村的早秋有着丝丝的凉意了。我已习惯在衬衫外披一件棉袄，因为农村早晚的温差很大，而且劳动后会出汗，凉了套一件棉衣就很方便。我记得总是在我生日过后的那几天开始割稻，收成是好是坏其实在开镰前已经完全能够估算了。这时人们最大的期盼就是好的谷子不要烂在稻田里。

记得那时我和生产队的一些“老法师”站立在田头，望着西下的夕阳，会不由自主地对天祈祷，希望在开镰后有几天晴朗的大太阳。这个时候真有一种和土地血肉相连的感觉。

农村分红

在农村生活，一年开始最重要的事情就是春花的分红。一年收成的预算，在以队为基础的年月，依据就是对上一年的收入的估算，再在此基础上作出适当的修正。将一年分成三季，春花（第一季）的收入是油菜、小麦和春蚕，第二季的收入是双季稻和秋蚕，第三季才是全年最终的结算，即晚稻、蔬菜、瓜果、棉花、畜牧业的总收入扣除第一及第二季预支的部分，然后按全部的工分总数计算出每一个工分值，这里有一个集体必须完成的全年公粮、棉花的指标，然后全部进行分配。当然我第一次参加分配的时候感到非常困惑，和“老法师”一起一次一次地核算，我觉得这个工作量很大，尤其是第一次的春花分红。

我从没接触过农活，对分配的政策也十分不熟悉，甚至可以说是不了解，什么是生产队必须要完成的国家公粮，这个公粮的数字应该如何产生，一开始我完全不懂。公粮是收入总额中必须上交给国家的部分，而要增加集体和个人的所得，必须完成国家公粮之外的部分，那就是要因地制宜地贯彻农业“以粮为纲，全面发展”的八字方针。

第一年的时间里我熟悉了各种农活，很多农活在江南农村是只属于男劳力的，但是因为我们这个生产队地处城乡接合部，所以工农联盟的家庭很多，男劳力相对就比较少，而为了完成国家的公粮数，就必须增加双季稻的种植。南浔地区的妇女以往都是做一些养蚕等轻便的体力劳动，这样的局面开始有了很大的变化。

在上海有亲戚的江南人家很多，有的是爷爷辈在20世纪30年代去了上海，但是家属依然在农村。在上海赚钱，回家造房子，城乡之间的生活水平差距并不很大，所以当时白墙黑瓦的楼房很普遍。由于城市有户籍管理制度，家属不在上海城镇，孩子的户口就不能进城市，所以第三代就成了农业户口。

江南的农村也有相当困难的家庭，那多是从别处移民来的，有很多湖南人、苏北人，他们的居住环境就比较简陋，有的住在土房子里，有的住的是草房。

水与电

南浔的梅雨季节也是春蚕的养殖期，我们的生产队能养多少蚕，有一个大概的估算，因为这不在国家统购统销的范围内，所以有很大的伸缩性。这个决定权在生产队，在生产队最有发言权的妇女身上。因为养蚕在生产队里是比较有技术含量的，它要比雨天在田里摸草更具有吸引力，所以进蚕房对于我来说是一件很重要的事。蚕房先要用石灰水刷过，然后在周边撒“六六六”消毒粉，而这个味道又不能过浓，蚕房要装纱窗纱门，所有的匾、蔟都要预先清洗。当然这些卫生要求，又往往和封建迷信掺和在一起。

这里千百年以养蚕为生的江南农民，过去从没有重视过温度、湿度、水质这些因素。其实稍有一点科学常识，就知道水质的重要性。南浔地区没有什么大工业，唯有一家化工厂可能产生工业污染，它离我们生产队不远，如何改善水质就成了我们的当务之急。

首先对我而言，饮用河水就非常不习惯，我从小喝的是自来水，但是一般的农民就会觉得上海的水有一种漂白粉的味道。

在蚕房使用自来水所花的成本并不高，当时镇上开始建冰厂，就以冰厂那边东栅的水为源头，建造一个自来水厂。从那时开始，南浔镇上的人才开始饮用自来水。我们生产队离南浔镇非常近，只需接一段水管，就可以将自来水接到我们生产队。使用自来水对头蚕产生了极好的作用，因为头蚕小，对卫生要求高。大家很快统一了思想，开始只接到蚕房，后来就在整个大队实行了饮用自来水的改革。

和我们生产大队一河之隔便是南浔镇，那里早就有电。我们生产队要发展生产，首先要考虑通电，只要有了电，就能采用机械来开渠、放水、灌溉，就能买设备，造机埠，这样能够大大节约劳动力，首先就可以解放妇女劳动力，大力发展蚕桑的养殖，使农民走上工业化的道路。

要通电，就要竖电线杆，要有机埠发电，就需要投资。好在我们队离镇上近，前期需要的费用不是太多，我们通过节约队里的开支，首先第一步解决了通电照明的问题。我清楚地记得生产队家家户户的电灯亮起来的那一刻带给人们的喜悦。通电以后接着又建了机埠，机埠的建立不仅大大有利于生产队的农业机械化，而且还能帮助离镇较远的生产队通电及进行粮食脱粒、排水、灌溉等，使队里的收支平衡。

原来我们的生产是传统的，灌溉依靠人力踏水，脱粒需要牛拉磨或使用柴油，现在基本上做到机械化了。通电后节约了大量的劳动力，我们便大幅度地增加桑蚕的养殖，对整个生产大队的桑树进行编号，移植为成片的桑树林，并对桑树进行病虫害防治，从源头上保证桑叶的充裕。桑叶除了供养蚕所用外，多余的也可获利，甚至比种菜的收入都要好。

自从通了电，种植、养殖的规模就有了调整。其中鱼虾上网也是一件激动人心的事，我们将电压很低的电线接入水域，不久就有很多鱼虾被电击中，这时鱼虾上网就很容易。我们会将这个区域的河水排空，穿套鞋下河，能非常容易地网上很多大鱼。上网的鱼虾如何分配，一点不用着急，完全可以按当天镇上的鱼价打折计算，喜欢青鱼的就给青鱼，需要鲫鱼的就拿鲫鱼，然后按市论价，全部记上账。有人不要或要得少，可以拿到镇上鱼行一次性处理，还可以让小孩上集市交易，充分享受丰收的喜悦。从此我的饭桌上也丰富了起来，有鱼有虾，有螺蛳有螃蟹。

应该说电力的发展使得我们生产大队的生产力水平高于其他的生产大队，但在尝到通电甜头的同时，也许是没有按规定的标准建，也许还有管理问题，矛盾就层出不穷。我们生产队得到了用电的好处，别的生产队也想这样做，于是就在我们架起的电线上偷接电，从这户拉到那户，还有的在室外使用室内的小功率电器，于是造成电压严重不足，电灯忽明忽暗，而一用电炉，电压明显就更不够了，所以我想自己用电炉的想法很快就破灭了。

养蚕学问

蚕丝业是我们生产队继种田之后的第二个大产业。我们的蚕种是从公社统一付费购买的，蚕种非常关键，当地的农民把买蚕种的那一天称为请蚕种娘娘，要上供磕头，我在农村的时候，因为是“文革”期间，这种规矩就破除了。

养蚕的蚕房，必须事先仔细做好清洁工作，四周的墙壁要用石灰水刷洗，连墙边都要用“六六六”消毒粉消毒，门窗都要有纱帘。

然后把请来的像黑芝麻一样的种蚕按一定比例均匀地置放在一个个小的蚕匾里，这些匾上要垫放纸，我们生产队放的是一种很特殊的棉纸，它的纤维很长，颜色白中略带一点黄。放的时候，手拿一根鹅毛轻轻地将种蚕分到一张张的匾里。此时蚕房里不得大声喧哗，不得打斗嬉闹，一切都得在静静的环境中进行。

种蚕从萌发成小蚕，到能够喂食，这过程中选用的桑叶是非常讲究的。因为蚕小，不能吃大的桑叶，要吃很嫩的桑叶，所以从这时开始要对桑叶进行管理。清明到立夏左右茧子上山，这个时期的天气多变，在蚕房工作的养蚕人，一要有责任心，二要尽量少跑动。

因为不能多跑动，所以在蚕房的妇女就只能绣绣枕套，纳纳鞋底，穿的都是拖鞋，出去采桑叶就要换鞋。有时连回家吃饭都不允许，因为不知你回去做什么，会不会把细菌带进来。因为这是集体的养殖，进蚕房就意味着你承担了生产队很大一笔收入的责任，任何不合适的行为都会遭到众人的指责。反过来，这一季的蚕养得非常好，能卖个好价钱，那就能赢得大家的称赞，成为下一季养蚕的当然人选。

我之所以熟悉这些环节，是因为我每天都要记工分，必须和每一个人打照面，问他们今天都干了些什么活。另外我喜欢看书，坐得住，别人家有点事要出去的话，就会让我代为照料，因此几年下来对于这一切我就比较熟悉了。

大量种植桑树有很多的好处，桑叶用不掉的话，可以出售。桑叶的价格要远远高于蔬菜价格。而且桑树下面的地也可以充分利用，桑叶小的时候，桑树下可以种菜。

打过农药的桑叶一定要过一些日子才能喂蚕，所以我们的桑树都有编号，哪一片桑树打过农药了就严禁采摘，这个工作要非常的仔细。连打农药的药桶都要按规定在河的下游洗，以免污染水域，使蚕匾在洗涤时受到影响。

当时我们想将一些棉花地改种桑树，不过这里面存在一定的风险。假如这一季的蚕养不好，棉花产量又减少了，需要去交易购买，这个主动权就可能掌握在他人的手里，人家会抬高棉花的价格；而我们如果做不到桑树当年栽种当年有余叶，那就会有很大的风险。这个决定不是靠年轻人光有冲劲就可以作的。加上我们三个自然村落的组合打破了传统宗族的固定格局，矛盾和冲突就可能更多。

在这种情况下，我们去了邻近的江苏省吴江县震泽镇，那里有一个远近有名的人，即费孝通先生的姐姐费达生，她的家就在当地的一个桑蚕研究所，我们有幸得到了费达生的指教。

费达生是一位在中国丝织行业很有名的人，她本人非常淡泊，没有结婚，把一生奉献给了中国的丝织行业。震泽是和南浔紧挨着的一个镇，乘公共汽车只要二十分钟，我们平日和一些年轻人在318国道散步，会笑着说我们是在跨省界散步。

费达生的家里有一台显微镜，还有各种研究资料和大量有关丝绸织造的文献。我们向她请教了养蚕方面的一些问题，比如桑叶喷洒农药多少天之后才可以让蚕宝宝食用，发现桑树虫灾如何抢救，以及茧子有时会出现泛黄的问题如何解决，等等，费达生都一一给我们耐心地讲解和帮助。

对于送往茧站的特级茧子中时常会发现有蛋黄色的茧子的情况，费达生明确地告诉我们这些茧子不是废品，是可以利用的，这只是水的质量存在问题。而且蛋黄色的茧子假如量多的话，对于印染业来说也不是一件坏事。她还告诉我们，当时的日本已经开始出现免烫的真丝，并具有一般真丝的滑爽和轻柔，而我们目前的工艺水平比较落后，所以大力发展蚕桑事业是大有可为的。

我们桑蚕业一季的收入，几乎可以和其他农业收入相等，可这个收益具体能达到什么程度，往往不是取决于农民自己，而是取决于茧站。

南浔镇的茧站坐落在平行的三座大桥的一侧，为了便于通车，最西的一座大桥被改成了平桥，这是一座我每天都要走过的桥，也是从南浔镇通往我们生产队的必经之路。春蚕经过一季的繁忙，是蚕宝宝上山的时刻，茧子从山上摘下来担去茧站卖是蚕农一季的大丰收的时刻，谁都渴望能卖个好价钱。茧站离我们生产队很近，只要走上五分钟便到了。

这时候的茧站同样也是一年之中最繁忙的，有人喊价，有人过磅，忙得不亦乐乎。我们队的茧子总是送得最早，那是因为我们队特殊的地理位置。往日里生产队里的人上街，和茧站的工作人员都是抬头不见低头见的，气势比较轻松，但是在桑茧上市那会儿，大家似乎都严肃了起来。队里人人都想卖个好价钱，但茧站的人总会在我们的担子里挑出个把小的，颜色有些黄的，以此来压价。有时矛盾会爆发，互相争执甚至拔拳相向，搞得大家都很不高兴。这时候总会有人出来打圆场，说大家都让让步，总能达成协议之类的。

茧子送茧站的时候，我会让生产队的年轻人早早地杀猪，捕鱼捞虾，利用这个大好的集市机会把我们的副业搞上去。因为卖了茧子的农民手里都有了现钱，他们不像我们生产队离镇上近，这时借着送茧子的机会总会逛逛街，带些日用品、荤腥之类的东西回去。这时街上的贸易总是特别繁忙，这是我们鱼虾上市的好机会。

如果有的茧子实在和茧站达不成协议，也可以带回去自己分掉，这就是为什么南浔地区家家都有一个丝织品小作坊，而当时只有苏南才有丝绵供应的原因。当时红牌是9元一斤（500克），绿牌8元一斤，黄牌只有7元一斤，农民家家户户都会有一床丝绵被，大人多有丝绵袄，而且有一个民俗就是他们的丝绵被、丝绵袄要年年翻新，所以被子总是特别轻、特别暖。从这个民俗也可以看出当地人的生活水平。

当然挑出来的茧子要带回去，按工分算，那又存在一个再次分配的过程，有一个划账的麻烦，所以我总是尽可能地说服大家将茧子直接卖给茧站。

种田洗衣

我的自留地按照当时的分配是九厘（1厘=6.67平方米）地，一面靠着河。我的地种什么呢？我不像其他农家那样在河边种茭白等水生植物，我选择最简单的，种山芋、蚕豆、毛豆和百合。山芋种在中间，只浇一两次水就行，毛豆也一样，但有一个好处，就是它的生长期长，可以从青毛豆一直长成黄豆，还可以拿毛豆到镇上换各种豆制品——因为南浔镇上的豆制品是需要票的，这个票又是按人分配的。百合则是家家靠塘边的自留地都种的，尽管它开的花不如真正的百合花那么好看，但是开了花就会结果，百合是非常好的食物。

一般的农家觉得我的自留地太浪费，能产生的效益不高。但我一年的总收益实际已经超过了上海工矿工人的收入36元，所以我很满足。我的地里开罢黄紫白黑相交的蚕豆花，就是洁白的百合花，所以从远处一眼望去，就能找到哪里是我的自留地。我的收入非常不错，山芋、蚕豆、毛豆连带百合的绝对亩产很高。

待到收获的时候，我的山芋可以有各种吃法，煮山芋汤，生吃，放在人家的灶洞里烘烤，就是最好吃的烤白薯。毛豆还可以加工成熏毛豆，味道煞好。百合则是我要带回上海的，当然我也有自己煮汤吃的时候。

但是生产队的年轻人就不满足了。我的自留地和我们生产队长家的相连，他们就比较现实，觉得这块地能够产生更大的效益。我们的生产队长是个很有想法的人，他年轻、能干，他的家是个大家庭。他的父亲是一个竹匠，在南浔，竹匠是份很不错的工作，他不用下地，是个技术型人才。在江南的农村，家家户户都有自己的竹园，屋后的竹园和小桥流水很有情调，一年四季还有笋吃，从春笋到冬笋不断，春季就有小豌豆、春笋、咸肉饭，足见那里的人生活水平普遍很高。队长家觉得我的自留地太花哨而不实惠。但我不想在自留地上多花精力，相反我更喜欢的是嘉业藏书楼和小莲庄。

尽管我们生产队已经通了自来水，但是农民依然习惯在河里洗衣服，有些农具、桑蚕具也习惯在河中刷洗。我一年总有几次是回上海过节的，而这些节日在农村倒不是十分被注重，农民注重的是节气，是中国传统的民俗，这一点，城里和乡下有很大的区别。回农村之后，总是季节转换的时候，所以首先想到的是换洗帐子。过去在家从来都是保姆洗衣服，这样大件的东西我是从来没有洗过的，但在农村，被褥、帐子也只能自己洗，但这么大的东西怎么洗呢？于是我学当地的农民，把被子、帐子拿到河边，放进一个大的洗衣盆里。当时很少有洗衣粉，只有用肥皂券买的固本肥皂，我将被子放进水里，然后慢慢地揉进肥皂。没有搓板，当地人习惯的是用捣衣棒捶打，我有一根十分讲究的捣衣棒，是我会木工的亲戚给我做的，打磨得很精细，而且有一个很好的手柄。

刚开始我感到使用棒槌是一件十分困难的事，但是渐渐地就发现了其中的诗意和乐趣。农家的女孩很少有到十多岁不会洗衣服、不会缝被子的。我记得当年我住在我的一个亲戚家，他们就不相信我不会缝被子，可是我真的不会，甚至不会穿针，不会用顶针箍，不会洗衣服，不会划火柴，这在当地的农民看来是十分奇怪的事。其实对于我来说，这些并不是特别困难，关键是肯不肯干的问题。而现在必须干，而且一上来就是洗大件的东西。

现在的孩子听到捣衣声，他们会感到奇怪。这是千百年来我们的祖宗流传下来的洗衣方法。走下一级级的石板桥，你站在水中，把涂满肥皂的衣物放在桥头，手持捣衣棒，敲打着衣物，很快污物全出来了。你无须用力地甩干，只要隔河叫一声，对面桥头同在洗衣服的姑娘马上会跑过来，帮你两人一起绞干，这时一种诗情画意便会油然而生，你会记起王摩诘的诗句：竹喧归浣女，莲动下渔舟。

自从农村推行种植双季稻开始，不只是知识青年叫苦，就是当地的农民也叫苦。清晨出早工拔秧，一早起来洗脸就是简单抹一把了事，在一望无边的稻田里一干就是整整一天，到中午时分才能休息。

夏天双脚踩在水里，中午的时候水都发烫，就像是烧过的一样，这时候你才能上岸休息一会儿。当你看到家家敞开大门，连鸡狗都停止叫唤，你会感到能在树荫下干活是多么令人向往。

家中有老人的人家，会有人烧水煮饭，而知识青年是享受不到这样的待遇的。知识青年在农村的生活，其实还是很艰苦的，就拿洗澡这一非常平常的事来说，在农村也是很不容易的。

如何洗澡？我的绝招就是到河里游泳，我会带一些农村的青年去大桥边游泳，因为那里的水清。南浔人都比较保守，觉得穿泳装是一件吓人的事。于是我们就先在身上涂点肥皂，套一件衬衫在外面，游到了河边再脱。经过一天的日晒，水温不会太低。我游的最多的姿势是蛙泳和仰泳，游仰泳就连洗头都解决了。镇上好多人知道我很会游泳，从桥上跳水，这是农村人很少见到过的，为此我还特地买了一件当时刚出的背心式泡泡纱游泳衣，当然和现在流行的比基尼相距甚远。

南浔人冬天很少洗澡，要洗澡都是全家人共同行动，家里架起大锅烧火，一个接着一个洗，当然为了节约水和柴草，他们总是从长至幼地洗。

一盆水一家人洗，这种事对我来说是不可思议的，但当地就是这样的情况。经过打听我终于知道南栅有一家澡堂，我赶去一问，票价两元，这个价格相对上海来讲倒还是可以接受的。买了票进去后，只见里面水汽弥漫，睁大眼睛看，放着一只只木盆，盆底有一点水，我还以为这是清洗木盆的水，于是就将水倒了，后来一问才知道这就是两元钱盆浴的洗澡水。

茶与熏青豆

南浔的茶馆也是一个很有特色的地方。

上茶馆吃茶的多为茶客，那里不叫饮茶，而叫吃茶。当然乡下的茶馆不似皇城根儿那般的讲究，有各种精致的茶具，可以饮各种名贵的茶，但乡下的茶馆有乡下茶馆的味道。便宜的蓝边方形的普通茶壶和小小的茶杯，倒出来的也只是普通的茶水，但那里常常生意极好。乡下人出街是经常的事，不是非要有特殊的名堂才会出街。当然高级一点吃的是盖碗茶，吃茶时，左手端茶碗，右手揭茶盖，轻吹浮沤，然后一抿，缓缓咽下。那已经是很讲究的饮茶的方式了。

那里的人时兴吃早茶，嗜早茶上瘾的人很多，这大多是在农闲或非农忙时节。为什么有这样的嗜好？那是因为我们生产队离镇近，很多镇上人的习俗就在不知不觉之中传到了我们生产队。但是当家的女人就反对了，因为多吃早茶会多用钱，但是她们不满意归不满意，那些老茶客还是依然喜欢一早出街。我也有去，因为茶馆供应热水，茶馆用砻糠来烧水，一瓶热水只卖两分钱，较之我自己用柴烧要节约得多。不是大热天的情况下，我一天有一热水瓶的水就足够用了。

茶馆店里是整个镇上消息最为灵通的地方，像镇上的桑叶最近行情如何，是养桑蚕好还是卖叶好，什么地方收购桑叶，一担多少钱……都是“老法师”们最为关心的。那些行商坐贾以及工匠农夫的交易活动，都在茶馆里进行，所以茶馆并非完全是吃茶的地方，还是交流信息、交易商品的地方。而且开市的时间很早，一般的茶馆在清晨四点左右就开市了，那时的天还只是蒙蒙亮，能让人有充足的时间赶回去上工上班。

国家统购统销的物品是不能随便买卖的，但私下里也很难完全禁止，更何况更多的是买卖非粮棉之类的物品，像桑蚕就是一个很大的市场，鱼虾蟹水产之类的东西也都是随市而价。例如，黄梅天或是倒黄梅的时候鱼很难养，如果提前上市，或腌制酱鱼、风鱼，那生产队的水产收入就会有较大的提高。

再说生产队每家每户都有自留茶，茶尖是什么价，老茶杆是什么价，这种交易就在茶馆里进行，所以，不论风吹雨打，一年四季人们都习惯上茶馆吃早茶。吃早茶又往往和出街相关，挎个篮子出街，互通消息之后，顺便带点烟、盐、酒、酱油之类的回去，在乡下是一种很享受生活的方式。

茶馆的兴旺，同时带动了周边的餐饮及服务业，像面店、馄饨店、糕团店、理发店等都兴旺起来了。

南浔镇有三座桥，桥头的生意较之一般的地方更为活跃，这和大桥下能够停靠小船有关。鱼米乡，水成网，买卖成交后，船家就将货物装船摇走了。

真正代表南浔土特产的是南浔的茶和熏青豆。茶是南浔家家到过年，或家里来特殊客人时必吃的。南浔的茶又分甜的和咸的两种，而且色彩、口味都极佳。

甜的茶，叫风枵茶，名字就起得典雅脱俗。风枵是把糯米在大灶里用文火慢慢摊出来的，做时有点像是做春卷皮，不能火大，容易烧焦，不能火小，不然就摊不开。摊开后烘焙片刻，就是一张类似春卷皮一样的风枵，圆圆的一张非常讲究。小孩若在旁边看着，就会嘴馋得要吃，大人便随手拿一张给他，香香脆脆的风枵是当地所特有的。那么如何当茶吃？把它放在一只碗里，略放一些糖，冲水，就是一碗上好的风枵茶——说它是茶，莫若说是一道点心。当地人将此作为一种极高的待人接物之道。

再说咸茶，那更是五彩斑斓，乌色的是土制茶叶，由自己的自留茶焙炒而成。炒茶叶非常讲究，它不像炒菜用的是大火，而是把茶叶洗净，然后放在灶头的大锅里，用手翻炒，手能经受的温度说明就是微火。我们的自留茶的尖头嫩叶都是自己留着做自炒茶叶的，它虽然不及上贡的洞庭东山的碧螺春，也不似西湖虎跑的龙井，更非黄山的云雾茶，但却是地地道道的土制茶，别有一番风味。还有白色的是地里采摘的白芝麻，红色的是用盐腌制的胡萝卜干。再有就是熏青豆，那是碧绿生青的青豆，但是它的制作工艺却非常讲究：先得将青毛豆洗净，然后用盐水煮沸，使其变成一种甜津津略带咸味的豆。然后将豆放在一只竹箍的筛子里烟熏，这道工序非常讲究，非有经验的老当家人干不可。我在南浔的时候，因为我的自留地懒得去管理，就让我的好朋友沈新新家来用，他们知道我要回上海，总会为我做一些熏青豆带回去，即使不做南浔的熏豆茶，就是放点鲜酱油，也绝对是下泡饭的上好的菜肴。但是南浔人还有讲究的一面，就是在这种五彩斑斓的咸茶中放一种自制的陈皮，说是通气、助消化。所以假如你过年去南浔，那几乎家家户户都会用这一甜一咸的茶水招待你。

南浔小吃与百间楼

南浔的白切羊肉没有一点羊的膻味，是当地的特色。南浔的羊当地人叫作湖羊，即湖州地区所特有的。那里的农户几乎家家都养羊，羊肉的做法也是相当独到，无论是白切，还是五香，都是滋味浓郁。再买上三角钱的小菜，那是菠菜加豆腐干，味道奇特。更为有趣的是它的包装并非现在随处可见的白色的塑料饭盒，而是就地取材的荷叶，一大张青青的荷叶一切四，放上熟食，然后用一根稻草一扎。我到过很多地方，就没有见到过类似的。

南浔镇的大街上有一家百年老店，叫野荸荠，那里有非常著名的橘红糕、鲜肉酥饼，用米去换要比用粮票换方便而且便宜。这样的店在我们生产队旁边也有好多家，我也就经常带表妹小匀去。

南浔的豆制品也是一大特色，例如豆腐干可以凉拌各样的蔬菜，这个蔬菜就有菠菜、马兰头、芹菜的叶子等。

还有绣花锦，是一种非常有特色的蔬菜，离开南浔以后，我就很少再见到过。它看起来类似生菜，但颜色比生菜深，拿起一棵，还未靠近鼻子就能闻到从那菜叶上飘出的阵阵清香。农家精心培育后，往往是由孩子拿着装菜的竹篮到镇上去卖。碧绿的绣花锦上面是白的、红的、黄的叶脉，很有特点。

绣花锦可以清炒，特点是香、糯、软、甜。而且品种很多，其叶脉的颜色不同，滋味也是各异。吃绣花锦的最佳时期是在冬天刮西北风后，或干脆等到霜降以后，把绣花锦放在油里一煸，再加上咸肉、冬笋烧成菜饭，绝对是鲜美无比，上酒席都可以。

南浔最大的饭店是大庆楼，在南浔的大桥旁边，两层的楼房，都是木质的结构，建在水上，其实我们当时就说，与其叫大庆楼，不如叫“水上人家”更贴切。它不豪华，菜肴却极丰富，烧的多为当地的特产。像鱼虾，做法都是江南风味，红烧甩水6角一客，八宝辣酱1元一客，我经常带我的表妹去，吃不完打包，同样是荷叶一包，稻草一扎。它家点心品种不多，但是样样入味。大小馄饨、各色汤面，浇头都是现炒的。南浔人讲究的是头汤面，只有一早去那的人才能享用到，一是说明水的紧缺，二是说明只有一早的面汤水才最清，做出的面即使是阳春面也是最好的。面上撒的不是葱花，而是大蒜的青叶，既漂亮又卫生，这个做法也是由来已久的。它家的汤包在那时是最高级的，5角钱一只，而肉团子才5分一只，豆沙的方糕才5分一块。那汤包不像现在到处都有的南翔小笼，而是一只一笼，完全是微型蒸笼里的上上佳品。它的肉馅极不一般，非得用一根吸管，才能将鲜美的汤汁吸尽，否则你大咬一口，就会既烫了嘴巴，又坏了你享用汤包的滋味。那是南浔最为高级的点心，我当时要一碗小馄饨，一只汤包，不到6角钱就可以吃个饱。

在南浔的北栅，即它的最北部，有一个大的建筑群，非常有特色，现在很多学美术的人要画江南水乡的风景图，往往会选择去那里，那里的建筑风格独特，号称“百间楼”。

很多人居住在百间楼，人与人的关系也比较亲近友好，往往是一家有难大家帮。但在百间楼生活就没有什么私人空间了，谁家发生什么事，甚至你早上几点起床，晚上几点睡觉，周围邻居都一清二楚。你若是比较注重自己的隐私，那你住在里面就会感到非常别扭。

百间楼里的豆腐作坊生意之好是难以想象的。这家作坊卖的是南浔特产臭豆腐和豆腐花。因为居住人口密度大，生意煞是兴隆。我与年轻人一起去街上拾鸡粪，常常会迎面飘来一股浓浓的臭豆腐香味。就像四川家家都有一个泡菜坛子一样，在南浔家家都有一个臭卤瓮，在里面“臭”东西。

南浔地区什么东西都可以拿来“臭”，如冬瓜、毛豆、豆腐干、百叶、咸菜，等等。而且南浔的豆制品要比上海的好，因为那里全部都是用黄豆而非用豆饼制作的，所以不但营养价值高，吃口也非常好，尤其是这家的豆腐花。

这家的豆腐花有点像南方传统的咸豆浆，豆腐脑特别地细，特别地嫩，上面的配料有小葱、虾皮、紫菜丝、榨菜末、蛋皮丝，要想吃辣的，还可以加辣。与此相配的是大油锅里煎炸的臭豆腐，一般人在上面加点豆瓣酱，这种豆瓣酱用纯黄豆制成，味道特别鲜，有点像日本的纳豆。很有趣的是，臭豆腐不是像现在那样装在一个盒子里，而是用一根稻草秆穿起来，然后必须坐在店堂里吃。在冬天，你经过那里，空气中就会传来一股特殊的香味，你若说是臭的，吃起来又绝对是香的，尤其是店家会当场从一瓮坛里用铁勺一勺勺捞出一碗白花花的豆腐花与之相配，只要2角钱，包你乘兴而来，满意而归。

情感任天然

在我自己的人生记忆中，一切的一切都似乎有一种情感任天然的意味。但是任何事情如果都只顺其自然，往往又不能体现人的能力。

可以说，成千上万上山下乡的知青中，我应该算是比较幸运的，我没有在农村吃过太多的苦，相反我觉得自己的能力得到了很大的提高。

对于我来说，从1951年我出生，到上学，到中学毕业，到1969年下乡，十八年中真正能由我自己作决定的事并不多，但应该说我的人生还是比较顺利的，我没有遇到太大的人生起伏。虽然我考上了一个重点中学，但这并未给我的人生带来太大的帮助，1966年爆发的“文革”中断了我的学业，我只上了一年多的中学。我真正的学习生涯却是在浙江的农村开始的，很少有人像我一样生活在一个藏书楼的旁边，每天可以选书读，尽管当时大家对读书是否有用都很茫然。其实我真正进行体力劳动的时间，只有短短的一年多，这个经历和很多知识青年不同，我过的似乎是半农半读的生活。

这就是我特别留恋那段南浔生活的原因，那是一种很特殊的经历。在那里，我的聪明才智得到了充分的发展，我从一个懵懂

传理后来回南浔的照片

的知青成为了受农民欢迎的人，很少有人像我那样度过农村生活。若干年后，我回到南浔，有着一种回到家乡的亲切感。

近代江南有两个最大的私人藏书楼，南浔的嘉业藏书楼便是其中之一，它有着非常丰富的藏书资源。当时上海进行着激烈的“文革”，我却能在这个离上海这么近却无人问津的文化宝库中，尽情地阅读看书，这不能不说是一个奇迹，也是我莫大的幸运。

其实当时在南浔同样有人被抄家，有人被批斗，但这都发生在我去农村之前。多年后，在南浔我遇到了南浔中学的老校长林黎元，我们曾经谈起从南浔走出去的人才，很多都毕业于他当校长时的南浔中学。这中间有中科院的学部委员，有两弹一星的功臣。南浔人杰地灵，近代出过大量共产党、国民党的高级将领，也出过很多后来上海滩的金融大亨。改革开放后徐迟先生写过一本小说《江南小镇》，描述的就是他的出生地南浔，出书后他就亲自送去了林校长的家，并回忆自己在南浔的童年生活和发生在南浔中学的许多往事。巧的是徐迟的老家就在我插队时住处的隔壁，南浔德馨弄6号。

下乡归来

1972年我得了卵巢囊肿，手术后回到了上海，此时父亲住院，确诊是浸润性结核病，医生建议他在家休养，我听了后有点担心，不知道这个病能不能治愈，但又很高兴，因为父亲终于可以在家安心养病，不用每天拖着软弱的身体去工厂上班了。父亲在家里养病的同时，开始指导我学习。先是听广播学习英语、日语，后来又开始让我学课文。父亲给我上的第一节英语课是The Golden Touch，第二课是The Last Lesson。由于我只上过一年半的中学，所以文化基础很差，好在文科学习不太受学历的限制，还是很有收获。

在南浔乡下的日子里，我每逢五一、十一、春节就回上海。不知什么原因，在家养病期间，父亲的病并没有明显的好转，可能是他的肺功能差，他呼吸经常很急促。

我父亲与荣毅仁的姐夫杨通谊是一个单位的，两人在“文革”时一起被批斗，一起下工厂劳动，先后都生病、住院。因为杨通谊的子女都在国外，所以有相当长的一段时间，我每个星期都要去他家拿病假条，然后再拿我父亲的一起交给他们单位，往返于医院、单位及两家之间。杨通谊夫妇很是过意不去，所以只要有一个人体力稍好一点，就会坚持自己来我家。

1974年1月15日，我正式办理了回上海的手续。以我户口上的时间来计算，我离开上海整整六年。

我是以病退的名义回上海的，所以回沪后就被分配在徐汇区烟糖公司，在家附近的常熟路五原路口门市部工作。工作比较简单，不具有挑战性。由于亲戚、朋友、同学都居住在附近，时不时会有熟人来买些小商品，聊上几句。

这段时期，一有空我就会陪伴父亲，父亲在空闲时也会与我聊聊他的往事。他谈到了当年参加一二·九运动的一些情况，当年他是清华大学的学生，成绩优秀，没有参加任何党派，但他为人和善、诚恳，被当时的学生代表推选为学生会主席，结识了许多其他的学生运动领袖，并和他们保持了很好的友谊。

他谈到了他的吸烟经历。在那个年代，他们这些年轻人常在一起读书及探讨一些问题，而他一个人住在北平，所以他的寝室就成了同学们经常聚会的地方。他们聚会大多在晚上，而且经常熬夜，有人告诉他吸烟可以解乏，让他试试。于是他们就开始尝试，第一口吸得太猛，一股浓烈的烟直呛喉咙，很难受。这是他第一次吸烟，渐渐地有了第二次、第三次，于是大家都学会了抽烟。爸爸说那时年轻人中许多人都抽烟，写作、思考时吸烟会让人产生一种灵感。以后他又抽过雪茄和烟斗。

直到后来他得了病，怕闻烟味的时候，他才感到自己的病重了，不知不觉间他已经抽了那么多的烟，烟龄已达数十年之久。

他后来总结自己在晚年得肺气肿，主要原因是抽烟，所以从那个时候开始我们家就再也没有人接触烟了。

这段时间我们想方设法医治爸爸的疾病，姑妈得知诊断结果后也特地来看望爸爸，给他介绍好的医生，推荐新出的药物。但不知什么原因，爸爸的病情一直得不到控制。

1976年5月10日，爸爸离我而去，望着爸爸的遗体，我非常伤心，再也听不到他对我说话，也听不到他难过地喘气。因当时条件所限，爸爸是在三年后安葬的。我听说苏州开辟了七子山的墓地，就去看了，那是一座石头山，四周是水，外面是一个炮兵的部队，我们选择了一块坐东朝西的小地，用很简单的方法埋葬了爸爸。在爸爸的坟边，我们种下了一棵树。

葬礼虽然非常简单，但我想我的做法一定能得到爸爸的肯定，在爸爸的坟前，我立了一块由我的书法老师李天马书写的墓碑，尽管那里的农民雕凿得不尽如人意，但我想这是按爸爸生前最满意的方式做的。

拜师学书

我喜欢书法，闲来练练毛笔，感觉是人生的一大享受。我曾经很认真地练过字，在我童年时，爸爸就教导我们说一个人的字就犹如一个人的脸面，假如一个人长得很漂亮，但写的字如蟹爬，那别人对他的印象就肯定会大打折扣。于是他亲自去书店为我和姐姐选帖。当然先从《九成宫醴泉铭》开始，学描红，讲永字八法。在单个字的基础上，再临范本。选范本，各人的眼光不一样，常常会有流派门户之争，爸爸是根据我们原有的书写习惯选的帖。

孩子的文房四宝谈不上讲究，但家里的铜包墨盒还是很好的，那是我爷爷的遗物。我们都是按传统的做法，在墨盒里的丝绵上倒上墨汁，那样的做法现在很不流行了，但对于书家来说，还是相当实用的。墨汁倒入墨盒即会渗入丝绵之中，那样写到宣纸或毛边纸上，字就不会化开。爸爸教导我们，学书一定要用功。为什么有的人学得很快，而有的人却收效甚微，这个问题我后来去著名书法家李天马老师那里学书时也讨论过。写字和做任何事一样要用脑子，用老师的话说叫要养成读帖的习惯，还有就是要讲究字的行势。

说到我去李天马老师那里学字也是一件很有意思的事。我小时候就看过拍摄他的科教片《如何学写毛笔字》，李老师温文尔雅的形象给我留下了很深的印象。

那是在1976年底到1977年初，爸爸去世不久，妈妈和姐姐身体也有病，我急于从抑郁中解脱出来，当时三姨夫的一个朋友介绍我到朱老师那里学习英语。那天去朱老师家时遇到了她的丈夫李天马先生，我非常吃惊，与李先生的不期而遇令我喜出望外，我当下决定拜李先生为师，跟他学习书法。

李先生是广东人，楷书、行书、章草、大草、金文、甲骨文都很精通。为了传承发展书法，李先生收了十多名各行各业的学生，李先生教授学生认真负责，却从来不收学费，也不收礼品。

李老师让我从基础练起，用田字格，每次都会给我布置作业，下次带去让他批改。那时李老师给我们临他写的《毛泽东诗词》，以及他的大大小小的各体的墨迹，这对我们学习和理解书法艺术有很大的帮助。李老师还为我们买孙过庭的《书谱》，让我们从书法理论上，从前人的经验中去体会书法艺术。

我每次去，除了学字外，还会与李老师及朱老师谈天聊家常。开始的一段时间每周一次，几年后尽管去的次数少了，但一

传理的绘画作品

直保持联系，直到他去世。

李老师的学生中比较有成就的是许思豪。他是李老师的得意弟子，经常出面组织老师的弟子们开展一些活动，老师去世后，他积极组织策划了“李天马师生书法展”以纪念李天马老师。

李老师学生中的刘女士是我结交多年的好朋友。刘是华东师范大学中文系刘教授的女儿，刘教授的文学功底深厚，我丈夫在华东师大读研究生时，我与他一同去刘教授家拜访过。刘本人是上海著名画家陆俨少的学生，她丈夫张先生1963年毕业于浙江美院，曾是华东师大艺术教育系主任，是上海著名油画家。我们与刘一家关系很好，经常来往。我退休后，就去她担任老师的老年大学继续学画。

其实我从小就喜欢画画，结识过许多绘画方面的名家，但没有拜过名家为师，下乡结束回沪后，我曾经跟表哥的一位亲戚学过画画，但主要还是自己练习，直到退休后，才再次重拾画画的兴趣。跟李老师学了书法后，我也喜欢画个画，题上字，盖个章，自寻乐趣。

2015年，女儿为我丈夫庆祝70岁生日，与此同时也在朋友圈里为我举办了一个小规模的个人画展。自己近年来创作的几十幅字画尽管还显得比较幼稚，但也是对自己学习的一种检验、一种总结。这也算是老年人的一番自娱自乐吧。

新疆之行

1978年十一届三中全会后的一天，五舅妈来到上海，说新疆分院要为五舅舅平反，这已经是五舅舅去世九年以后的事了。

1979年年底，一个阴冷的冬天，我决定陪五舅妈去新疆，同去的还有三舅舅。我们买了三张火车硬座票，开始了四天四夜的旅程。

因为路途实在遥远，我们在车上补了一张卧铺票，准备三个人轮换着睡。进入河南省，上来很多人，许多人赤膊穿一件黑棉袄，腰里扎一根草绳。这时通向卧铺车厢的门被关上了，意在不让硬座车厢的人过往。车厢里的空气坏极了，过道上挤满了人，很多买不到座位的人就蹲在过道上，抽着劣质的卷烟，有人还歪歪斜斜地躺在地上。

火车开过两天两夜后，进入了甘肃，车窗外是一望无边的黄土地。由于硬座和卧铺车厢之间的车门被锁上，三人轮流睡卧铺的计划泡汤了。我和五舅妈只得一直坐在硬座上，餐车的伙食很差，我和五舅妈都吃得很少。我不由得想到了姑妈家的大姐夫妇，他们是新疆解放时进新疆的，在乌鲁木齐新疆八一农学院工作，而后姑妈认识了一位北京往返新疆的列车长，在三年困难时期姑妈就经常把能够搞到的鱼肉托列车长带给他们。

四天四夜终于熬过去了，车厢内的广播响起了“我们新疆好地方，天山南北好牧场……”的歌声。新疆到了，车厢外冰天雪地，站台上人们的面孔和穿着明显和我们不一样，甚至连普通话都是怪怪的，我记得那天是1980年的元旦。

从车站出来，我们在一家看不懂店名的伊斯兰饭店吃了点馕和一些其他面食，就打听着去五舅舅曾经工作的新疆分院。五舅妈已全然想不起路来，毕竟她已离开那里十多年了。

岁月可当歌

新疆分院找了几位认识五舅舅的人来接待我们。分院的领导换了人，五舅妈都不认识。有一位自我介绍说叫张卫民，我知道他是和五舅舅同来新疆的，他让我们有什么要求尽可一提。

这一天晚上，张卫民来到我们的住处，说："你叫邓传理吧，我从老五那里早知道你了。"那晚，我们俩几乎聊了一夜，我有一种他似乎要把自己多年的心头话一吐为快的感觉。他诉说着，我默默地听着，这是一位曾和我五舅舅患难与共的人。

后来分院的领导来了，他们让我们提要求。我们来无非就是看看五舅舅生活过的地方以及曾经一起生活过的人，具体的要求就是申请五舅舅女儿小匀的抚养费。

我们强调上海离新疆遥远，我们不可能经常前来处理这个问题，所以希望能一次性地解决。因为五舅舅的确为新疆分院的创建出过力，经过一番协商，最后达成了一次性补助三千元的协议。

新疆之行就这样结束了，分院给我们买了返程的卧铺票。原本想既然来了新疆，就顺道去趟敦煌，那里的石窟我多少次从书中读到过。可考虑到这次新疆之行的性质，最后还是放弃了。

回到上海，我说服了外婆，将当年二姨祝贺五舅舅结婚的礼金交给了五舅妈，作为小匀的生活费与学费。

五舅舅在我心中永远占有很重要的位置。后来知道小匀去了北京读大学，又听说她结了婚去了美国，有了孩子，虽然生活发生了很大的改变，但我总为她的记忆中没有父亲而感到深深的遗憾……

成家立业

父亲去世后，我的精神受到很大打击。当时妈妈和姐姐的身体不好，我一面要照顾她们，一面还要学习，压力很大。

在这种情况下，外婆等长辈们开始关心起我的婚事了，外婆与她的朋友们一起给我介绍了几个男朋友，我接触后都感到不太理想。

我外婆的朋友陆阿姨，她的外甥是我丈夫的弟弟的最要好的同学，就因为这层关系，经陆阿姨介绍后，我与我丈夫相识了。

他是1970届吉林大学化学系的毕业生，每每讲到吉大化学系，他总会很自豪地说起吉大的唐敖庆校长，会说起化学系有多少学部委员。他毕业后分配在鞍山市第二中学工作，调回上海后在闸北区和田中学当老师。当时在上海，这个年龄段的大学生还是很少的，所以我还是愿意先接触起来。我们家众多的父辈亲属中，没有一个不是大学毕业的，虽说现在不兴什么“谈笑有鸿儒，往来无白丁”，但我还是希望我的伴侣是一个大学生。

他个子不高，消瘦，温文尔雅，较少市侩气。尽管他是学化学的，是理科毕业生，但他对文史类知识懂得很多，尤其喜欢古典诗词。当他与我谈起平仄格律之类的知识时，就有点让人刮目相看了。我对对方的经济条件倒不是看得很重，相反很看重对方的才气，这也许是受到我父亲的影响。

当时我没有太多的时间和精力去谈情说爱，所以在我们相处的日子里，大多数时间都是他陪我一起去老师家上课，由此他后来与李天马老师一家也非常熟悉。我们单独相处的时候大多也是谈谈学习，谈谈文学，不记得有过什么公园散步、影院看戏之类罗曼蒂克的经历，以致我们回忆起这段往事时，丈夫常戏称我们的恋爱是同志加学友式的恋爱。

我与丈夫是1978年结婚的，婚礼很简单，记得只是在南京路上的绿杨村酒家办了几桌酒席。

我丈夫是上海川沙黄楼镇人，婚后我曾随他在清明的时候一起去川沙他家的祖辈墓地祭拜过，此前他曾与我谈起过他幼年在农村的往事。

20世纪50年代初他与奶奶一同住在镇上，在黄楼中心小学念书，直到小学三年级才到上海威海卫路（今威海路）第三小学上学。那时他们住在村中一幢二层楼的房子里，大厅的周围墙上挂着许多穿着清朝服饰的人物肖像画，大概是历代的老祖宗吧。楼后面是一个有着围墙的小花园，满园凤仙花等花草，里面还有一棵大的枇杷树。楼的外面是菜地，再外面环绕着一条小溪，他还记得坐在大木脚桶里，划荡在小溪里采摘菱角以及在溪旁的石阶上用手摸螺蛳的情景。出了房子的楼门是一个连着一个的空空荡荡的大厅，一直延伸到前面的马路。

他记得最靠近楼的大厅旁有一个单独的小屋，里面有不少木板封面的线装古书以及斗蟋蟀用的瓦盆，当时他经常把书的木板拆下来拍毽子玩。至于为什么小屋里会同时有这两样似乎不太相关的东西，他也觉得很奇怪。

奶奶告诉他，以前这里不叫黄楼，祖辈搬迁到此后，为了让四周知道这里已经换了人家，就在村的出入口设立了一个面摊，凡有人路过都会以面相赠，并告知此处已更名为黄楼。那时农村中楼房极少，至于叫黄楼是不是因为他们楼的缘故则不得而知，当然这些都是传说，有据可查的是，当年黄炎培先生亲自为黄氏家谱写了序。

去墓地扫墓时，我们路过黄楼镇，一同去看了他居住过的老宅，看到的与他所讲的完全是大相径庭。不说花园、小溪之类早已不见影踪，楼房与马路之间也是一片杂乱无章的简陋小房，根本没有像样的路可走。小楼也破旧不堪，里面还住着几户“文革”期间搬进来的人家。

毕竟半个多世纪过去了，时代在前进，社会也在发展，但一个人曾经有过的美好回忆始终会留在记忆的深处，永世难忘。

1978年传来了恢复高考的消息，国家的这一举措在社会上引起巨大反响，其影响也是极其深远的。对此我们进行了认真的讨论，毕竟那时家里的经济状况也不是很好，我担心参加高考，没有了工资收入，会给家庭生活造成困难，所以想等等再说。而我丈夫虽说是大学毕业，但严格说是一个打了折扣的大学生，不进一步深造的话，将来肯定走不远，所以他有报考研究生的决心。

然而摆在面前的是残酷的现实，由于停招了多年后首次招考研究生，报考的人员包括了1966届以后所有的大学毕业生，其中1970届毕业生是在校学得最少的。就拿我丈夫来说，虽说是五年制大学，但其实只真正学了一年的专业课，所以此时根本就没有实力去与其他毕业生竞争。所以丈夫决心放弃1978年的考试，复习一年，补全大学的全部课程，第二年再报考。

对丈夫的这个决定我是大力支持的，接下来的一年多，我包下了家里所有的家务，让他安心自学迎考。当时他工作的地方很远，坐车要换两辆车，很累，改骑自行车后也要近一个小时，后来我们就买了辆电动单车。那时电动单车才刚出来，远没有如今这样普及，使用的是铅蓄电池，经常出问题，好在丈夫认识一个修车的孟姓朋友，会隔三岔五地来帮忙修车。

关于电动单车，丈夫曾给我说过一个很感人的小故事。一天下着大雨，他从学校赶往家里的时候，车上的保险丝突然断了，正当他一筹莫展之时，他身边已经骑过去的一辆自行车又返回来，骑车的年轻人对他说："你的保险丝断了吧。"说罢拿出一个小小的保险丝给我丈夫，我丈夫有点吃惊，没等他道谢，那个年轻人笑了笑就骑车走了。此事虽小，却一直记在我丈夫的脑海中。

在整整一年多的时间里，丈夫一边在很远的闸北区工作，一边一门课一门课地自学。因为那时兴起了一股高考热，许多朋友的孩子要我丈夫帮助辅导复习，这又占用了他不少本来就不够用的时间。由于时间紧，任务重，那段时间他真的是一时一刻都不敢耽误，整整几百天，都一个人在屋里温习、读书。

1979年秋季，丈夫终于如愿考取了华东师范大学化学系催化专业周乃扶教授的研究生。而这一年，国家的政策发生了改变，已婚人士不能参加高考，因此我就遗憾地失去了进入普通高校学习的机会。

弄潮股市

1985年的一天，姐夫前来告诉我们一个消息，上海延中实业股份公司将发行股票，问我们想不想买它的股票。当时我不知道延中是什么公司，也不清楚股票是怎么回事。经过了解，我知道了延中是街道的集体企业，主要生产塑料制品，也明白了股票这个以前从未接触过的东西。不管如何，有一点很吸引我：延中承诺每年给股东20%的现金回报。当时五年期定期存款的利息好像也只有8%左右，很明显买延中的股票不吃亏。当然这里面也有一定的风险，就是如果到时公司无法实现承诺，就会竹篮打水一场空。不过细想起来这种可能性不大，所以我还是愿意冒险一试。

当时正值落实政策，政府发还了一些父亲的抄家钱款，我与家里人商量后就决定用来买股票，当时是50元一股，我们买得还比较多，算是比较大的股东。

让人高兴的是，过了一年，不仅拿到了20%的红利，而且延中在当时南京路石门路交界处的静安区少年宫设立会场，另给公司的股东免费发放公司自己生产的许多日用塑料制品。当时塑料制品刚刚在市场上流行，这些东西大家还是比较喜欢的，也许是我们股份多，所以拿回来一大堆东西。记得每年20%的红利发放了好几年。这次投资获利颇多，也使我们尝到了股票的甜头，对股票的投资有了新的认识。

买了延中股票两年后，1987年丈夫从上海仪表局的学生那里得知上海电真空开始发行股票的事，那时仪表局里许多人都不太明白股票这个新事物，尽管做了宣传，但认购不太踊跃，大家都有害怕的心理。局里要求干部带头支持新事物，而且实行打折促销，记得好像可以用90多元购买100元的一股。

因为我在股票上尝到过甜头，相比其他人多了些了解，所以我与丈夫听到这个消息后，喜出望外，毫不犹豫地回家凑钱，赶到仪表局交钱购买。事后证明这又是一次明智的投资。

又过了一段时间，大约是1989年，仪表局的学生那里又传来消息，有很多深圳人来仪表局收购电真空股票，当时我们买进的

90多元一股的原始股的价格已经涨到了两三百元一股，而且似乎还在上涨，许多人已经脱手了，仪表局的学生也准备卖掉，问我们怎么办。对这件突如其来的事我有点迷茫，后来我想已经盈利不少了，不要太贪，还是落袋为安吧，于是让丈夫在仪表局学生的帮助下，联系到人脱手了，记得那时还要拿身份证，陪着人一起到什么地方去办理有关手续，还是比较麻烦的。

过了不多时，我的困惑终于解开了，报纸报道了深圳证券交易所成立，股票可以上市交易的消息，电真空的股票一开市价格据说就达到了500多元。

这就是说，早知道股票即将上市交易的深圳人蜂拥来到上海收购电真空的原始股，以便上市后获利。我们因为信息不灵，也不是专心于此，所以被忽悠了。值得庆幸的是我们手中的延中股票没有卖掉，一直持有到拆分为一元一股的时候。

继A股市场蓬勃发展后，B股也登场了。B股是以美元结算，面向境外投资者的。我当时已从美国回到中国，是用护照注册的账号，用现汇的美元买卖股票，记得那时B股好像都是申银证券在发行。B股的发行不像A股是公开发行的，而是私募的，我买过几次B股原始股，分配到的数目有多有少，视发行股票盘子的大小而定。然而由于B股的流动性差，容量小，尽管至今已运行了三十余年，但发展得不尽如人意。尤其是加大开放后，外汇早已不是制约经济发展的问题，更使其处于一种尴尬的地位。我买的B股股票也一直持有至今，只能做更长期的投资打算了。

荆棘之路

1982年元旦,《新民晚报》复刊了。听到该消息我很高兴,姑妈也与我进行了沟通,问了这方面的情况,鼓励我进报社,投身新闻工作,继承我们家族的传统。

复刊的《新民晚报》需要大量的人员,当时报社面向社会广招人才,很多老职工纷纷回归,我认识的一些老报人也都走上了报社的各个岗位。当时我便与报社的人事处处长赵和平先生进行了积极的沟通,赵超构社长等前辈也都热心地保荐我。

我从烟糖公司进入《新民晚报》,其中有一些制度上的问题须解决,这需要一些时间。报社研究后,同意我先借后调,借的时间可短可长,视以后情况而定,借的条件也可由我公司提出。

由于我在公司是一个小人物,少我一个多我一个都无关紧要,所以当时我认为问题不大,可事情恰恰就卡在我的工作单位。赵和平先生几次主动与公司联系,协商我去晚报工作的事情,然而都没什么积极的结果,公司就是一口咬定只调不借。这种情况不只是我,就是许多知晓此事的人都很费解,一个小杂货店的店员,既不是稀缺人才,也不是公司骨干,有什么不能放的?

事后想想,一个再普通不过的店员,一下子跳到大名鼎鼎的《新民晚报》,对于许多人来说是一步登天,对此难免没有想法。

想想其中的缘由心中也就释然了，不过对于这件事我是非常不满的，对公司也是极度失望的。

正巧那时我身体不适，便请假告休，不久我怀孕了，就干脆长期请病假在家专心调理，等待孩子出生了。

半年后，1982年的8月，丈夫研究生毕业了，毕业论文的答辩老师除了导师周乃扶教授外，还请了华东化工学院的汪洋教授以及南京大学的丁莹如教授。对于丁教授，我丈夫是了解的。在论文答辩会上丈夫遇到了丁教授，谈及往事让人有一种说不出的味道。毕业后丈夫就到了汪洋教授的催化研究所工作。

一年后，1983年2月，女儿黄圣依也出生了，我在家当起了全职妈妈，全心养育照料我的女儿。与此同时，我又有了一个新的目标。1978年恢复高考时我错失了进大学的机会，这一直是我心里最大的遗憾，对此我很不甘心。此时我决定另觅机会，参加华东师范大学的中文自学考试。之所以选择中文专业是因为我只上过六年小学，一年半中学，要一下子考大学的其他专业不太可行，所以决定从文科入手。

之前曾听人说过，自学考试很难，真正参加了自学考试后才知道这条路有多么艰辛，真有脱一层皮的感觉。在普通高校一般你认真上课，完成作业，考试基本都能通过，因为考试有一个大致的范围，有复习的重点。但自学考试全然不同，就是考一整本书，基本上没有什么范围与重点，即使准备得很充分，自己也觉得很有把握了，最后却常常是功亏一篑。我好几门课考的结果是

58分、59分，一年工夫又白花费了。记得当时有一句流行语叫“60分万岁”，可这60分就是不好拿。但那个年代文凭又非常重要，我也只好“明知征途有艰险，越是艰险越向前”了。

自学考试屡考不过，就有朋友出主意，提醒我去参加考试辅导。一想也对，考试也有考试的规律，自己闭门造车，成功率一定很低，于是我报名参加了上海最好的自学考试辅导站。经过老师的梳理，再经过自己的努力，果然情况大有改进，半年竟然就通过了四门，这使我信心大增。可到写作课就不行了，这不是辅导能解决的。我反复地阅读教材，仔细地领会、研究考题。

写作课程教材的第一章是关于写作的基本训练，强调观察和调查。观察和调查都是认识客观事物的重要方法，另外还有一个是语言和结构的问题。记得我花了很大的力气，结果写作成绩还是59分。第二次接着再考，一如既往地努力，终于以61分的成绩通过了。

当我拿着所有的单科证书换取毕业文凭时，真是百感交集，拿到这个文凭真是太不容易了。然而，十年以后，我又走上了另一条艰辛之路，报名参加上海电视大学英语专业的考试。

我下乡回沪后陆续跟英语老师上了不少课，又在美国生活工作了一阵子，有一天我突然想起有必要系统地学一下英语，给自己多年的学习一个证明，于是头脑一热，决定报考上海电视大学的英语专业。当时电大的王清云校长是我丈夫的熟人，王当上海第二工业大学教务处处长时，我丈夫是化工系教学系主任，两人经常接触。我丈夫去美国时，他做了二工大校长，后来调到上海电视大学。听说我去报考他们学校，他表示非常欢迎，并向我解释了许多我关心的问题。

由于我英语底子比较好，而电大学习、考试的形式又不像自学考试那样，所以坚持学习三年后，我还是比较顺利地拿到了电大的毕业文凭。

取得中文、英文双专业文凭后，我很是感慨。尽管由于种种客观的原因，我没能圆了进大学校园的梦，但在求索知识的道路上我一直努力着，证明着自己，我也没有辜负父亲对我的期望：做一个自强的、永不言败的人。

走进晚报

1983年，女儿出生了，这是一个健康漂亮的孩子。因为我们家只有我与姐姐两个女孩，所以我们决定女儿的小名叫邓邓。我丈夫给她起名叫圣依。这个名字的来源也很有意思，那几天我们正好谈到过顾圣婴，我丈夫觉得“圣”这个字很好，神圣高雅，有深意，而那时有一个在复旦当老师的朋友来探望我，她叫姜依群，他突然对“依”这个字很感兴趣，依，依靠，依循也，也同“一”音。他对“圣”与“依”组合的这个名字似乎很满意，除了有向圣贤致敬的含义外，同时平仄协调，同名的也极少，也很女性化。

在我小的时候，父母对我从多方面进行了教育与培养，我暗暗下决心，同样要用我们所有的资源来教育培养我们的女儿。

自邓邓出生后，我一边操持家务、抚养女儿，一边自学，不知不觉过了三年，1986年我拿到了中文自学考试文凭后，觉得也应该出去工作了，此时我又重新萌发了进《新民晚报》的念头。

在我姑妈以及许多亲戚朋友的关心帮助下，我向有关方面表达了希望学以致用、进《新民晚报》继承姑妈报人志向的心愿。这次在各方的努力协调下，我终于被调入了《新民晚报》，最终到了副刊部担任编辑工作。

编辑的工作，真正干起来远没有我原先想的那么轻松简单。首先你本身得把握方向，无论是策划选题还是组稿、定稿都必须合规，不能马虎。

编辑的重要工作之一就是约稿或组稿。资格老的编辑都有广泛深厚的作者群，用流行的话来讲就是有足够的人脉。这样不论遇到什么情况都能驾轻就熟。这方面我是新手，尽管比起寻常人来，我有不少关系，但作为编辑来说就远远不够了。

副刊部有一个《十日谈》栏目，每次围绕一个主题，组织十篇文章。我进副刊部接手做的第一组《十日谈》就是编导札记。显然这组的作者应该是在中国影坛上有影响力，而且是各个时期参加电影工作的编导，还应该包括电视剧、译制片等领域的编导。说实话我心里没有底，尽管我熟悉许多电影人，比如桑弧、汤晓丹、吴强，甚至年轻的曹雷、葛晓英、李少红等，但真正组稿时还是捉襟见肘。于是我请来了中国影坛的大编剧，上海报界的大编辑柯灵先生作参谋。在柯老的帮助下，十个人的名单很快就确定了下来。

柯老特地为我联系了叶明，现在的人可能不太认识叶先生。柯老告诉我，他可是一个大编导，他能写能编，而且他的作品在某一个时期受到重视的程度极高。

我去了叶导在石门一路淮海路上的住处，这是一幢典型的石库门建筑，我见到了当时已年近花甲的老人。他说一口上海话，和我简单交谈知道我的来意后，就答应了我的请求，并很快地就写出了一份稿子。

从《中国电影家列传》一书可知叶明早在1940年就开始从事戏剧工作，曾经当过演员、导演，又积极写作，从20世纪40年代开始一直活跃在中国的戏剧、电影舞台上。他和桑弧、黄佐临、谢晋等导演都合作过，他独立编写过剧本《黄宝妹》，译制过电影《牛氓》，拍摄过中国第一部舞剧《宝莲灯》，参加过《大李小李和老李》以及《蚕花姑娘》等的拍摄。就是这样一个成就满满的电影人，假如不是柯老的特殊推荐，我也不太可能记得他，他在文章中很少提他的作品，他是一个非常随和、平淡而低调的人。

上海的电影界是个藏龙卧虎的地方，也是一个人才辈出的地方，只有像柯老这样的老编辑，才会有这样的眼力去关注那些曾经为中国的电影事业作出杰出贡献的人。

当编辑不是只修改作者的文稿，很多情况下被约稿的人没有时间来写稿，或因为各种原因不方便写稿，这时候编辑就得采取采访的形式，根据与对方交谈的内容写成稿件，让被采访者过目、修改与定稿。在这种情况下，就要看编辑的采访与写作功底了。

为了拓宽自己的作者群与视野，我也经常与上海以及外地报刊的同行保持联系。我还经常写一些杂记、随笔之类的小文章投稿，来提高自己观察、分析及文学写作的能力。

那时我的中学同学陈理达是邹韬奋基金会的杂志《交际与口才》的负责人，我的好朋友孔明珠也在该杂志社工作。我不仅经常与她们互动，也经常参加她们组织的笔会，有时还带女儿参加，以增加她接触社会的机会。

经常与作者保持联系，做好作者的服务工作，对于编辑来说也是很重要的事情。对于有潜力的作者，我经常会进一步地了解，持续地关注，使其成为作者中的中坚力量。

在与作者的联系交往中，我的名字却常常成为笑话的来源，许多未与我谋面的作者，看到我的名字，都自然而然地认为我是男性。有一次一位作者来到副刊部，进门就说：“请问邓传理先生在吗？”当我站起来时，他吃惊地愣了半晌。

赵伯伯赠书

在《新民晚报》的工作中，我得到了我姑妈以及许多老报人的帮助与支持。

1989年，为纪念《新民晚报》成立六十周年，我去北京组稿，这又是一个重头的任务。姑妈不顾自己八十岁的高龄，亲自带我一一拜访了夏衍、阳翰笙、朱学范等许多老先生，请他们给予晚报支持。这些都是重量级的老前辈，一般情况下都无法轻易见到，更不要说请他们动笔撰稿了。在姑妈的帮助下，这次任务我完成得很好，同时我也在北京拓展了渠道，结识了很多朋友和潜在的作者。

报社中的曹仲英伯伯，也是老报人了，早年跟随姑妈一起办报。他算起来还是我的亲戚。我进报社工作，他非常高兴，一直把我当作他的晚辈一样关心我、鼓励我。

在老报人中，我特别要感谢的是赵超构伯伯。我两次联系进《新民晚报》，赵伯伯都给了我最大的支持。我到了报社后尽管他很忙，仍时不时地关心我的工作，给予我指导与帮助。他有一个女儿叫刘芭，也在《新民晚报》工作，我俩是无话不谈的好朋友。

一天，赵伯伯让我抽个时间同我丈夫一起到他家里去一次。那天我们到他家后，他拿出了一个纸箱，里面是很多硬封面的精装外文书。他对我说，这些是他早年收集的一些外文书，原先想学学英文，后来没有时间，也就放弃了。他将这些书送给了我们。

回到家里，我们把书整理了一下，两套丛书，一套红色布面，一套黑色布面，共有五十多册，是日本研究社分别在大正十一年（1922年）和昭和十年（1935年）发行的精装本，都是外国的名著，有普里斯特利的《好伙伴》，爱伦·坡的《散文故事》等。从书后面的印章与价格来看，是赵伯伯20世纪五六十年代在上海外文旧书门市部购得的。赵伯伯那时候早就已经是中国文坛的一代大师了，而且工作很忙，居然还有学习外文的打算，不禁让人感叹。

至今仍令我百思不得其解的是，赵伯伯为什么要主动送书，又为什么要送给我。赵伯伯1992年2月去世，难道送我书的时候他已经有某种预感？又或许送书给我是对我的鞭策，是对邓家至今唯存的报人的一种期待？

赵伯伯走了，几年后她的女儿也走了。想起与他们父女的交往，常让人难过。

远赴美国

1991年年初的一天，丈夫谈起他们学校有系主任公派去美国一事。听到这个消息后，我久压在心底的去美国的想法又冒了出来。

“文革”结束后，国门也渐渐地打开了。1980年，在美国的叔叔给我来信，意思是要帮助我们一家去美国，首先让我丈夫去留学，为此，他还寄来了担保书。

我和我丈夫谈了此事，我们都比较犹豫，因为我丈夫刚进华东师大念研究生不久，马上就退学去美国的话，师生情面上也过不去。另外他在毕业论文《法拉第磁天平的制造》上已经花了很多时间与精力，许多零件也都已经定做了，现在离去各方面的损失太大。权衡之下我们决定，还是等他过两年研究生毕业以后再去美国读博士。这个事情就这么搁置下来了。

等他毕业以后再考虑去美国时，情况却已经变了。原先去不要考托福，现在不仅要考，而且及格线还不低，开始要500分，后来有的学校上升到550分。

我丈夫的英文水平总体还是不错的，但是他最大的弱点就是听力较差。他参加过几次托福考试，也参加过当时最好的前进托福培训班，但托福考试始终没有通过，关键还是听力拖后腿。经过他自己的不断总结、不断努力，他的语法、写作等测验都快趋近满分了，但是与听力成绩一综合，总分离及格线总是差那么一点。开始是四百七八十分，离五百分差一点，后来是五百三四十分，离五百五十分差一点。最终他也感到，以他的这种情况，要通过托福考试去美国是件很难的事情，所以渐渐地把去美国的事情放下了。

以后，随着改革开放越来越深入，国门越来越大开，我家附近美国领事馆在乌鲁木齐路上的边门，每天早晨都排着长长的等待签证的队伍。亲朋好友中也会隔三岔五地传来有人出国的消息。

丈夫的弟弟在1988年去了澳大利亚，而后全家也去了。他去的时候，澳大利亚语言培训的业务刚对中国开放，培训班所需的保证金还很低，签证也很方便，他在朋友处凑了一些钱便出去了。那段时间里我叔叔的儿子、女儿相继去了美国。表哥吴敬琏的两个女儿也去了美国留学，他的小女儿当时是在上海医科大学念书的，毕业后去美国纽约念博士，随后她的男朋友也去了美国。

听到丈夫告知的消息，我也再次考虑了去美国的事情。然而这次怎么去呢？学校将来可能会有系主任公派的机会，但这要等，不知道什么时间，而且公派也有相应的规则，不是自己能把握的事情。

再三考虑后，我们决定自费去，这样来去自由，没有牵挂与顾忌。为此，我们特地买了介绍美国大学的书籍，在位列前200名的大学中挑选和我丈夫专业相关的院系，给他们一一寄申请表。可是得到的回信并不乐观，来信大都称赞了我丈夫以往所做的科研工作的成绩，但都表示目前没有这方面的资金，等以后有机会再联系。

开始我们有点气馁，但是后来冷静地想一想，觉得这种情况也很自然。因为你不是去读书的，是去做访问学者，是去工作的，人家不了解你，也不知道你实际工作能力，仅仅凭你一封申请信就给你资助，这可能吗？就拿我们请个保姆来说，也是希望对方能试工几天，看看她烧饭做菜、做家务带孩子的能力，看看她的人品，然后才决定要不要用，给多少工资。这其中的道理不是一样吗？

想通了这一点，我们在接下来的申请中，就向对方表示，希望来学校进行学习研究，资助的问题可以在合作一段时间以后再考虑。

思路改变后情况就大为改观，许多回信都表示了欢迎。于是在几个学校中，我们就选了美国纽约州的锡拉丘兹大学（Syracuse University，国内称“雪城大学”），一方面对方教授研究的领域与我丈夫的专业比较对口，另一方面在纽约地区我们有很多亲戚。

去美国的道路看似一下子变得通畅了，但其实这事做起来并不容易，这里面有两个重要的因素要考虑，那就是财力与能力。当时人民币与美元的汇率达8 ∶ 1，用国内的钱在美国消费，哪怕是短期，也是一笔不小的花费，所以要有财力，还要舍得花。另一方面，去了后你能不能保证拿到资助，多长时间能拿到资助，都是未知数，如果拿不到，你的学习和生活将难以为继，这就需要自信与勇气。

当时我们在证券投资方面有一些盈利，能在财务上承担一定的压力，另一方面，丈夫对自己的工作能力有着充分的信心，正是有这两方面的底气才让我们大胆地作出了自费留学的决定。现在回过头来想想，觉得这是我一生中最正确的决定之一。美国的经历让我们增长了见识，开阔了眼界，更丰富了我们的人生感悟。

1991年的9月，我丈夫去了美国，当时跟他一起去的，还有一个我相交多年的朋友沈汉昌，他也是我丈夫化工系以前毕业的学生，是美国陶氏公司的员工，他当时去美国探望在纽约的妹妹，同时看一下在美国发展的可能性。他随身带了不少国内生产的工艺品，以至于出美国海关时被盘问了好长时间才被放行。

然而半年后他就回国了，也许他觉得，美国并不适合他的发展。回国后他自己创业，在青浦买了块地，办了一个工厂。我们后来去看过他，日子过得红红火火，企业也发展得很好，我想亏得他及时回国，抓住了国内改革开放的大好时机。每个人都有自己的情况，不是每条路都适合自己。只有在正确的时间、正确的地点，作正确的决定，才能做人生的强者。

我丈夫到了美国，先在纽约我三姨的女儿处落脚。我表妹在纽约开了一家饭店，工作甚是忙碌，所以我丈夫没麻烦他们相送，自己在纽约逗留数日后便坐长途汽车到了锡拉丘兹市。

丈夫的生活与工作都比较顺利，很快就融入教授的科研团队中，从事的是他的专业催化剂的研究。由于工作出色，正如他自己所预料的那样，很快就获得了美方的资金资助。

福兮祸伏

丈夫去美国不到半年，我也获得了J–2签证。事后丈夫还与我谈到了他给我办理签证时遇到的小尴尬。

到美国不久，他就去学校的国际交流中心办理我的相关手续。中心的玛丽女士很热情地接待了他，帮他填写我的情况表，但当进行到填写出生日期时就卡住了，丈夫只知道我出生的年月而怎么也想不起来是几号。“你不知道你妻子的生日？”玛丽女士吃惊地抬起头看着我丈夫。这时他紧张起来，原本J-2签证就是照顾夫妻关系的，记不住妻子的生日算是怎么回事，这种事在美国人看来是不可思议的。他担心会影响我的签证，急中生智地回答说，在中国，人们习惯过的是阴历生日，他记得我的阴历生日，要换算到阳历有点复杂，要查看日历表。丈夫不太熟悉这个话题的英语表述，所以翻来覆去地解释了好多，最后总算让玛丽女士明白了怎么回事。玛丽女士让他把表拿回去填写好后再交给她，让我丈夫避免了尴尬的境地。

我坐飞机到了美国后，在纽约担任中国五矿进出口公司美国办事处经理的表姐夫开车来接我，同时把我安排在办事处住了下来，准备带我在纽约玩上几天，再开车送我去雪城大学。

当天晚上，我去看望在纽约曼哈顿开餐厅的表妹，晚饭后我站在餐厅前面的大马路边，欣赏着周边的夜景，抬头向前远望，满眼是亮着红灯的汽车，就像出炉的火红铁水一样，滚滚而来，当时我真的很震撼。国内并不是没有汽车，但即使是上海，也不会有如此壮观的景象，那时我真实地感觉到美国的发达。旅途虽然很辛苦，但初到美国的新鲜感让我一直很兴奋。

然而福兮祸伏，我正在美国高高兴兴的时候，上海家里的一场灾难却正在悄然来临。

第二天，表姐夫突然告诉我，我丈夫要来纽约接我。当时我很奇怪，过几天我就去他那里了，锡拉丘兹离纽约不近，他为什么要又花钱又花精力跑到纽约来接我呢？有这个必要吗？我打电话给他，他却说他是坐别人的顺风车来，学校里正好没事，来纽约陪我一起逛逛。既然这样讲，我也就随他了。当晚他就赶到了，来后没聊多少话就告诉我，我姐姐在我离开上海不久就去世了。

我听到这消息，简直是晴天霹雳，悲痛万分。我根本想不通为什么会发生这样的事情，慢慢地我了解了整个事情的过程。

“文革”后我母亲的单位上海文艺出版社落实政策，分配给我母亲一套在闸北公园旁的两室户的房子，我姐姐结婚后就和母亲住在那里，而我一家仍住在上海新村，在外婆家的隔壁。我姐姐一直患有比较严重的哮喘病，平时随身的包里常备有急救的药品。我离开上海去美国那天，她来上海新村送我。因为与外婆很久没见面了，在外婆的挽留下，当夜她就没有回家，住在了上海新村。谁知道事情就这么巧，夜里她突发哮喘病，身上又没有带急救的药品，等救护车赶来时，人就已经不行了。就这样姐姐毫无先兆地突然走了。

在上海的三姨帮我母亲一起办理了我姐姐的后事，她同时打电话告诉了她在美国纽约的女儿，再让她把这个消息转告给我纽约的表姐夫。

表姐夫得知噩耗后马上联系我的丈夫，商谈如何处理。我丈夫要求表姐夫不要马上告诉我这个消息，因为我刚到美国，正在兴高采烈的时候，这个时候突然给我一个沉痛的打击，怕我经受不住大起大落，希望在我情绪慢慢平复下来后再让我知道。同时他表示会即刻来纽约，说他在我身边会让情况好一点，一切等他来后再处理。

知道这前因后果后，我也只能忍住悲痛，无奈地接受了这一残酷的现实。我与妈妈、三姨都通了电话，让她们保重身体，了解了处理姐姐后事的情况。我也打电话叮嘱女儿，让她听外婆的话……在异国他乡，我感悟到了命运的多舛。

物尽其用

很快我与丈夫回到了雪城大学，住进了丈夫的“Mouhan”小红房。Mouhan在当地很有名，尤其是在中国人中间。他是一个美国人，据说从上一辈那里继承了很多房子，这些房子分布在锡拉丘兹市各处，不算是很好的房子，但一般住住还是可以的。因为价廉物美，所以许多留学生尤其是刚到那里的新生都喜欢租他的房子。而许多老的留学生也大多住过其房子，所以一提起Mouhan的房子，大家既熟悉也很亲切。

Mouhan的房子本身不带家具，但你住进去，不会缺少这些东西，有些东西是前房客走后留下来的，即使没有的话你也可以很容易地去马路上“捡”。

美国人经常流动，不像国内只是在同一个城市里搬来搬去，而是从一个城市搬到另一个城市。不太值钱的家具和东西呢，搬起来不方便或者说不划算的话就会堆在门口的马路边，谁爱捡谁捡。所以经常可以在马路边看到沙发、床架、桌子、电视机等家用杂物。我看到一个楼里的伙伴还在马路边捡到过一辆带轨道的儿童电动小火车，拿来玩得不亦乐乎。

我还曾亲眼看到过一件事。一天傍晚，一辆汽车突然在马路对面停了下来，然后一个时髦的女士下来，在马路边的一堆东西里翻弄着，一会儿捡起来一条地毯，拿过去扔在汽车的后车厢里便扬长而去。我想如果是中国人，既不会这么随随便便地扔东西，也不会这么大大方方地捡东西，这也就是中美两国文化、习俗的差异。

其实我很赞赏美国人这种物尽其用的观念。锡拉丘兹经常有一些搬家出售旧货的消息，有的发布在当地报纸的广告栏目上，有的张贴在欲搬家的房子墙面上或写在木板上插在房子的前面。当地的留学生戏称其为garbage sell[1]，这种旧货出售有几种形式，一种是自己家里办的，规模比较小。房主要搬迁了，就会在家里

---

1 garbage意为“垃圾”。指宅前旧货出售。

把出售的东西标上价格，让需要的人前来选购。另外一种是单位或者教会组织的。这种规模比较大，东西也比较多，许多东西是单位提供的，或者教会的教友捐献出来的，基本上是属于慈善活动。我去过这样一个场地，门口标明“one dollar one bag”，意思就是花一块钱拿一个袋子，随你装，装满为止。我很喜欢去这样的地方，可以边散心边寻找一些自己需要的东西，就像以往在上海逛淮海路上的旧货商店一样。

到了锡拉丘兹后，韩先生开车二十多分钟带我到郊外一个很大的商店去采购需要的日用品。韩先生不是丈夫宿舍里的室友，而是一个高年级的留学生，北京大学毕业，人很精干，与先期到的丈夫关系很好，他的夫人姓卢，是中国医科大学毕业的。

我们到的地方，韩介绍说是一个“超市”，里面东西很多，人们可以很方便地自由采购。因为占地大，通常建在城市的外围，好在美国人大多有汽车，可以一次性买很多，无须天天来，所以还是很方便的。我以前在国内没听说过超市，所以觉得很新鲜，在以后的日子里我去过大大小小不少的超市，总的感觉是设施完善，商品丰富，环境宜人，方便了人们的生活。

后来我了解到，1991年上海也开始有了华联超市，这是国内对外开放后引进的新商业模式。

在美国还有一个让我感到新鲜的事物是自来水。我到宿舍后，看到房间里没有热水瓶和水壶，也没有烧水的地方，室友渴了，就开水龙头直接喝放出来的凉水。我担心这种水不卫生，他们回答说，没事，在美国大家都是这样喝的，很卫生，不会有什么问题。事后观察下来，情况也确实如此，当然我开始还是不太习惯，不过美国许多地方都没有热水，更没有凉开水，我也就慢慢习惯了。

生活中的启迪

在美国的经历中，常让我思索，让我反思，让我难以忘怀的，倒不是它发达的经济和富裕的生活，而是几件生活中的寻常小事。

一次，一个朋友开车带我去学校，路过一片树林地，一眼望去周围看不到一个人与一辆车，因为地势平坦，所以一览无遗。可他突然停了下来，我一看前面路口有一块写着红色“stop”（停止）字样的牌子。他不但停了下来，还左望一下，再右望一下，然后再向前开。我当时很奇怪，明明早就看到周围没人没车，为什么还要停下来？还要装模作样左右张望。对于我的不解，他只是简单地说 :“这些都是开车规定的，已经养成习惯了。”

听到他的回答，我倒有点不好意思起来。我豁然明白了遵守规则的含义，那就是既然制定了规则，那么不管何时何地，不管有人无人，你都得自觉遵守，人人都应该养成自觉遵守规则的习惯。

我们的房子前面是一条马路，夜里我常常会看到有汽车停在我们房前不远处，无论白天黑夜，也无论刮风下雪，就因为那里竖有一块“stop”的牌子。

回国后听朋友谈起，电信市场竞争很激烈，客户从一家转到另一家，往往会得到很大的优惠。其实我在美国时早就碰到过此类事情，不过对那次经历，我至今仍“别有一番滋味在心头”。

1992年春，我和丈夫与一些留学生一起住在一栋红房子里，当时美国的三大长途电话公司正在市场上打得不可开交，为了争夺顾客，它们纷纷推出各种优惠计划，某公司的一项措施便是可免费赠送新客户数百美元的长途电话费，若是转户，公司还可为客户代办手续并负责所需的全部费用。从顾客的立场来讲，这当然是一个很好的机会，对于经济并不宽裕的留学生们，诱惑力就更大了，于是大家决定将房子的长途电话服务公司从原来的一家转到另外一家。我们将此事告知了房东，房东是一位十分友善的英国早年移民，他没反对我们转户，只是叮嘱说：“原先的公司一直服务得不错，也没有什么过失，你们以后搬走时，还是再把电话转回去吧。”房东话讲得不多，也没有责备的意思，但他的话着实让我思索了良久，我想，市场中是否还该有另一种“买卖之约”呢。

我曾看到过一篇文章，谈论的是上海人对品牌、厂商的认同问题，意思是说上海人一旦选定了某一品牌、某一厂商，在通常情况下是不会轻易改变的。作者认为上海人的消费行为比较成熟。姑且不谈作者的结论是否公正，但文中谈及的品牌认同倒确实是一个值得探讨的话题。

作为消费者，当然希望厂商能提供最好的产品和最好的服务，而厂商企求的则是消费者的认同，这种认同便是对优质产品、优质服务的最好奖励。

现实生活中的人大多同时扮演着市场中的两个相对的角色，消费时是顾客，工作中则是产品的提供者，因此，一个健康、成熟、完善的市场其实就掌握在每一个人自己的手中。

雪城大学

我到锡拉丘兹居住下来以后，便礼节性地到雪城大学去拜访我丈夫的导师。

雪城大学与我们国内常见的大学不同，根本没有什么围墙，学校的办公楼与各个院系的大楼散落在各处，有的楼与楼之间有很大的草地，也有普通的马路。有时都不知道自己是身处校内还是校外，校园内也分不清是学校人员，还是社会人员，没有人在乎这个，大家都融合在一起。后来去过周边的康奈尔大学（Cornell University），好像也是没有围墙的，美国的大学大多如此。

丈夫的导师舒瓦尔兹是一个德国教授，人很随和，碰见他的时候他就穿着一身休闲装。他的研究团队有十多个人，其中有来自波兰、捷克、罗马尼亚与保加利亚的，当然也有来自中国的——除了我丈夫，还有两位中国女士。两位中国女士，一位是来自兰州化学研究所的张女士，还有一位是来自复旦大学化学系的访问学者胡家芳老师。

我跟胡家芳老师比较熟悉，因为大家都来自上海，碰在一起讲上海话，所以相处得也比较随意。她比我丈夫早来很久，对学校及周围情况比较熟悉，所以对我丈夫帮助很大。她的丈夫耿老师也在，也是一个很热情、很和善的人。他们有两个女儿，在美国其他地方生活。

在美国，教授的地位除了跟本身的学术水平有关外，很大程度要看筹集资金的能力。有能力的教授能够通过各种途径拿到各个政府部门及企业的项目，有了足够的资金，就能够广招人才，组织起比较强的研究团队，就能够出科研成果，在各种著名的杂志上发表论文，获得名望与地位，凭这些资本又能够去获得更多项目与资金的资助，这样就形成一个良性的循环。美国的一些教授每年都有十多篇甚至更多的文章在各著名杂志上发表，凭借强大的经济实力，招聘各国培养出来的人才进行科研，这恐怕也是美国科研水平高的一个重要因素。

来到雪城大学后，热心的中国留学生就给我介绍了Nike先生。Nike是一位和气热心的老人，他一直免费教中国留学生英语，已经教了好几年了，中国留学生都知道他。他不但教我们英语，还把我们当作朋友，请我们去他家做客吃饭，把我们介绍给他的朋友，带我们参加当地的各种社交活动，对我们非常友好。尽管他信教，但他尊重彼此的信仰，从来不与我们谈论宗教或教会的事情。他的夫人也非常好，我至今一直怀念这两位慈祥友善的美国老人。

除了美国的朋友给予我们热情的关心与帮助外，雪城大学也为我们做了很多工作。雪城大学是一所综合性的大学，它的新闻系在全美是排名前列的，学校的海外学生交流中心（Office of International Services, OIS）为了让新来的外国来访者尽快了解美国，与美国社会有更多的沟通，经常会安排一些参观访问之类的社交活动。OIS得知我是记者，而且任职于中国上海发行量最大的报纸，便特地安排我们到当地一家主流报纸的主编家里做客。美国朋友非常热情地接待了我们，我给女主人送上了我出国前准备好的中国丝绸围巾，她当场就拆开来，当面称赞丝绸围巾漂亮，并马上披在了身上。

在国内，中国人收到对方的礼品时，通常也会道谢，但一般只是很有节制地表示，更不会当着送礼者的面拆看，以示礼貌。

这便是中外文化习俗的差异。

我们客套地聊了几句，便转到工作上的交流。因为雪城大学的传媒专业在美国是名列前茅的，所以当地的传媒界与中国同行的联系也比较多，他也谈到了与国内很多著名传媒人士之间的交往。

这次我在美国访问，纯属私人活动，并不带有工作任务。但出于记者的本能，我还是采访了很多人，尤其是留学生，了解他们在美国的生活，在美国的喜怒哀乐。采访内容一部分以各种形式发表出去，一部分作为素材保存起来。

雪城大学是一个教会学校，教会每周有一天会提供免费午餐。这一天很热闹，会有很多留学生来。其实大多数人不是为了吃饭而去，而是因为大家都比较忙，又住得分散，碰头机会不多，借这个机会可以聚一聚。在这里可以与老朋友见面，也可以结交到新来的朋友。

相逢何必曾相识

在锡拉丘兹期间，雪城大学的OIS安排了一次市内游，同行

传理和来自各国的学者合影

的都是来自各国的学者，中国人唯有我和一位来自西安交大的女学者。那天的活动是游览公园，那里的景致极好，有山有水，使人难忘的是大多数人都穿着自己的民族服饰，都佩戴同一张OIS的标签。

一路上大家互相介绍自己的情况，那位来自西安的女学者较为年长，矮矮的个子，烫着很普通的卷发，因为不经修饰已经有些花白。她能说英语，而且说得很不错，所以那一天，与其说是大家游，莫若说是我和她一起游。她告诉我，她原来是上海人，这令我十分激动。在异国他乡遇见一个上海人，真有他乡遇故知之喜，我们很自然地用上海话进行交谈。

她说她和丈夫过去都在上海，他们是20世纪50年代初，大学院系调整后去的西安，在那里几乎住了半辈子，一直在搞自己的专业。难怪我觉得她讲的上海话已和我们习惯的上海话有了很大的差异。我问她这些年是否有机会回上海看看，她知道我是个记者时，言语就谨慎了，并关照不要把她的经历刊发于报端，即使发表，也不要写她的名字。我当然答应了。随着我们交谈的进一步深入，彼此间的信任度似乎增强了。作为倾听者，我没有问她的姓名，但从她的经历中我能体会到一个女学者的艰辛，这着实让我感动。所以我一直默守着自己的承诺，没有写过她和她一家的人生故事，他们感人的夫妻感情、辛勤培育两个女儿的劳累以及对实现自我价值的渴求。

聊天中我知道了她和她丈夫同是西安交大电子工程系的教授，在那里他们养育了两个女儿。在改革开放的初期，当他们第一次作为访问学者访问美国时，他们俩根本没有考虑买什么大件的家电，而是努力地学习通信领域的高科技技术，最想做的一件事，就是让两个在西安长大的女儿去美国留学。在完成访问学者的工作之后，他们俩作为有一技之长的特殊人才被调到了上海交大工作。

我问他们调入上海后的感受，她的回答倒是很实在："我们是上海人，可当我们回到上海时，却发现我们已经是上海人眼中的外地人了——尽管我们始终自认为是上海人。"我听着不由得心里有点发酸。“于是我们又一次作为访问学者来到美国，这一次完全是为了孩子。现在两个女儿在美国读完了博士，结了婚也生了孩子，我们就退休了。”我遇见她时，她们正处在这个阶段。

当时的她，已是六十多岁，但我觉得她的心态很年轻。她说，她与丈夫和两个女儿分开住，他们在老年公寓租了房子，自己买了车，独立地生活。过段时间会去看看孩子，享享天伦之乐。她说了自己的一个理想：“假如我年轻十岁，我一定再读一个博士。”她用了一个加强的语调：“我相信自己的能力。”

当时我不到四十岁，我告诉她，我正在办雪城大学新闻系的旁听证，因为我知道雪城大学尽管算不上全美最好的大学，但它的新闻系却是全美顶级的，许多美国知名的新闻人都毕业于这所大学。当时上海美国领事馆的签证官员也毕业于雪城大学。

我和女学者交谈时，似乎有一种穿越时空的感觉。新中国成立前夕，我的父亲曾经非常向往留学美国，因为他毕业于清华大学——当时就被称为“留美预备学校”。1992年后，国内尤其是上海的发展日新月异。留学生活虽然十分令人向往，但还是有一个理想与现实的差距。当我听说她在大学做兼职工作时，觉得很钦佩。我问她具体都做些什么，她说孩子倒是很快融入了美国社会，比他们融入上海更容易一些，自己的工作，只是每天为学生改改卷子，很多学生的论文需要修改，尤其是技术上的问题，他们还是有些事可做，但学校给的报酬不高。

我笑着说，希望她能走她的理想之路，并问她以什么方式读博士学位，因为读博士要付学费，就是半工半读也需要费用。

她倒是很坦然，说他们每个星期去学校两次，每次半天，一小时六美元。因为他们住的老年公寓费用很低，她和她的丈夫都做这样的工作，生活完全没有问题。

那时我已经办好了工作许可证，访问学者的家属可以合法地打工，我找了一份工人的工作，每星期工作四十个小时，每小时四五美元。但当我去旁听新闻系的课程时，我发现我的英语水平太需要提高了，这便是回国后我会继续去读英语专业的缘由。其实当时所有认识我的人，包括许多美国人都说我的英语说得不错。记得我去当地报社的主编家做客，在他家侃侃而谈时，这位主编客气地说，我的英语绝对要比他的中文学得好，并告诉我，他曾经跟一个台湾人学了近十年的中文，后来又到上海复旦大学进修过两年。

和那位女学者的交往，让我对一个华裔女性在美国的生活有了更为直观的认识，我钦佩她的精神，尽管走进上海和走出国门孰难孰易还有待探讨，不过她的人生经历倒是给了我很大的启示。

生活是美好的，生存又是艰难的，无论在哪儿都是一样。我想，直面人生需要自信和勇气。在这一点上我和她都认同，我们都一样地努力。

美国打工

到了美国，首先要面对的就是生存问题，就要去打工。好在我拿的是J–2签证，可以合法地打工。

我的第一份工作是在当地社区的尿布厂。我是和另外一位中国访问学者的妻子一块去的。尿布厂不大，设备也很简单，有一些大型的洗衣设备，再加上一些木板熨斗。一周工作五天，每天八小时，有早晚两班，发的是周薪。

尿布厂是一个非常地道的服务性工厂，它会在第一时间知道地区内有多少新生儿出生，地区内有一个小孩出生，工厂就会提供一份服务，每天用户只需将脏的尿布放在一个大的塑料袋中，就可以同时得到干净的、整理一新的尿布。家里有老人的也一样。同时它的工作很有针对性，服务如同快递公司一样快捷。这项服务使得很多普通民众得到实惠，厂虽小，但服务的理念值得称赞。

作为孩子的妈妈，我也曾有疑虑，为什么美国的孩子不使用尿不湿而用传统的棉尿布呢？原来一是考虑环保，二是工艺简单，三是能为最普通的人提供比较卫生方便的服务。我们去学校附近的很多医院及老人院看了，都有这种服务。把最脏的尿布扔掉，可以继续使用的尽量使用，通过洗涤、熨烫，让尿布变得

传理在华盛顿

干净、平整，几乎像新的一样，这样既可降低成本，又能增加就业。这正体现了物尽其用的理念。

尿布厂里的工人就我们两人是中国人。工人上班的时候没人交头接耳，而且全都站着干活。当时我有点不理解，问他们为什么要站着，而不是坐着，他们倒对我很友好，回答说因为“你不是老板”。他们好像很听老板的话，所以有一天他们发觉我竟然敢于去找他们的老板交涉事情时，不由得对我大加赞赏。

当时雪城大学将组织中国的访问学者、留学生及其家属进行一次为期一周的旅游。行程是访问参观华盛顿、费城等地，由学校免费提供交通、导游，住宿由当地的教友安排接待。

应该说这种机会非常难得，既可游览各地的名胜景点，又可以深入体验美国社会，我们当然很想参加。但我们的工作怎么办？这个厂是两班倒的，于是我们找老板商量，能不能在我们旅游前以及旅游回来后的时间里，每天加点班，这样就能在不影响总的工作任务的前提下，凑出一些旅游的时间，就有点类似于国内节日调休那样。也许美国人从来没有调休的概念，所以老板听到我们的要求后表示不能同意，因为美国的法律对工作时间有明确的规定，他认为我们的要求不符合有关规定。我们为此作了反复的解释，希望特殊情况特殊处理，在我们的力争之下，最后还是和老板达成了协议。这样我们终于如愿参加了难忘的跨州旅游。美国工人看到我们居然能通过争取加班加点来调休，去外地旅游，真是很羡慕我们。

我做过的第二份工作是去锡拉丘兹当地一家大型超市旁的中国餐馆当服务员。该店比较远，收入主要依靠小费，据说是中国人开的较为正规的餐馆。老板是广东人，店里将餐桌编号，每个服务员负责几个号的桌子，你负责的这几个桌子的小费，就是你的收入。如果你招揽的顾客多，提供的服务好，那你的小费就多。

我去的第一天，店里生意特别好，我拿到不少小费，但是我并没有按照他们原来各得其所的方式处理，而是跟大家一起分账了。这样避免了对顾客的争夺。同时我才来，希望得到大家的关照。

店里的工作不是很累，就是下班时间比较晚，地方又远，所以这份工作干了一个多星期我就辞了，不过我也算是有了餐馆打工的经历。

我的第三份工作是在费城做家庭教师。工作是一个中介公司介绍的。雇主是一个从事转口贸易的商人，他的夫人是犹太裔，一名教育学硕士，他们有两个儿子。女方的父母早先是在新加坡从事对华贸易的，所以他们家对中国人很友好，他们希望和中国人做生意，也希望孩子能有一个从小学习中国文化的机会。

我与雇主通了电话，他们从中介公司提供的资料里已经知道我是记者，有很好的中文水平，会英语，会画画、游泳、弹琴，还能写毛笔字。电话交谈中，他称赞我的英语发音，对我的英语能力表示满意，于是大家达成了约定。我很喜欢这个工作，因为我很想进一步了解美国中产阶层的生活，同时这也是我学习英语的好机会。

我是坐“灰狗”（长途大巴）到纽约，再坐火车到费城的，女主人准时到车站来接我。这是一位年纪很轻的女士，个子不高，穿着很随便。车开了大约一个小时到了她家，这是一个典型的美国中产阶级家庭，房子是一幢带地下室的两层楼。

她家有两个儿子，大的六岁，有点淘气，小的三岁，正在牙牙学语。因为厨房正在装修，所以不需要我做饭，两个孩子白天要上幼儿园，所以每天都需要给他们准备餐盒，东西有时候她去买，有时候我和她一起去买。事实上美国孩子吃得真的很简单，幼儿园里常常是一个三明治加一点水果，例如一个花生白脱面包，再加一个苹果，就是孩子的午餐了。

白天小孩去幼儿园，放学回来后我就陪着他们，晚上负责照顾孩子们睡觉。孩子们喜欢动而不喜欢静，所以他们放学回来，我们就会一起去跑步，一起去骑自行车，一起在网球场上玩飞碟，玩得不亦乐乎。美国人不太注重教授孩子们技巧，而特别重视孩子的体能训练。

在家里我教他们画画，首先教他们简笔画。我遵照我们传统的思路，要他们画得像一点，总不能教画一条鱼，结果画出来是条虫吧。但美国的孩子就是喜欢涂鸦，美国人的教育观点是，早期教育只需要培养孩子对色彩、线条的认识就可以了。这也许是中美在绘画上对孩子早期教育的差异。

每天晚上我都给他们讲故事，当然讲的是英语故事，像《三只小猪》等，然后就一起画小猪之类的动物。美国出版的儿童书上面的画，和国内连环画的风格不同，色彩丰富，孩子就特别喜欢。画画时他们常把衣服弄脏，但家长不怕孩子涂鸦时摆弄颜色，随便让他们使用颜料来玩。

两个孩子每个星期要吃一次比萨，尽管有蔬菜的、有肉类的，但都是用面粉加西红柿烘焙而成，大同小异。为了换口味，我教他们做葱油饼，并让他们在前面的工序中自己动手，这深受他们喜欢。做好后他们会对父母说，这是自己完成的点心，非常好吃，并邀请父母也品尝品尝。

两个孩子平日里也很喜欢电子游戏，但他们不会沉湎于一种游戏。他们也经常吵闹，但与中国的家长不同，他们的父母常常不是要我把他们立即分开，而是希望他们在吵闹中自然成长。

在费城那段与孩子们相处的日子里，我是很开心的，尽管在饮食方面有些不便，但收获很大，这是我人生中很难得的一次经历，留给我不少让人回味的记忆。

异国他乡的伙伴

跟我丈夫住在同一幢房子里的有好几个来自国内的留学生，他们籍贯不同，大学不同，来美国的时间也不同，但是每个人都有自己的人生故事。

小李是来自成都某个研究所的访问学者，为人热情，喜爱打网球，也打得很好，我与他一起玩过。然而待了没有多久，他便上纽约打工去了。有一次我与几个留学生朋友一起到纽约办事，顺便就去看望他。他住的房间就像是国内以前的学校宿舍似的，房间暗暗的，四张上下床占了大部分地方。我们进门时，他让我们轻一点，因为有一个室友正在睡觉，我们觉得不便，就退了出来，一起在外面找了个地方聊了聊。自那以后我们就再也没见过面。事后了解到，小李在雪城大学后期，学校资助方面可能出了些问题，无奈之下他只能前往纽约谋生。

我每次想到他，总有点难受，也许许多人并没有真正地认识到在美国的中国人的生活，常常只看到其中的一面。

寝室里还有一个袁先生，毕业于武汉某高校的地质系，他是老留学生了，之所以称他是老留学生，不是因为他年纪大，来美时间长，而是他一直在读书，一直在拿学位，他前后拿了一个计算机硕士学位和数学、计算机两个博士学位，我们戏称他为读书专业户。为什么他老是读书呢？原来在美国，你必须要保持自己的合法身份才能待下去，找不到工作的话，念书就是最好的选择，所以他一个学位、一个学位地念，直到找到工作为止。

他有过不少求职失败的经历。我到美国不久，他又应聘了一个工作，初步的考核已经通过，对方要他去当地的公司，与公司的高层进行最后的面试。应该说是毫无悬念的事情了，因为去面试的就他一个人。他买了新西装、新皮鞋，一番打扮后远赴对方的城市。不料几天后却是兴高采烈而去，垂头丧气而回。原来一切都很顺利，可最后与对方负责人把酒言欢的时候，他不经意地流露出自己有博士学位。这下情况急转，对方很客气地表示他们需要的是硕士学位的员工，博士不适合目前的这个岗位。煮熟的鸭子就这样飞了。

在我们听来，这样的事情似乎不可思议，在国内，一个博士愿意放下身段，以硕士的身份应聘，哪个单位会有意见？可是在美国就是这样，什么样的岗位，什么样的资质，什么样的待遇，都有一个大家遵守的规则。低就高固然不行，高就低也不行。说来也对，如果博士都去抢硕士的岗位，那硕士怎么办呢？这或许也是我们的企业要思考的问题。

好在我回国以后，听我丈夫说他的工作问题解决了，一个内地州的地理研究所对他的遥感技术感兴趣。美国的研究所和大学，需要的员工都要有博士学位，恰恰是他这种双博士学位的人发挥本领的地方。袁先生的夫人姓张，跟我们也很熟，我与她相处得很好，她来自广东汕头。我回到上海以后，还跟她汕头的家里人有联系，也知道他们在美国的一些情况。

1994年我收到了一封从美国寄来的信，拆开一看是他们寄来的结婚照，照片背面工整地写着：请黄老师、黄太太惠存。照片是他们1994年1月8日在教堂举行的婚礼上拍的，我拿到后很感动，想不到他们还记得我。遗憾的是，以后由于各自忙碌就没有了音信，可我一直怀念着他们。

故土重逢

在雪城大学的岁月里，我认识了很多朋友，这些朋友给了我很多的帮助。遗憾的是，由于美国人口的流动性极大，学习在流动，工作在流动，住家也在流动，所以大部分朋友现在都杳无音信了，可我经常还会想起他们，想起与他们在一起时的点点滴滴。

在回国之前，我曾有过一个设想，将在雪城大学留学过的回国人员联系起来，成立一个联谊会，以便相互间联系交流。当时学校国际留学生办公室的工作人员看到我们两人来自中国的大城市上海，又是大学与报社的，所以支持我们的想法。学校也想在中国扩大影响，促进两国文化交流，于是在我丈夫回国前，给了他一份历年已回国的雪城大学访问学者的名单。回国后丈夫也曾想把这个事情办起来，无奈那个时候与外地的通信只能靠长途电话，电话费又贵得吓人，不像现在有微信群，有视频电话，千里之外的人就能像近在身边一样交谈，所以成立联谊会的事也就不了了之了。

然而雪城大学的新朋友没有寻到，老朋友却来了，第一个来的是陈先生。

我回国前再次回到了雪城大学，此时丈夫新搬迁的房子里有一位陈先生，他是毕业不久的留学生，来自浙江大学，那时他在当地的富尔顿锅炉公司工作，公司里就他一个中国人，公司有意在中国发展，开拓中国市场，他显然是公司里最好的人选。

我丈夫回上海不久，他就来到了国内。由于他既熟悉美国公司的运行情况，又了解国内的投资环境，所以很快就在浙江杭州建了厂，成立了中国杭州富尔顿锅炉公司，一直担任总经理至今。他的妻子也是留学生，毕业于复旦大学化学系，也与陈先生一起在杭州工作。我与他们经常联系，每每去杭州，都得到他们夫妇的热情招待，我们之间的友谊一直得以保持。

后来来到上海的是一位王先生，他是雪城大学毕业已久的留学生，在锡拉丘兹当地负责一家公司，曾是UT斯达康的领导者之一。在美国时，我们与王先生多有接触，他也常常以老留学生的经验帮助我们。我回国后，他在湖北武穴的母亲要去美国探望他，由于他母亲从未出过家门，不但不懂英语，就连中国话也讲得一般人听不懂，她去美国要从上海出发，所以王先生便联系我，让我在上海接待一下。我在上海见到了他的母亲和弟弟，确实他母亲的地方口音相当重，连我这样语言能力很强的人听得也很费劲，也难为了这位老母亲风尘仆仆地远赴美国去看望自己的儿子。

1999年，王先生来上海，成立由UT斯达康与软银集团投资的“上海商通有限公司”，开发企业的管理软件。当时丈夫还帮着王先生招聘员工，管理公司的行政事务。

在国内我又与北京邮电大学公派的访问学者吕老师重逢了，

他在美国与我们相处的时间比较长，他年龄较长，我们比较谈得来。他为人耿直热心，懂得很多，尤其是计算机通信方面。在美国的时候，他在负责互联网的部门工作，我在网上发广告就是在他的帮助下完成的。他除了业务能力强之外，家务也很擅长，做菜更是拿手。我记得他教我们把猪肉皮洗净，切成小丁，加入调料长时间熬煮，然后再冷冻成皮冻，这皮冻我以前没有吃过，吃起来味道还真不错。我们后来经常去超市买肉皮，顺便还买喜欢吃的猪爪和肚子、腰子等猪内脏，这些东西美国人不吃，所以价格很便宜，但后来锡拉丘兹的中国人多了，都来买了，价格就慢慢贵起来了。

20世纪90年代，国内的出国风仍然很旺，在美国做律师的朋友倪先生也曾代表他的律师事务所来上海，与我们朋友负责的一个人力资源公司合作开展两国之间的人才交流业务。其间我们也提供了一些帮助。

归去来兮

1992年年底的时候，我表哥吴敬琏的小女儿，在美国留学的吴晓兰与其大学同学在美国结婚，我们也前往奥尔巴尼参加婚礼，其间我们与专程前来参加女儿婚礼的吴敬琏和周南姐谈到了国内的形势，了解到现在国内发展得很快。当时我非常关注国内的情况，因为这与我的个人选择有很大的关系。

我来美国前，曾将女儿托付给爷爷奶奶，但女儿喜欢与外婆生活在一起，不久又回到了上海新村。从母亲的来信得知，女儿现在很调皮，她根本管不了。母亲的身体本来就不好，姐姐的去世对她的打击很大。这一老一少的情况一直让我担忧。另外我出国快一年了，报社方面已来信询问过，还要不要继续保留职务。我到美国，单位已经对我很照顾了，一直是停薪留职，但也不能一直这样占着位置呀。我左思右想，经过再三权衡后，决定到时先回国看看家里的情况，再决定我丈夫将来的去留。这样我便辞去了在美国的工作，直接回到了雪城大学。

在美国期间，我在空闲之际采访了不少留学生和旅美人士，收获很大。怎样让他们不但了解《新民晚报》，成为《新民晚报》的读者，而且让他们成为《新民晚报》的作者，自然就成了我回国前考虑的事情。

雪城大学是美国东部地区的一个计算机中心，学校里有很多计算机房，而且计算机大多联网，打印机都是激光打印机，只要插入持有的卡，便能方便地打印出文档。我也经常去开放的计算机房，慢慢地学着用计算机进行阅读与写作。

我丈夫与学校的留学生一样有一个免费的、使用不受限制的因特网账号。看到他每天能通过网络很方便地与外界以至世界各地进行联系，我便萌发了通过网络来为《新民晚报》征文的念头。正巧北大来的韩先生负责学校电子邮件系统的管理工作，我便写了一则征文启事，在他帮助下用电子邮件发给了在留学生中有较大影响的一个中文电子刊物《华夏文摘》。过了不久，征文启事便刊登出来了。当我在异国他乡，在一份特殊形式的刊物上看到自己为《夜光杯》写的征文启事时，真有一种难以表达的激动之情。

几天后，在学校计算机中心进修的吕老师对我说："小邓，我看到你的征文启事了，你干吗不直接上因特网呢？那样面广得多了，全世界都能看到。"尽管我不太明白上因特网是怎么回事，但能让更多的人看到总是好的，所以对此很有兴趣。但是如何在网上发消息，不要说我，就是我丈夫那时也搞不太懂。吕老师是北京邮电大学的博士，不仅熟悉计算机，而且为人热情，得知我的情况后便表示，只要我把文章准备好就行，其他事情都由他来办。于是我又把先前的那个征文启事传给了他，果然几天后我的征文启事便出现在因特网上，而且吕老师还为它进行了修饰，使其更具吸引力。

尽管通过因特网登了两次征文启事，但是说心里话，对这种新鲜玩意儿的效果我没抱太大的希望。然而回国后，我收到的海外来稿却明显多了不少，不仅有来自美国的，还有来自其他国家的，许多作者在来信中都提到了我在网上发布的征文启事。当初不经意的一个举动竟带来这么大的好处，倒是我始料未及的。

有朋友得知此事后，开玩笑地对我说："几年前就用网络来征稿，你观念够超前的了。"其实在彼时彼地，这也是一件很自然的事情。你想想，面对如此方便的免费广告你会无动于衷吗？

离开国门来到美国，我接触到了外面的世界，遇到了许多新鲜的事。美国四通八达的高速公路，宜人的居住环境，卫生的自来水系统都给我留下了深刻的印象。

2012年，时隔二十年我再去美国时，高速公路已经变得陈旧破落了，地上坑坑洼洼的，应该说美国这些年的硬件设施建设一直停滞不前，许多地方还是像二十年前看到的样子。让人欣慰的是，经过这么多年的发展，国内的情况已经远远不是我当年去美国时候的样子了。我们尽管起步晚，但我们在不断地前进。许多东西我们从无到有，而且我们向更高更好的方向前进着。三十年前我对美国很羡慕，三十年后，我对我们的国家充满信心，为我们国家的发展而骄傲。

二／

小松植平原，他日自参天

好的起点

黄圣依（小名邓邓）1983年2月11日上午10点，出生在上海的国际和平妇幼保健院，出生时哭声响亮，身高50厘米，体重3 400克，是一个十分健康的孩子。这一天为中国农历壬戌年的腊月廿九，是农历狗年的小年夜，她的出生给我们家带来了很大的欢乐。

孩子出生后我没有大坐月子，怕营养过多使母乳中的脂肪成分增加，我坚持母乳喂养，因为母乳喂养的孩子在出生六个月内具有较强的免疫力，所以邓邓的身体长得特别的好。她的饮食很

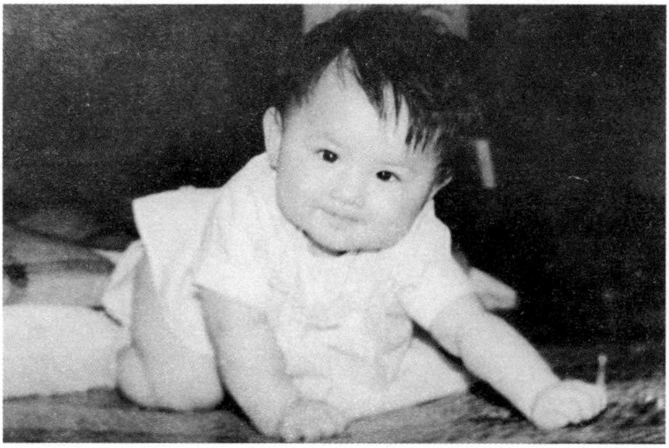

邓邓一百天

有规律，基本上每四个小时吃一次奶，时间是早晨六点、十点，下午两点、六点，晚上十二点，两次吃奶中间喝一次白开水。

她的作息固定不乱，连来照料我的阿姨都说从来没有看到过这么乖的孩子，吃饱了就睡，睡醒了就自己玩玩，看看我们为她挂在床头的动物玩偶、风铃等各种玩具。

我坚持每天给邓邓洗一次澡，主要是怕孩子回奶有味，同时保持孩子一定的运动量并注重孩子皮肤的保养。邓邓在双满月的时候体重就达到二十一斤，两个月的时间体重增加十多斤是非常少见的。

邓邓出生后六个月里，我没给她额外添加过其他食物，所有的营养都是我吸收后给她的，我给她喂奶，为她唱歌，也跟她讲话。她成长得完全如育儿书上所描述的，先是会爬，然后有一天，她突然就会坐了，而且坐得笔直，真让我大吃一惊。

孩子从六个月后才开始添加辅食，从爬行到站立是视野开阔的开始，而从吮吸到吞咽标志的是脑神经的发育。孩子用吸管吸食是一种本能，在六个月中邓邓也用奶瓶吮吸过白开水、添加钙粉的甜水，以及各种蔬菜的咸汤水，但这以后我就尝试着让她自己学会吞咽食品。我买来一只红蕉苹果——这种苹果口感不太好，但它很绵，有一种苹果特有的香甜味——我用水洗净削皮后，用小勺轻轻地刮下苹果泥，先给她一小点尝试，邓邓顺从地咽了下去。这是她第一次吞咽辅食，我高兴极了，我在宝宝成长手册中记下了这一笔。

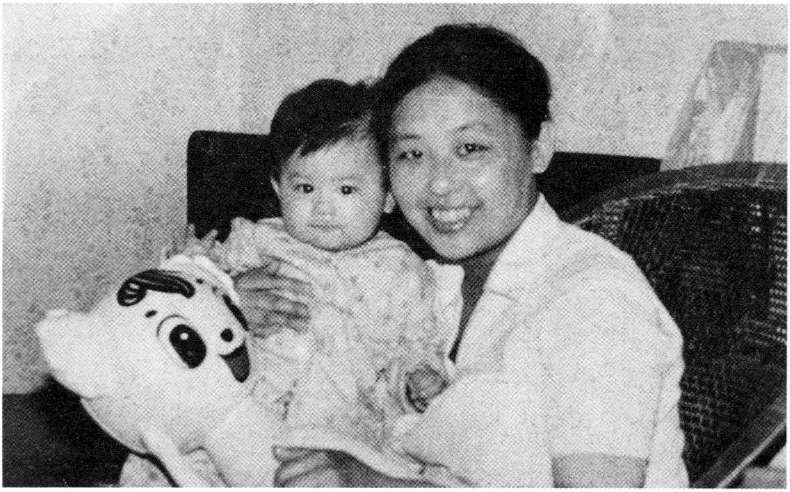

邓邓六个月时母女合照

我也用奶瓶给邓邓喂辅食，在奶嘴上开个口，可用针刺，或用剪刀剪成一个小十字，开口大小很关键。以后邓邓喝水渐渐地从奶瓶改成了娃娃杯，经练习后可小口地吞咽，不呛着，再发展到大口的自然吞咽。

邓邓长牙的时间并不早，很多人工喂养的孩子在六个月左右就开始长出第一颗乳牙，但邓邓在六个月的时候一点长牙的迹象都没有，开始我担心她缺钙，后来查阅到孩子是否缺钙，与长牙的早晚无关，而是以孩子的脑囟门闭合的程度为标准。母乳喂养的最大特点是孩子对钙的吸收是渐进的。

邓邓在九个月时长出了她的第一颗乳牙，很快两颗小乳牙就长出来了。与此同时邓邓很快地就从踉踉跄跄地站立到直立行走，在她九至十个月的时候，她独立行走已经非常稳健了，我意识到，单靠母乳加辅助的饮食已经不能满足她成长的需求了，于是我就改母乳为牛奶，并加稀饭、面条以及肉糜、鱼肉、虾肉、鸡蛋、各种蔬菜泥喂养。随后，邓邓就进入了断奶期。

断奶以后

孩子生下来后，我马上就买了一本宝宝成长手册，记录她成长的过程，记下了她的身高、体重等，还贴上了她的照片。后来发觉这个册子不行，因为不仅记录的内容太简单，而且是一年记一次，那有什么用处？于是我就自己买了一本织锦缎封面的日记本，把她每天的成长情况记录下来，内容包括她的作息、饮食、行为表现、身体情况，等等。通过记录能清晰地看到孩子成长的整个过程。

随着孩子一天天长大，我们除了日记外，又把孩子成长的资料扩展到更多方面，我们用录音机录下了她儿时不同时期说的话，用摄像机拍下了她的各种文艺演出，收集了她各个阶段、各种活动的图画、证件、奖状、手册等诸多实物，等她进北京电影学院时，已有了满满一盒子。这些实物全方位地见证了孩子长大成人的过程，以及我们相伴的风风雨雨。

孩子九个月后，母乳的质量一般都会下降，这时孩子就进入了断奶期，断奶的孩子仍然需要喂其他的奶，最佳的选择是在主食的基础上添加牛奶，当然因地制宜也有人选择马奶、羊奶、豆浆等替代物。因为口味的转换，孩子就会存在接受或排斥的问题。

断奶期间孩子的饮食情况必须充分重视，以免发生不必要的问题。我曾经有过一次经验教训。当时正好我的小叔要到他妻子工作的地方无锡去探亲，他们有一个比邓邓大六个月的女孩，平日里都由公公、婆婆和小叔人工喂养，我想他们这方面会比我更有经验，于是我去婆婆家，希望他们能帮我度过孩子的断奶期。

一个不足周岁的孩子要外出，需要带的东西太多了，有尿布，有衣裤，还有我自己的随身衣物，我和丈夫将所有必要的东西都带到了婆婆家。

那天到婆婆家已是中午时分。首先想到的是解决孩子的饮食，我问婆婆："家里有粥吗？"她回答："马上做一点。"我不想过多地麻烦两位老人，于是就说："不要麻烦了，就下点面吧。很方便。菠菜鸡蛋下面，不要放油。”

婆婆很快做好了一小碗菠菜鸡蛋面，于是我开始喂邓邓。一小口一小口地，她完全吃下去了。饭后原本大家都想休息一下，不料不久邓邓便开始水泻起来，而且来势凶猛，我们急得马上送她去附近的瑞金医院看急诊，医生诊断下来说是消化道疾病，打了一针回来了。后来一了解发现原来是婆婆下面条时，习惯性地用油炒了一下菠菜和鸡蛋，这下可好，两天里孩子一下子就瘦了下来。最后是通过清肠，把所有的油脂泻完，再补充水，慢慢增加营养，才把问题解决。

九个月的邓邓开始能够站立了，但从站立到迈步，从跌跌撞撞到自己行走，就需要我们大人的帮助了。我不可能有大量的时间搀扶她学步，于是买来了一辆学步车。这车式样很好看，是彩色塑料的，上面还有一颗颗的珠子可供拨弄。邓邓站立在其间，不仅能够消磨很多时间，还能触摸不同颜色的珠子，启发思维。

塑料制的学步车较之我小时候木制的学步车来说，重量轻了不少。但她学步的速度太快了，我一个不留神，她就冲出房门，冲向楼梯，从三楼滚了下去。我记得这时正是邓邓长两颗下牙的时候，这下可好，刚长好的两颗小乳牙的牙龈就肿了起来，所幸其他没什么大碍。

这个时候邓邓开始牙牙学语了。我们尽量与她多沟通，让她多说话。在我的孩子成长资料中，就保存着我们与她的一段对话。那天我们与邓邓一起看图识字，我指着书中的图画，向她发问，她就一一回答：

“妈妈在干什么？”

“妈妈在抱抱人。”

“这是干什么？”

“洗洗手。”

“洗手做啥？”

“吃饭。”

……

我与她一幅画、一幅画地一问一答，这样一直进行了十来分钟。我们高兴地发现每一次提问后，她都会毫不迟疑地直接回答，确切地表达自己的所见。这是邓邓第一次真正意义上的讲话录音，我们十分珍惜。若干年后，我们怕磁带老化，又把它转录到光盘上一直保存至今。孩子学习语言是一个循序渐进的过程，家长应当尽量和孩子多接触、多沟通，用启发的方式。

邓邓会开口讲话，我就能知道她是疼了，是饿了，或是想要干什么、不想干什么。这个时候她显得很聪慧，不会无缘无故地哭和吵闹，她很乖，见人就笑。这段时间，我对她进行了大量的看图识字训练。我们买来了一盒一盒的卡片，都是中英双语对照的图卡，内容都是生活中常见的，比如眼睛、鼻子、头等。经过一段时间的练习，她便能在清楚地说出中文的同时，也用英语完整地读出来，一点也不会搞错。

邓邓两岁了

邓邓两岁的时候，进入了她的幼儿期，这时的她早已能够平稳地走路，用明确的语言表达自己的意思，甚至大小便也能完全自理。这似乎和现在一些很大了还需要用纸尿裤的孩子有比较大的差别。

这时，我开始培养她养成良好的生活习惯，定时定量地给予她所需的营养，让她每天按照一定的作息来生活，调节好自己的生物钟。邓邓两岁时，已是一个长得很漂亮的小女孩了，却像男孩般的调皮。我觉得没必要一定要她文文静静、循规蹈矩，但基本的教养是需要的。有客人来时，或在某些场合，我一定要她举止文明，对人有礼貌。

一天，她在家里大衣柜的镜子里发现了一个孩子，她不知道镜子里的孩子正是她自己，这引起了她极大的兴趣。作为独生子女，她自然会感到寂寞，她需要玩伴，但事实上父母都忙于自己的工作和学习，无暇陪她一起玩耍，因此当她在镜子中发现一个小伙伴时高兴极了。是哪里来的孩子？她自己认为这是一个极大的发现，于是她就要我打开柜门，想在里面找这个孩子，结果她失望了，里面没有什么人。她很迷惑，就又关上柜门，这时小伙伴又出现了，她开始和小伙伴交谈起来，似乎在问她，刚才你去哪里了。邓邓笑了，镜子中的孩子也笑了，我在旁边看着她那副样子也感到很好笑。我给她解释了一下光的知识，但幼小的邓邓似乎并不明白，她仍对镜子中的孩子充满兴趣。

涂鸦是当今非常流行的一种艺术表达方式，我第一次看到邓邓涂鸦也正是在她两岁的时候。

那是一个冬天，天气有点冷，玻璃窗上积满了水汽，邓邓在窗上用小手画着，我看到就想，她是不是喜欢涂鸦。于是我用永字八法的方式与她一起边讲边画，一点一点引导她。而后邓邓稚嫩的小手握起了一支水彩笔，在我的宝宝日记上画下了一个意似的人脸，尽管只有寥寥几笔，但这是她人生中第一张涂鸦作品。

关于对孩子的这种行为，是应该让她自由发展，还是人为引导，在美国我和一位教育心理学硕士探讨过这个问题。她是一位有着两个孩子的母亲，对中国很友好，她的父母就从事对华玩具贸易工作。我们在她的家里讨论孩子画画的问题，我的观点是要画得像，或者似，而他们却根本不在意孩子画什么。上幼儿园，一张普通的纸，上面画几根草，画几颗纽扣，画几笔线条，就是孩子送给爷爷奶奶最好的礼物，会得到一片赞扬，大人们还会随时拿出来供人欣赏。我们渴望的是孩子的成果，他们看重的是孩子的快乐，两者的观念有着天壤之别。

我开始教邓邓画画是和讲故事结合在一起进行的。通常与邓邓一起画出简单的漫画式的图画来演绎我讲的童话，图画中动物居多，画人的话也是让她随意涂画，在图上再加上一些文字。我结合童话故事教她用水彩笔涂写，开始对她进行美术启蒙教育，采用这种方式的直接效果，就是让她得到了创作的乐趣，而这种乐趣来自天真与自由。

邓邓要回家

1986年，在邓邓三岁的时候，她进入了新苗托儿所，这个是我们弄堂里的托儿所，就在弄堂大门口，离我们家很近。

这时的邓邓许多方面已经很独立了，比如她会自己大小便，在家里完全不用大人的照顾。一天，托儿所里大家都坐着，她突然举手说“我要尿尿”，也许老师没注意到她，没有马上给她回应，这时她站了起来，对老师说“我要回去了”，说完跑向托儿所的门口，拉开门跑回了家。

事情虽小，但反映出来的是孩子如何适应集体生活的问题，在家里，大人围着孩子转，对于孩子的要求会马上作出回应。但是在托儿所里，情况就不同了。邓邓刚进托儿所，不知道现在环境变了，这么多的小朋友在一起，有一个集体的概念，自己的行为方式需要改变，需要遵守一定的规则。当事情不按照邓邓所想的那样发生时，她倔强的性格就全然显露出来。所以这也提醒我，必须注意对女儿“集体”观念的培育。

邓邓在这个阶段不但淘气，而且胆子也大，经常敢和男孩子争吵，以致几个老师纷纷向我告状。我批评她时，她还会狡辩及抵赖。有一次，我忘了及时给她剪手指甲，结果她把班上一个小男孩的脸抓破了。男孩的妈妈来托儿所接孩子，发现孩子脸上的抓痕，心痛得差点掉下了眼泪。班里的孩子都说是邓邓干的，但她就是不承认。当场我也没追问邓邓，因为结果往往只会有两种，她要么否认要么就不吱声。

我和老师都很为难，不知如何处置才好。孩子间的争斗是常有的事，那么小的孩子很难控制自己的行为。一个老师要看管这么多的孩子，疏忽也在所难免，但事情发生在自己的孩子身上，谁碰到都会不开心，都会恼火。既然是自己的孩子惹的祸，我也只能听对方埋怨，表示歉意。

那时上海新村的卫生站就在弄堂口，托儿所的边上，站里的小陈医生和小马跟我关系都挺好，也都挺关心我的女儿，一有什么事情就会与我沟通，使我能及时了解女儿在托儿所的情况。

邓邓三岁的时候，我经常会带她去离家较近的静安公园玩，那里有一座不算太高的滑梯。邓邓刚看到滑梯有点兴奋，但她不敢从上面滑下来。为了培养她的胆量，我先抱着她把她放在一个比较低的地方让她滑下来。她很高兴，玩了几次，我再把她放在高一点的地方让她滑下来。这样周而复始地一点点提高，每一次成功后她的小脸都会绽放出开心的笑容，当然我也很兴奋。在我们家的周围有很多这样的滑梯，于是我几乎每个星期都会带邓邓去滑滑梯，晒晒太阳，享受在阳光下游玩的欢乐。

跳动的旋律

我家里有一架钢琴，这架钢琴不同于一般的钢琴，它既非立式的钢琴，也非三角钢琴，而是一个现在市面上很少见到的写字桌式的钢琴。因为家里地方不大，过去从不打开。钢琴上方的墙壁上，悬挂的是我的书法老师为我写的横匾，韩愈的“业精于勤，荒于嬉；行成于思，毁于随”。

我们家所有的女孩小时候都有学琴的经历，邓邓的外婆又退休了，所以这时我们就想到让孩子学习钢琴。于是1986年7月邓邓三岁的时候，我丈夫请上海钢琴厂的师傅来修理了这架钢琴，邓邓的弹琴生涯就此开始。

当外婆在琴弦上弹出几个不同的旋律时，邓邓表示出了极大的好奇，吵着要自己弹。以后她就经常要我们打开琴盖，在黑白相间的琴键上玩耍。我们从中央音阶开始教她弹奏，尽管她不习惯这种按部就班的教学方法，但还是这样开始了她的钢琴学习。

外婆在琴键上和她玩“哆来咪”的游戏，玩着玩着，她就没有了兴趣，我明显地发现邓邓思想能集中的时间很短。

调皮的她一会儿砰的一下子整个人坐在琴键上，任钢琴发出杂乱无章的轰鸣，一会儿又把自己的五根手指一起按下去，另一种轰鸣声又出现了，这让她感到很兴奋，接着她发现单根手指按下不同的键会发出不同的声音，于是她的手指在琴键上飞舞、跳跃，尽管不成曲调，但同样是一种音乐启蒙，那是外婆、我和邓邓之间的一种游戏。在游戏中，她的任性、不守规矩的毛病表露无遗。

在学习的道路上能够遇到一位好的老师，那就成功了一半。邓邓既然开始学琴，我就要给她找一位老师。尽管外婆是搞音乐出身，弹奏技能对初学的邓邓还是绰绰有余，但外婆毕竟没有教学的经验，尤其是缺乏针对幼儿的教学方法，她本身身体又不好，同时因为太亲近的缘故，邓邓对她一点敬畏心也没有，怎么能学好呢？

邵丹是我一个极好的朋友，也曾是我的同事。20世纪60年代初，“上海之春”的儿童专场中，一个六岁孩子因演奏肖邦的曲子而轰动全场，崭露头角，这便是邵丹。“文革”中，辍学在家的她在一张画着黑白琴键的硬板纸上坚持练习，1978年高考恢复以后，她考取了中央音乐学院，师从周广仁、郭宏老师。

1987至1988年初，邵从中央音乐学院钢琴系毕业，与同一学院的吴先生结婚，她的公公是音乐学院院长，婆婆是钢琴系教授，她则来到上海音乐学院附中的钢琴系任教。

对邓邓我从来就没有指望过她在钢琴上有所成就，所以请邵丹当邓邓的老师时，我就对邵表示，邓邓不可能成为一个钢琴演奏家，充其量只能成为一个音乐爱好者，所以不用给她布置太多的功课。

乌南幼儿园

乌南幼儿园是坐落在乌鲁木齐南路的一所幼儿园，应该说在我们上海的西南地区算是比较好的幼儿园。首先它坐落在上海的西南角，历史上算是上海的“上只角”，但如今随着城市日新月异的变化，昔日的“上只角”的概念已不复存在了。

其次是特殊的地理位置。它邻近上海的领馆区，各个领事馆工作人员的孩子都在当地就托，所以幼儿园的硬件不错。另外由于地段好，也能吸引好的师资和好的生源。邓邓从小在这所幼儿园里就读，同班的同学中就有好几个是日本领事馆工作人员的孩子，他们的生活习惯反映出日本与我们不同的教育理念。

乌南幼儿园的日本孩子冬天不穿厚厚的棉袄，大冷天都是短裤长袜，我们当时就很担心他们会不会着凉。他们席地而睡，不习惯盖厚厚的被子，注重组织纪律性。当然我们中国也有“孩子常带几分饥与寒，一生少烦忧”一说，但是随着独生子女政策的出台，“四合一”家庭（即一个孩子由爷爷、奶奶、爸爸、妈妈四个人带）越来越多，家里常以孩子为中心，对孩子溺爱，使孩子缺少艰苦环境的磨炼。

一天，幼儿园里来了几个体育科学研究所的同志，对孩子们进行测试，最后他们选择了邓邓班上的两个小朋友——邓邓和沈佳传。沈佳传，是当时国家男排主教练沈富麟的儿子，孩子之所以取名佳传，是因为他出生时正是他父亲荣获排球世界杯最佳二传手称号的那一年。研究所同志预测，他能够长到1.9米以上。他们认为邓邓的身体素质适合培养成为一个体操运动员，如果我们同意的话，他们就把邓邓接到体操队进行培养。

关于孩子接受体操培训的问题，家里也进行了认真讨论。尽管孩子有好动的个性，有很好的身体协调性，上海的女子体操队也全国有名，出了好几个世界冠军，但我们了解到体操队的训练极其艰苦，我们不想让女儿吃太多的苦，关键是一旦去了，就等

邓邓手骨折了

于确定了她一生的职业。我们不想这么早就决定邓邓一生的命运，所以就放弃了这个机会。

邓邓在乌南幼儿园期间还发生了一件让人烦恼的事。那是1987年4月的一天，邓邓在园里被一个调皮的男孩推得摔了一跤，导致手骨折了，当时我听到消息很着急，带她去医院检查并打了石膏，好在孩子小，正在发育阶段，应该不会有什么大的后遗症。但这个事情提醒我们，孩子的一切都要小心。

孩子一骨折，首先，刚学了半年多的钢琴就停了下来，邓邓本来就不太愿意弹琴，这下可好，名正言顺地就不弹了。另外由于手骨折，其他的麻烦就接踵而来。但于一个受伤的孩子，我也只能无奈地面对，恐怕这就是生活的酸甜苦辣吧。

高安路第一小学

1989年，邓邓到了入学的年龄，她进入了上海市高安路第一小学。现在上海人恐怕都知道这所有名的市重点小学，它位于上海西南角的徐汇区，是一个文艺界人士居住较多的地段，从前所谓的“上只角”。当时小学附近建有体委的一幢楼，住的都是上海体育界的人士，姚明的父母就住在那里，姚明也是在这里读的小学，比我女儿高一届。

邓邓是按户籍入学的政策进入高安路第一小学的，那时的房地产市场不像后来那样，没有什么学区房之类的概念，学区外的孩子想在这里就读，唯一的办法就是迁入户口。

高安路第一小学提倡全面提高学生基本素质，所以除了文化

邓邓（右二）与同学在高安路第一小学校门口合影

知识课程外，还开展了许多兴趣活动，邓邓在高安路第一小学参加舞蹈组和画画组的活动。

1992年学校举办了第二届艺术节，邓邓跳舞得了个二等奖，尽管没有拿第一，她还是很高兴，毕竟这是她人生中收获的第一张奖状，也是对她多年来努力的一个肯定。

然而，邓邓上课读书的表现一直不让人满意。她的班主任是叶老师，她给我打电话从来就没有什么好事，不是邓邓跟别人吵架了，就是邓邓上课不守纪律。后来因为我较忙，就时不时地让

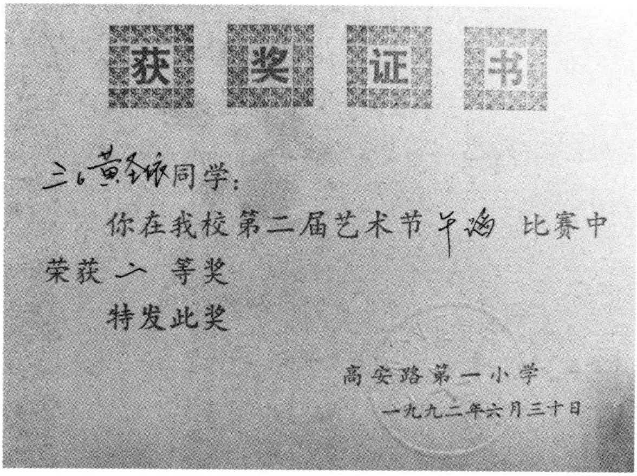

邓邓参加小学艺术节舞蹈比赛的获奖证书

邓邓爸爸去学校。我丈夫曾对我说，只要一接到叶老师的电话，头就疼，又要准备去“挨训”了。

其实叶老师是一个很好的老师，她很喜欢邓邓这个调皮伶俐的女孩，越是调皮的学生，老师花的精力就越多。也许是邓邓长大后懂得了这个道理，所以有时回上海的时候她就会去看望叶老师，邓邓毕业以后我也与叶老师保持着联系。

高安路第一小学离我家很近，过了日本领事馆和乳品二厂，穿过马路就到了，那时邓邓上下学是自己来回的，不像现在的孩子那样需要大人接送。放学回家的时候，邓邓经常会和同学一起到乳品二厂买掼奶油吃，那个掼奶油真的很好吃，我们也常常买来吃。后来乳品二厂就拆掉了，建成现在的上海图书馆。

邓邓生性好动，所以在小学这段时间里，上课讲话、做小动作是她一贯的毛病，但她这时的生活能力却有了明显的增强。有一天她问我要钱，说要还给隔壁的阿婆，我不明白是怎么回事。问她才知道，原来今天要交学杂费，而她昨天晚上忘了告诉我。今天上学后，老师发现她没有交钱，便让她回家来拿，并说今天一定要交上来的。女儿到家发现我们一个都不在，无奈之下，就向隔壁的阿婆借了30元。尽管这件事是她粗心造成的，但对她能有这样的应变能力，我心里还是很高兴的。

邓邓在小学的时候就开始学骑自行车了，我跟她讲小学生是不能骑车去上学的，她说她就在弄堂里骑。我怕她摔，就叫她爸爸看着她，她胆子很大，像男孩一样，骑了一阵子就学会了。我们弄堂比较长，她就从一头骑到另一头，玩得不亦乐乎。

那时候我经常参加《交际与口才》等一些杂志举办的笔会，方便的时候我就会带着她。有一次是去南浔，我特地带她到我当年插队落户的地方，让她感受农村的风土人情。

邓邓念小学时也有过一段动荡不定的经历。1992年1月，邓邓三年级的时候我去了美国，临走前把她转到公公婆婆住处的瑞金路小学借读，半学期后因家里原因又把她转回高安路第一小学，对于一个孩子来说，父母不在身边，读书又转来转去，学业以及身心上势必会受到很大影响，甚至也波及两年后她的升学考试。

少年宫情结

在我人生中最值得回忆的是在中福会少年宫度过的童年，进了大门就是宽敞的大草坪，草坪上是两个吹号的少先队员塑像，走进大理石大厅就是微笑的宋庆龄奶奶的汉白玉全身像。

我很希望邓邓也有少年宫的童年经历，就带邓邓报名参加了最为熟悉的舞蹈队。舞蹈队的练功房曾经是我自己童年练舞的地方，这次是我的女儿走进了同一间练功房，让我十分感慨。当然我那时的指导已经不在了，现在邓邓的指导是徐指导。舞蹈队的上课时间是上午八点到十点。一看下午还有美术课，我们就也去报名了。美术课的条件真是太好了，汉白玉的桌子，置放在一个足有四五十平方米的大房间里，教室里的设施很齐全，尽管一个班只有十几个小朋友，画的是蜡笔画和使用油画棒的儿童画。

午间休息时，家长就陪小朋友去少年宫的红领巾餐厅就餐，红领巾餐厅在上海只此一家，所有的服务人员全是由佩戴红领巾的少先队员担任的。这里不供应盒饭，而是用快餐盘装饭菜。但大人不能在里面吃，只能陪着孩子。邓邓经常在那里就餐，我就只能自行解决。下午，有的孩子会继续其他的课外活动，而我们常去的地方是科技馆。

在中福会的大草坪上有一个小朋友都非常向往的地方，那就是“勇敢者的道路”。它有很多项目是外面公园所没有的，如铁索桥，摇晃的木板架在一根根的铁索上，很多孩子不敢在上面走，但邓邓很大胆，尝试一两次后就独自走过去了。这说明我们过去所作的努力没有白费，一个人攀爬、平衡的能力是可以培养的。这比单纯坐在琴凳上练琴的童年生活来得丰富多彩多了。

少年宫还有很多其他的馆，都是在星期日由组员担任讲解，意在提高小朋友对学习课外项目的兴趣。这些组员平日里参加小组活动，积累了知识和经验，他们希望通过讲解让更多的小朋友听到，同时也展示自己的科研成果或自己的美术作品。少年宫作为一个重要的少年儿童的课外活动场所，活动项目是很多的，有科研，有话剧，有器乐（包括民乐和西洋乐器），有泥塑，有歌咏，有外语，有标本制作，等等，一个孩子能够在课余置身于这样一个学习环境中，参与到这样丰富的项目中，她的童年应该是幸福的。

少年宫位于延安路华山路，虽然离我家不远，但没有直接的公交车来往，最方便的交通方式就是骑自行车。由于我丈夫在大学当老师，时间相对空一点，所以去少年宫接送孩子的任务就交给了他。因为跳舞的需要，少年宫要求舞蹈队学生必须盘头，为此我丈夫去老城隍庙买了发套，每次都是他在家里帮女儿梳好头发，盘好发髻，戴好发套，然后骑自行车带她去上舞蹈课。邓邓爸爸的盘发手艺很不错，舞蹈队其他孩子的家长都不相信邓邓的发髻是她爸爸盘的，我丈夫为此也常常洋洋自得。

中福会少年宫的舞蹈训练一星期一次，不是很多，既然邓邓喜欢跳舞，我就又联系了徐汇区少年宫，不料舞蹈队的指导竟然是我小时候学跳舞的倪指导，一晃就是几十年了，当时年轻的指导也人到中年了。邓邓到了徐汇区少年宫舞蹈队后练得很认真，在区舞蹈队待的时间相比其他地方要长得多。

在《新民晚报》工作期间，我结识了小荧星舞蹈队的吴蕴琪老师，她看到邓邓比较机灵，就把她招进了小荧星艺术团参加训练与演出。小荧星的演出任务比较多，记得1993年的第一届上海国际电影节，由童安格唱电影节主题曲《东半球，西半球》，小荧星们负责在结束后放飞白鸽，那天晚上我们陪邓邓等了好长时间，活动结束后很晚才回家。类似这样的活动很多，由于孩子年龄小，都需要家长照顾与接送，我们有点力不从心，所以后来就没有在小荧星艺术团坚持下去了。

邓邓小学毕业后又进了徐汇中学的舞蹈艺术特色班，得到了进一步的培养。经过多年的舞蹈训练，邓邓跳起来还是有模有样的，但由于大多数时间是跳群舞，独舞机会比较少，需要让她单独表演的场合就有点力不从心。我想既然邓邓喜欢跳舞，而且从小开始坚持了这么长时间，就不能满足于一般的水准。为了提高邓邓的舞蹈水平，加强独舞的能力，她初中时我特地通过朋友请到了上海师范大学艺术系的资深舞蹈老师，一对一地对邓邓进行强化训练，一方面加强基本功的指导，一方面教授了一些新的独舞，尤其是对其已基本掌握的斗笠舞，从头到尾一个动作一个动作地进行规范矫正。功夫不负有心人，通过老师的精心辅导，邓邓的舞蹈水平整体有了显著的提高，尤其是斗笠舞，颇有准专业的水平，这也成为邓邓在舞蹈表演方面的看家节目。在以后的主持人大奖赛、艺校的专业考试以及各种演艺活动中都起了重要作用。

难圆的梦

现在小孩的素质教育是很热门的话题。孩子从幼儿园开始，父母就安排各种各样的培训，一个星期少则两三门，多则五六门，几乎天天排满。这其中许多是补习或强化学校课程的，比如英语、语文、计算机等，是希望自家的小孩比其他同学先走一步，能在学校里学习成绩名列前茅。另一些则是与课程无关的兴趣或素质的培养，比如体育、艺术之类的。我比较推崇的是后一类，课程的教育还是尽量留给学校吧。

邓邓很小的时候就显示出绘画的兴趣，也许与我喜欢画画的遗传因子有关，所以我就因势利导，待她长大一点后就为她报了市少年宫的美术班，同时又带她参加了上海市青少年艺术学校的水彩班。记得当时她父亲为她去福州路买了大大小小不少石膏头像，让她在家画素描，也常常在星期天背着画板带她到附近的公园里进行水彩画写生，一画就是半天。经过一个阶段的培训后，邓邓的素描画及水彩画水平都有了显著的提高。让邓邓学画，除了培养她的艺术修养外，我还有一个目的，就是希望能有助于改正其性格上浮躁的缺陷。

邓邓的钢琴学习是比较失败的。家里有远比一般孩子好的弹琴条件，但未能“修成正果”，确实有点遗憾，但细想起来倒也在情理之中。在这里我想起了另外一件有关女儿的事。

1980年的一天，在华东师范大学读研究生的丈夫带回家好几本连环画，我感到很奇怪。原来他们宿舍后面不远的曹杨新村有一个新华书店，他经常去那里买书，这次他看到来了很多很好的连环画，就买了回来。

丈夫对连环画情有独钟，曾跟我坦言，他之所以能天文地理、古今中外懂得很多，连环画功不可没。他小时候非常喜欢看连环画，那时候街上几乎到处都是小书摊，他常常一放学就跑去看，花一分钱能看上两本，一看就是好长时间，后来学校、家附近书摊的书全都看完了，便去更远的地方看。那时他一直在想，如果自己家里有这么多连环画该多好啊。当然一直到他童年结束，也没有圆上这个梦。如今他很想给自己的孩子买好多好多的书，也算实现自己青少年时的梦。

我童年时家里倒是有很多的书，可“文革”中那些书抄走的抄走，烧掉的烧掉。细究起来我爱上文学，最后能当上编辑，还真有小人书熏陶的作用。

从此以后，我们就分头收集连环画，一直进行了很多年，花了不少的钱，耗去的精力更多。那些书占据了我们家本来就不宽敞的书柜，但每当我们看着这些上千册的连环画时，心中常常会荡漾着甜蜜，因为我们在圆一个自己的梦。

这些连环画在我们的书柜里已静静地躺了十三四年了，孩子终于长大，到了能看懂连环画的年龄，一天，我们高兴地把邓邓领到书柜前，向她展示这些丰富多彩的连环画，然而我们在女儿的脸上丝毫没有看到所期待的那种喜悦。自那以后这些连环画还是静静地躺在我们的书柜里，其间偶尔有邻居的小朋友来，会惊讶于这么多的连环画，还会在我们家中安静地浏览。

空闲时我和丈夫会站在书柜前，想着那些带给我们知识，带给我们欢乐，陪伴我们度过童年的书，想着我们曾经有过的梦。

其实在现实生活中像我们一样，希望在孩子身上圆我们当年梦的人又何尝少呢?

许多家长给孩子学的东西，其实都是父母想要的，所以常常是此路不通。我女儿弹琴也是如此，想通了也就不遗憾了。稍感宽慰的是，不管怎么样，女儿弹钢琴也算学了一点皮毛。在她后来的演艺工作中，竟然也有弹钢琴的场合，只是不需要太高的技巧罢了。

如果说女儿弹琴是有心栽花花不开，那么女儿游泳就是无心插柳柳成荫了。那时上海西面的复兴中路上，人们常会驻足瞻望一个如今不复存在的建筑，那就是著名的上海跳水池。每个夏天，上海跳水池都会举办游泳训练班。上海跳水池里面还有一个设施齐备的室内游泳池，它就是上海花样游泳队和上海跳水队的集训地。

我一个好朋友是沈富麟的夫人，当时在上海跳水池工作，他们的儿子沈佳传是我女儿在幼儿园的小伙伴。佳佳的妈妈有一次看到我女儿，说："你女儿身体得锻炼锻炼，来跳水池练练吧。"于是我就带邓邓来到跳水池参加游泳训练。女儿似乎很喜欢游泳，训练很认真，坚持了很长一段时间。事实证明游泳是一个很好的项目，既能强健孩子的体魄，又能培养孩子的意志。邓邓在参加工作后，无论是拍摄《白蛇传说》还是参演各类综艺节目，小时候的游泳功底竟然还起了不小的作用。

应该说，邓邓的童年生活是丰富多彩的，兴趣广泛使她的知识面相对比较宽。但另一方面，业余活动占据了她比较多的时间，以至于她应付考试的能力就有所减弱，考试成绩也受到影响。这里面就有一个教育理念问题，对儿童时期孩子成绩的好坏，我看得比较淡，当然我也不坚持自己的观念一定正确。当下很多家长都意识到应试教育对一个孩子成长的作用有一定的局限性，但事实上大家又很难改变，因为涉及适者生存的问题。我认为这方面如何处理，一是要根据自己孩子的具体情况与能力而定，二是要处理好文化知识学习与素质能力培养的关系。

缺失的角色

1992年初我持J–2签证去美国探望做访问学者的丈夫，于是就缺失了对女儿长达一年的照料、抚养与教育。

在离开上海前，考虑到我母亲年纪大、身体不好，带孩子很吃力，所以就把邓邓送到了爷爷奶奶家，同时将女儿的学校从高安路第一小学转到了爷爷奶奶住处附近的瑞金路小学，也对女儿的生活、学习以及各种培训做了具体的安排。女儿的素质培养起始于六岁，舞蹈、唱歌、绘画与弹琴的培训一直延续到我出国的时候，我不希望这些学习因我去美国而中止。

到美国不久，我从母亲的来信中知道，女儿不愿意待在爷爷奶奶那边，想和外婆一起住在上海新村。我想邓邓从小与外婆生活在一起，跟她比较亲近，有这样的想法也很自然。更重要的是我走后家里发生了重大变故，与我离开上海的时候有了很大的不同，外婆现在一个人也很孤独，所以同意邓邓回到上海新村与外婆住在一起，邓邓的学习也重新转回高安路第一小学。

后来邓邓的情况越来越脱离我原先所设想的。外婆身体不好，没有精力，也没有有效的方法继续督促与带领邓邓进行各方面的培训，所以不久她的钢琴、绘画学习就相继停了下来。除了这些以外，外婆还告诉我，邓邓调皮，不听话，她根本就管不了。其实不用外婆讲，我的女儿我怎么会不了解呢？这也是我一年以后决定回国的一个重要原因。整整一年母亲角色的缺位对邓邓的教育与成长造成了严重的影响。

1993年我回国后，发现问题比我想象得要严重。过去一年中，由于邓邓的学校转来转去，使她无法安心下来认真读书，而平时的学习也没人指导、检查和监督。外婆在这方面基本起不到什么作用，孩子是处在一种放任自流的状态，学习成绩很差，上课纪律也很差。

除了舞蹈还在徐汇区少年宫训练外，其他的业余训练都停了。另外我发现女儿身上养成了许多不好的习惯和毛病，“拨乱反正”的任务非常艰巨。

在美国时，我采访了一些相关人士与部门，也比较关注西方的教育，对美国的一些教育理念和方法很感兴趣，自己也有一些心得体会。回国后我在一些报刊上发表了一些文章，比如《简谈幼儿早期智力开发》《绝然不同的代际关系》等，还受武汉《家长报》邀请，撰写儿童教育方面的专栏文章。此时对自己孩子的教育也想引入一些西方的理念与新的方法。

考虑到女儿现在的学习情况，不能再在其他地方花太多的精力与时间，所以我决定停止舞蹈以外的钢琴、画画等业余活动。对于放弃钢琴，我确实有点不甘心，但从美国回来后反思了一下，认识到其实弹琴这个事自始至终都是我自己的需要，认为家里这么好的条件，孩子就应该学钢琴，而这一直也没有成为女儿

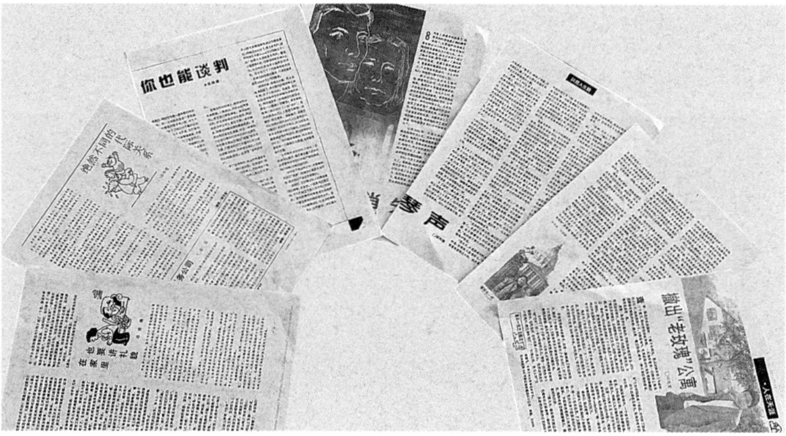

传理在《青年一代》《今日上海》等刊物上发表的教育类文章

自身的需求。既然这样，就不必坚持不放。

与此同时我在家里试行三项改革。第一项是家里人人平等。西方有一种观点认为在家中父母应该把孩子当作一个平等的人来对待。这的确是一种很理想的新型家庭人际关系，我很想去实践一下。于是我与女儿约定，不是说一定要听父母的话，谁有理听谁的，有事情一起商量，互相尊重，以理服人。

第二项是关于零花钱的使用。每个月在固定的日子我会给邓邓一定的零花钱，除了不适合孩子的东西外，一般不干涉如何使用，由她自己独立支配。对于较大的支出，经我同意后也可以预支。

第三项是家务付费。我在不少外国电影中看到过孩子在家里做家务获取报酬的事，我认为这样既可培养孩子的劳动观念，又能体现一种按劳取酬的社会准则。我很欣赏这种做法。我和邓邓商定了一些家务的要求与酬劳标准。

这些措施实践下来，还是有效果的。邓邓拿到零花钱后会自己藏好，会计划怎么用、买什么，不像以前老要我买这个、买那个。这样也有助于她懂得计划、储蓄，从小培养她财务管理的基本能力。邓邓也开始做家里分配给她的家务，有时还挺认真，做完了还让我检查。如果不做或忘了做就没有报酬，大家讲得清清楚楚，她也没有办法，这让她知道了什么叫契约，什么叫契约精神。

虽然有成果，但问题也不少，比如讲好的家务她不做，或忘了，你除了不给钱外，也没有什么办法。至于建立新型家庭人际关系方面则问题很大。孩子毕竟还小，心智还不成熟，好好地跟她讲道理常常不行。你说大家平等，她很听得进去，但让她听话，她就不干了，蛮横无理，弄得你一点办法也没有。

为此我也反思，是不是还用原来的一套？然而今非昔比，已尝过甜头的女儿不那么容易驾驭了。看来即使才几个人的小家庭，要搞点变革也是很不容易的。

改革开放前，不少人把我国的传统教育视为最优，而一开放，有的人又把它看得一无是处。其实客观而论，我国的传统教育注重孩子品性的修养，而西方的教育则着眼于孩子能力的培养，各有千秋。应该说，两者并不是鱼与熊掌不可兼得的关系，只是需要我们花力气去研究和探索罢了。

徐汇中学

1995年，邓邓要考初中了。每个家长都希望自己的孩子能受到比较好的教育，当然我们也希望邓邓最好能考上重点中学，但由于我此前去了美国，致使女儿一年的学习放任自流，基础较差，所以她两次全市摸底考试的成绩都很不理想，要考上重点中学很困难。

正在我们考虑怎么办的时候，得到一个消息，我们附近的徐汇中学要开设艺术特色班，其中一个为音乐舞蹈班，一个为美术班。当时我们为此思考了半天。

徐汇中学地处徐汇区中心地带，尽管不是重点中学，但也是一个有着百年历史的老牌中学，底蕴深厚，口碑很不错。这是一所“完中”，也就是既有初中，又有高中的中学，从这方面来看，进徐汇中学也是一个能接受的选择。

而其开设的艺术特色班更令我们感兴趣，那时对学生进行素质教育的势头方兴未艾，让学生在学习文化知识的同时，接受素质教育是一种有益的尝试，也符合家长的心理。问题是邓邓报考哪一个特色班？

应该说，我们对邓邓的素质教育一直是比较重视的，而且早早就开始进行了这方面的培训。她六岁的时候就在市少年宫绘画班参加学习，后来又在徐汇区的青少年艺校学习人物素描及水彩画，当时她已经能够完整地画一张石膏人面的素描，也能画出看上去挺不错的水彩画。

至于舞蹈，邓邓在这方面下的功夫更大。自1989年以后她先后在市、区少年宫舞蹈队培训、演出，时间长达三年之久，还在小荧星艺术团培训过。参加的演出不少都得了奖，如参演市少年宫的《嬉鹅》得到市金孔雀舞蹈大赛二等奖，参演区少年宫的《青青小草》得到区舞蹈比赛一等奖。凭她的经历考舞蹈特色班应该没有什么问题。

结果果然如我们所分析的那样，邓邓很顺利地进入了徐汇中学的艺术一班——舞蹈音乐班。

这个班级还是非常有特点的。第一，班上学生绝大多数是女生，有点像女中。第二，每星期有一个下午的艺术课，其他时间则与其他班级一样，学习文化课程。收费比教育局规定的学杂费多一千元，以支付每星期一个下午的艺术课费用。这个班的文艺水平也比较高，例如合唱队就由上海乐团的司徒汉先生担任指挥，合唱的水准得到很大的提高。艺术课的内容学校根据学生的情况来确定，有唱歌、舞蹈、器乐等，班级的艺术氛围相当浓厚。

在徐汇中学的学习对邓邓的成长，包括以后的人生选择都有着重大的影响。学校为他们创造了良好的发展文艺特长的条件，为他们请来舞蹈学校的老师，给他们排练，创造表演的机会。在整整三年学习期间，邓邓在舞蹈训练方面一直没有停顿过，始终维持在一定的训练水平，可以说她从徐汇中学的艺术特色班中获益匪浅。

当然有得也有失，在艺术修养上花了时间与精力，就不可避免地对传统的学业有所影响，像后来的高中考试中，他们班总分成绩470分以上的就不多。如何看待这种情况，就是仁者见仁，智者见智了。我觉得关键是要正确处理艺术教育与知识学习两者的关系。邓邓后来考取交大附中，恰恰就证明了这一点。关键在于自己，处理好了就能鱼和熊掌兼得。

邓邓在徐汇中学读书还涉及另一个问题。

学校坐落在属于上海黄金地段的徐家汇，左右是两家当时上海非常高档的百货商店——东方商厦和太平洋百货，再往前一点是第六百货，校门口是肯德基，地下还有热闹非凡的地铁商场。记得那时，经常有朋友看到我就说："邓传理，今天我在东方商厦看见你女儿和同学在逛商店。"

豪华的商厦，琳琅满目的商品，对一般人都有着巨大的诱惑力，更不用说是年轻的女中学生了。放学后逛逛商厦便成了邓邓和其同学的常事。说起市场上的名牌产品、时兴服饰、畅销唱片，邓邓远远要比我们当父母的知道得多。

尽管邓邓经常在这些高档的商厦里走动，却不轻易在那里买东西。她有自己的生意经，她发觉有些完全一样的商品在一般的商店里要比在大商厦里便宜很多。即使不同的产品，她也会对质量、价格、式样等作综合比较，然后再决定去哪儿购买，精明得很。用她的话讲，她们学生，现在还不是享受舒适的购物环境，当顾客“皇帝”的时候。

虽然不时会受到精品、名品的诱惑，但邓邓从没有要我们给她买高档商品，相反，商厦中那些价格让人吃惊的商品，让她懂得了父母维持家庭、供养子女的不易，在购物消费时，也更能体谅和理解父母。她的衣服大多是她自己精心选购、搭配的，看起来很不错，但所花的钱并不是很多。

当然生活在这种环境之中，平常的花费难免会大一些。但我给她的零花钱又不能增加。于是有一天邓邓问我：“你以前不是说过做家务可以给我报酬的吗？现在还可以吗？”我回国后的确实行过做家务付酬的办法，但搞了一阵子，没什么大的作用，后来就不了了之了，听她重提此事，我喜出望外，马上就答应了。于是暑假中，邓邓承担了家里大部分做饭烧菜的活。她学得很认真，菜烧得还真不差。这样一来，我们减轻了家务，又培养了她的劳动能力，而邓邓可以拿劳动所得去买她需要的东西，这不是皆大欢喜的事吗？真想不到，前几年实施的办法，到现在这个时候居然开花结果了。

既然生活在改革开放、经济起飞的时代，就不要害怕孩子去接触市场，面对繁华。因为这也是生活，也是现实。当然，繁华的环境对自制力尚不强的孩子有不利的一方面，需要我们加以重视。既然我们如今也找不到一处能与花花世界隔绝的世外桃源了，而且孩子迟早要走上社会，那就不妨让他们适当地接触一下商业环境。

邓邓后来在对商品的认识、对时尚的理解方面表现出较强的能力，我想跟她青少年时期身处繁华的徐家汇商圈不无关系吧。

不到长城非好汉

邓邓初中毕业前，除了小学时去过上海边上的嘉兴，到佩珍阿姨的女儿家里做客外几乎没有去过其他什么地方，连有“天堂”之称的杭州、苏州都没去过，总是两点一线地上学、回家。于是作为对其考入交大附中的奖励，我们决定在暑期带她出去旅游一次。

在北京我有很多亲戚，北京又是首都，有不少名胜古迹，所以我就把旅游目的地定在北京。那时我的三姨夫是美国卡特彼勒公司驻中国办事处的负责人，与三阿姨一起住在北京友谊宾馆，于是我与他们联系后买了上海直达北京的14次特快列车就直奔北京了。

第一次出远门，邓邓特别兴奋。火车的冷气开得很足，我俩一个睡中铺，一个睡上铺，几乎没有下来过。到了北京，我们把行李托在小件寄放处，先去了北京新开的海底世界游玩，之后便直奔友谊宾馆。北京火车站其实就有直达友谊宾馆的中巴，只是我们不知道，按老路，我们乘公交去了东单，在东单换地铁，然后再乘“面的”，这样就花了很多时间，待到达友谊宾馆时已是晚上了。我们和阿姨、姨父去香格里拉饭店吃了饭，边安排休息边计划第二天的行程。

第二天我们先去颐和园，顺便再去圆明园。这天的天气很热，所以听阿姨关照带了草帽，还准备了一些水果和点心。颐和园是去北京旅游必到的地方，那里景致又好又多，几乎该去的点我们都去了，这就花了将近一天。回来的路上，我们还去了圆明园，我给邓邓介绍了圆明园的历史。谁料回到宾馆后我就病倒了，也许是在火车上着了凉，接着又劳累所致。原想休息一下就会好的，可过了两天仍不见好转，腹泻使我浑身无力，我根本没有体力陪邓邓出游，那邓邓怎么办？还有很多地方像故宫、长城、天安门都没有去呢，好不容易来一次北京，难道就整天待在宾馆里？这时我想起白天游览时看到过的一日游宣传。

我萌发了让邓邓独自参加旅行社旅游的打算，但她一个人行吗？我考虑了各种困难，但邓邓却很有信心，表示她完全行，不会有什么问题。眼下也没有其他更好的办法，于是我就决定采取这个有点冒险的办法。为了保证她的安全，我告诉她联系的地

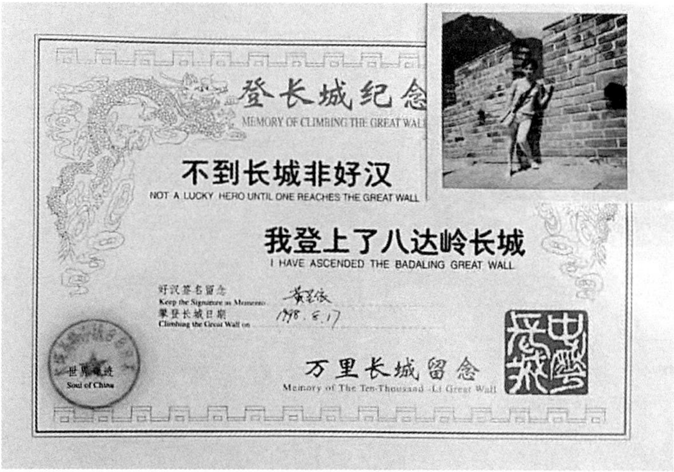

邓邓登长城纪念卡

址、电话，告诫她不要随便跟陌生人搭讪，更不能跟陌生人走，发现问题要及时与旅行社工作人员或当地的管理人员、警察联系，等等，把一切可能发生的事情都交代了。

邓邓就这样一个人报名参加了北京一日游。我这天一直是提心吊胆的，晚上邓邓高高兴兴地回来了，什么事都没有，她说她玩得很开心，旅游团里的人对她一个人来旅游都表示佩服，她也很得意。就这样，她用这个方法在接下来的几天中去了计划中的所有地方，当我看到她拿回写有“不到长城非好汉”的登长城纪念卡时，真是又感动又骄傲。

走进交大附中

每当孩子进入高一个阶段的学习，要选择学校的时候，常常是父母最烦心的时候。如今邓邓又要选择报考高中的学校了。邓邓在徐汇中学的学习还是不错的，成绩在班里基本在前十名左右。按照当时的摸底考试成绩及徐汇中学历年的录取线，继续留在徐汇中学念高中没有什么大问题。但我们想让她进重点学校的念头一直没有断过，小学考初中时没有如愿，此时初中考高中，就想再争取一下。

当时我有幸认识了交大附中的党总支书记，所以眼光便转向了交大附中，也收集了交大附中招生方面的一些信息。交大附中是上海的一所零志愿学校，但是在徐汇区的录取名额最少，录取分数线在各区中也最低。为什么？一个原因是上海的重点中学徐汇区较多，区内成绩好的学生都不太愿意去地处江湾、当时还很偏僻的交大附中。其次是因为交大附中是交通大学的附属中学，对位于徐汇区的交大教职员工实行一些优惠政策，所以造成了这种状况。

幸运的是，邓邓在这次中考中发挥了超常的水平，分数线通过了及格线，如愿进了交大附中。

因为交大附中的学生是住读的，随着开学时间的临近，我越来越担心从没离开过家的女儿能否适应这种新的环境。开学第一天，我们和邓邓一起带着行李去学校报到，在宿舍里几乎所有的孩子都是由父母帮着挂帐子、铺被子……有的连外公、外婆、爷爷、奶奶都赶来帮忙。我自然也参与其中张罗着，直到把一切都安排妥当才离开。

学校的硬件设施非常不错，每个寝室住六个人，每人一张床，床的下面就是一张写字台和一个小的衣柜，每个寝室有一部电话。寝室里还有厕所，可以在里面洗漱，甚至洗澡，只是热水需要自己去寝室所在的楼层去打。厕所里有一个小架子，可供置放脸盆和洗脚盆。吃饭则是在食堂吃，伙食费用全部算在学费内。

邓邓的班级有五十个学生，其中只有十名是女生，连两个寝室都凑不满，另一个女生寝室由她们班和另一个班的女生共同组成。

学校在郊外一个很冷僻的地方，周围没什么大商店，跟当初在徐汇中学的时候完全是天差地别。往返学校和家之间的路上，也没有逛商店的机会，这倒也是个好事情，能使她不受外界的干扰，一心“只读圣贤书”了。

第一个星期日到来，终于盼到了邓邓回家。经过军训的她明显黑了。来自不同家庭、不同个性的女孩们全天候地生活在一起，使她很兴奋。但在学习上，她的担忧明显地表现出来。

进校后的摸底测验使她的信心受到了极大的打击。一张考卷中，有好几个题型是她在原来的学校中从来没有接触过的。数学是这样，物理、化学、英语，连语文都这样。她原来觉得读书是一件轻松的事，不大复习功课，尽管没有名列前茅，也总能得到班级前十名，而且还可以有时间参加其他的业余活动，以及与朋友出去游玩。但是在交大附中竟然是这种情况，让她有点不知所措。

据了解，她们学校里一些同学在初中就是奥林匹克数理化比赛的强手，大学一些高等数学的内容在高中就读了，解题的能力与没有受过这种训练的人相比，就不是几分差距的事了。

她们同寝室的一位同学，成绩总分一直在全年级处于前十名，她有很好的读书习惯，上课前一定预习，带着问题上课，所以她的笔记对她的学习就非常有帮助。晚上自习结束，学校的熄灯时间规定是十点，她打手电筒继续读书，直至半夜。几乎学校布置的每一天的早测验，她都能应付自如。

几周下来我看得出来，邓邓有了很大的压力，这是一个不好的苗头，所以我找她谈了。主要谈的是两点，首先对她指出，她与同学在学习上的这种差异是客观存在的。他们许多人原本就来自重点中学，是“尖子生”，有扎实的学习功底及良好的学习习惯。而她只是来自一个普通中学，而且是艺术特色班，能进入交大附中已经是很值得骄傲的事了。她与同学各有各的特长，虽然在交大附中是以学习为主，但不等于她没有自己的长处。在学习方面，她不能与他们相比，也不能以在学习上超过他们作为自己的目标，因为这样的目标不切实际，不但达不到，反而会弄得自己灰心丧气。

其次，我告诉她，学习上可以不去与同学比名次，但要学习他们的学习态度，他们的学习方法，养成更好的学习习惯，尽自己最大的努力去完成好高中的课程。重要的不是与别人比，而是与过去的自己比，要争取在各方面比以前有更大的进步，提高到一个新的层次。紧张的学习环境，成绩优异的同学，应该是她成长路途中很好的磨刀石。父母也不会像以前那样要她考多少名，只要她努力了，有收获了就行。

经过我们之间的交流，邓邓身上的压力慢慢地释放了，开始能以平常的心态投入学习。

高中生活

高中生活对一个孩子的成长是至关重要的。小学、初中阶段的学习基本上属于快乐教育，高中阶段的孩子逐渐地从童年的懵懂走向成熟，世界观、人生观开始形成。思考与探索是这个时期的重要特征，表现在学习上就是学习的自觉性。

交大附中的生活安排是，早晨早锻炼，锻炼后是早自修及早餐，每一个人有一个课桌，课桌由自己上锁。教室内有一台电视机，可以在晚自修时看中央电视台的节目。

学校的课程安排得很紧凑，学风很好，管理也很严格。每一次的大测验都会打乱年级，学生持准考证参加考试，考试中根本无法交头接耳或作弊，测验的成绩非常真实。学校有一个体育馆，就是击剑房，因为一个班能参加击剑项目的人很少，所以平日去的人不多。

学校也时有文艺活动，此刻邓邓的长处就表现了出来，她可以组织全校活动，能够在校际演出中跳独舞，这在一个以男生为主的学校里是相当令人瞩目的，因为成绩好在交大附中被认为是十分正常的，而具有文艺特长的学生则很少。几次大型活动后，几乎全校的学生都认识了她。

邓邓在学校独立生活，平时我们很少打电话谈学校的情况，更多的交谈是在每星期天我送她去学校的路上。我们几乎是穿过整个上海，从上海的西南面到东北角，每次我要准备她一个星期所需的衣物、水果，还有红肠和自己做的茶叶蛋等补充营养的食品。从我们家坐公交车到武胜路，然后换一辆小巴坐到逸仙路，下车走近一刻钟到交大附中，整个的路程大约需要花费一个多小时。在我的记忆中，这一段路程是我们母女俩交流最好的时候。

邓邓到了高二，理应习惯了学校那种紧张的学习气氛，但是高二并没有像想象中那样进入缓冲期，因为马上就会面对高三的高考，事实上高考的战斗通常在高二下学期就开始了，有的学校则更早。形势是严峻的，邓邓基本上停止了所有的文艺及其他课余活动，全心全力地应对紧张的高考。他们班级的黑板上每天都记录着离高考还有多少天，为550分冲刺还有多少天。

对邓邓来说，尽管学习成绩依然不够理想，但情况也在好转，经过一两年的强化训练，她在原有的基础之上有了一定的提高。

航天夏令营

进入交大附中不久，邓邓就成了一个“风云人物”，这源于她在新生联欢会上的文艺展示。舞台上邓邓精彩的傣族舞获得了全校师生的好评，加上她姣好的外貌，一下子就成了大家，尤其是男生们的谈论中心。应该说在学风严谨的交大附中的校园内突然闯入一个文艺特长生，这本身就是一件很轰动的事情。

1999年的暑假，邓邓有幸参加了为期七天的“江城杯”上海市优秀中学生航天科普夏令营。夏令营是由中国航天基金会、团市委、东方电视台等联合举办的，旨在扩大航天事业的影响，增强青少年的民族自信心，让他们树立科技兴国的信念。邓邓和同学们参观了西昌卫星发射中心，航天工程师为他们普及了航天的基本知识。他们观看了火箭实物与发射的录像，并与老航天人进行了座谈，也一起举行了军民联欢会，邓邓在联欢会上表演了她的节目。最后他们还在成都参观了杜甫草堂与武侯祠。

这个活动对邓邓影响很大。她到过北京，也到过江南的嘉兴、苏州等地，却是第一次来到大西北，见到了与以往所见大不相同的山水风貌与农村景象，感受到了当地的风土人情，这一切让她大开眼界。西昌更是一个寻常人都不熟悉的遥远神秘的地方。通过夏令营，她亲身了解了我国从无到有，逐步发展壮大起来的航天事业，了解了航天人在艰苦环境下的生活与工作。

另一个重要的收获是，参加夏令营的三十几位同学全是来自上海各个重点高中的优秀团干部与学生干部，其中许多是学生会主席、市三好学生、市各个竞赛的获奖者，他们身上表现出很多的优点与本领，在与他们的交往中邓邓学到了不少东西，看到了自己的差距。一个星期的朝夕相处，让邓邓与许多伙伴建立了友谊，成了好朋友，有的至今仍保持着密切的联系。邓邓还结交了不少她喜欢的、一同来参加夏令营活动的电视台主持人，这也让她高兴不已。

夺魁大奖赛

2000年3月的一天，那是邓邓高二的时候，我与邓邓在淮海路上逛街，此时遇到了一个所谓的星探。他夸赞我的女儿，表示能帮助她在演艺方面发展，这样的情况我们也遇见过多次了，所以也不太理会。回到家里，与邓邓的爸爸闲聊起此事，邓邓的爸爸不经意地拿起了那个年轻人留的名片，吃惊地发现，对方公司的地址竟然与其朋友的单位一样，同在江苏路上的兆丰世贸大厦里。

那是邓邓爸爸在美国留学时的一位朋友，在上海运营着一家软银集团与UT斯达康投资的IT公司，聘请邓邓爸爸担任兼职的行政管理工作。公司绝大多数员工是毕业于全国重点大学的年轻人，都很勤奋能干。邓邓爸爸一直想让邓邓去公司感受一下这些年轻人一丝不苟、兢兢业业的工作态度，让她多多接触社会，于是就作了一个安排，顺便也去看一下那个演艺公司的情况。

去了之后发现该公司有一个招募电视剧演员的活动，对此我们不太感兴趣，我有很多影视行业的朋友，如果要参加这样的活动也不会等到现在了。但公司还有一个电视台戏剧频道《灿烂星河》栏目举办的“羽西之梦”主持人大奖赛却吸引了我。对主持人我一直抱有好感，邓邓学校的学习生活又很沉闷、紧张，参加这个活动可以放松一下，而且邓邓也从未参加过什么竞赛，让她增加些历练，检验一下自己的能力也不错，所以就报名了。其实当时预赛已经开始一段时间了，经办人看到邓邓的形象以及得知其少年宫、小荧星艺术团的经历后，就破例让她跳过预赛直接进入正式比赛。

事后因为忙，我们也没有太多地关注这件事。6月中旬的一天，邓邓从学校回家，平静地告诉我们，她得了主持人大奖以及最佳上镜奖。从当时《申江服务导报》等媒体的报道来看，邓邓在大奖赛上击败了包括上戏、上海大学主持人专业的1 000多名参赛者，获得了众口一致的好评。对其他奖项的评选大家都有争议，唯独对邓邓的获奖则是无一异议。评委会主席靳羽西对邓邓的评价是，“这个姑娘潜力无限”。接着邓邓参加了大奖赛组委会安排的一系列活动，还作为主持人跟随电视台去北京进行了采访活动。

这次邓邓参加了几轮比赛，似乎都很顺利，波澜不惊，得了大奖后也很平静。事实上这次比赛对邓邓以及她的人生影响极大，第一次公开竞赛的成功让她在演艺方面有了很大的自信，也深深影响了她一年后的高考选择。

情系北影

进入高三后，班级里的学习气氛更加紧张起来，学校为了保障学生有足够的睡眠时间，规定了严格的关灯时间。然而关灯后同学们都偷偷地打开手电筒刻苦夜读，有一次邓邓也许太疲劳了，忘了关手电筒就睡着了，结果把身体都烫伤了。

临近高考，传来了艺术院校提前招生考试的消息。在全国大学统考前艺术类院校通常会先进行艺术素质的考试，由于艺术类院校的文化考试录取分数线相对于普通高校的要低很多，所以只要艺术素质考试过了关，那么不出意外，最终录取就没什么大问题了。

当邓邓对我提出要去参加艺术院校的考试时，我与她爸爸也是很矛盾的。我们一直希望女儿从事工商或金融管理工作，从来没想过让女儿去从事演艺工作，我们家族中也没有从事文艺工作的人。虽然我们从小培养女儿唱歌、跳舞、弹琴，但那也只是一种素质培养，希望她以后变得更出色。现在的情况是，女儿不但喜欢演艺工作，而且好像也有这方面的潜力，应该说前段时间的主持人大奖赛等活动好像给了她不少这方面的自信。目前高考竞争如此激烈，进重点大学也没有什么把握，多一个选择，多一条出路也未必不好，不妨走一步看一步。当然我们也担心这样会耽误学习，让她原来紧绷的迎考的弦松弛下来，不过权衡之下还是同意了。

既然要参加，就要做好充分的准备，打有把握的仗，否则不如不去。于是我通过朋友请著名演员张先衡老师为邓邓讲解如何表演小品，又请了正在上海的好朋友的女儿张佳蓓进行考前辅导。佳蓓是北京电影学院96级的学生，与黄晓明、赵薇是同一个班的。当时邓邓报了三个学校，北京电影学院是表演专业，上海戏剧学院是播音与主持专业，还有中央戏剧学院也是表演专业。

当年北影、中戏都在上海设立了考场，我陪她去参加了北影与上戏的几轮考试，我惊奇地发现，她每次都很淡定，考前一点也不紧张，考后也显得很轻松。

参加艺考，包括之前的培训都要请假，落下了很多课程，严重影响了高考复习。而两个学校的考试考完后，邓邓的自我感觉很好，于是就决定放弃中戏的考试，果然两个学校的三试考罢，邓邓都榜上有名。

这个结果并不出乎我们的意料，应该说我们对孩子这方面的能力还是很有信心的，毕竟她有着长期文艺培养的功底和经常演出的经验，主持人大奖赛的历练又增强了她临场发挥与应对竞赛的能力。

艺校考试结束后，邓邓又回到了学校。尽管我们要求她全力投入复习迎考的学习中去，但艺考造成的影响是显而易见的。参加两个学校艺考前前后后耽误了不少课时，学习上明显赶不上其他同学的进度，同时，进入艺术院校似乎已是铁板钉钉的事了，所以老师反映，邓邓与其他紧张迎考的同学相比，表现得相当轻松。可能她内心已经放弃了一本重点大学的目标，只是想进艺术学院的门了。

2000年年末，上海的一些高校纷纷发布了特长生的高考政策，通过学校的测试可以获得高考加分。即使邓邓已经通过了两个艺校的三试，我们还没放弃女儿进普通高校重点大学的希望，就鼓励她参加交通大学、上海大学、东华大学等有关专业的文艺特长生测试，为自己多争取一点进普通高校的有利条件。不出所料，邓邓表现出色，参加上海大学为此举办的冬令营活动，获得了优秀营员称号，通过了交通大学的初复试，获得了40分的加分，学校承诺加分后的总成绩达到录取线就会录取她，东华大学也给了50分的加分。然而这些加分的前提是，这些学校必须是第一志愿填报。所以后来邓邓将北影填为第一志愿时，这些加分就毫无意义了。参加这些特长生测试，又耽误了不少时间与精力，与原来的普通高校重点大学的目标是渐行渐远了。

高考发榜了，理想中的重点大学无望，其他大学又不想去。不管愿不愿意，只能是艺术院校华山一条路了。

那么到底去哪个学校，学哪个专业呢？家里又有争执了，我的意见是上戏的主持人专业，在我的意识中，总觉得主持人学识、品味高一些，但邓邓态度很坚决，坚持读北影表演专业，她爸爸则觉得，既然已经走到这一步了，再在这个问题上争论已经没有什么意义了，就由邓邓自己拿主意吧，毕竟将来的路是由她自己走的。一家人为此事弄得很不高兴。当然最后还是决定去北影。

不久收到了北影寄来的录取通知书，看着许多家庭、许多年轻人梦寐以求的录取通知书，思前想后，感慨不已，真是有心栽花花不开，无心插柳柳成荫。

给女儿的信 1

邓邓：

你的归期很快就到了。火车的隆隆声带走了你，看着你能干地在车上置放行李的样子，我真感到似曾相识，仿佛时光倒流，又回到了我自己插队离家的那一刻。我感到你长大了。孩子，为你闯荡世界的勇气，为你展翅高飞的志向，我由衷地自豪。

那一晚，你过得怎样？《荷塘月色》有没有看完？都有些什么感受？朱自清的散文在中国的现代文学史上有很特殊的地位，《荷塘月色》是他散文中的名篇。希望它能陪伴你，度过一个值得回忆的旅程。

你这次回家，本有很多的话想跟你谈，当然你是否能理解，是否能体会我的想法，我也不得而知。你留给我们的时间太少了，孩子我该责备你的吝啬。你喜欢唱歌，一首《常回家看看》能唱红大江南北，其意义可想而知。孩子，你虽然是我们生，我们养，但你的的确确是你自己，人生的道路最终要你自己走。我想从今天开始，我们是否可以通过E-mail（电子邮件）来联系。保持适当的距离能使大家更理智地思考。

北京电影学院的生活给你带来很多的欢乐，你似乎感到很满足。一个人的成功是能最大限度地发挥自己的特长，可教育的目的则是弥补自己的不足，希望你在这方面多作努力。

我为什么希望能通过电子邮件用中英双语和你进行交流？因为我认为这是提高思维能力和写作能力的好办法。过去你读书大多是为了应试和升学，以后的学习则可以注重真正意义上的求知和能力的培养。

在国外读书的人几乎最头疼的事就是写paper。何为paper？其实就是用英语写一些东西，表达自己对某事某物的看法，但这往往使很多托福考试的高分获得者都倍感困难，所以英语能力的提高，不是一件容易的事。你现在年轻，记忆力强，多作些这方面的努力很有必要。

另外，不要轻易看不起别人，要多向他人学习。中国有句名言：三人行，必有我师。更不要以貌取人。人生的旅途中我和爸爸都是自己在苦苦摸索，常有活得很累之感。但你有长辈的指点，能多一根拐杖何乐而不为呢？更何况指点你的是你的父母。不要只想听好话。不久前中央电视台举办了全国歌手大奖赛，在比赛唱歌的同时增添了文化知识（严格意义上是文化常识）的测试，结果有不少唱得很不错的人在相当简单的问题前表现得手足无措，电视的镜头无情地记录了这一刻，很是可惜。望你引以为戒。

妈妈

2002年5月22日

给女儿的信 2

邓邓：

这两天报上登载了非典型性肺炎流行的消息，你一个人在北京要注意安全。春天的北京会有沙尘暴，所以春天是北京最不好的季节，好在你现在有电脑，它能助你轻松度过这段烦恼的时间。我这两天在和爸爸讨论是否给你买个Mp3，我觉得欣赏音乐是件十分令人愉悦的事。在我们家所有的女孩都学过钢琴，你记得我带你去邵丹阿姨家学琴的事吗？当然你不喜欢，我也不勉强，但是多听音乐是有好处的。

现在的随身听、Mp3机、笔记本电脑都为此提供了便利，孩子，多享受吧。但如何把工具用活，这里面大有学问。马克思说："对于非音乐的耳朵，最美的音乐也没有意义的。"而且音乐没有国界，"哆来咪发唆拉西"七个音符，五线谱五条线，能谱出各式各样的曲调。我想，我和爸爸能为你提供很多的帮助。欣赏音乐有三个阶段：一，官能的欣赏；二，感情的欣赏；三，理智的欣赏。我们不知道你能达到哪个阶段。

这两天，我开始为你做些准备，可供你五一回来时"享用"。当然做这些后勤工作，对我们自己提高艺术修养也有很大的帮助，愿我们都能在艺术的海洋中遨游。

今天我听了一盘名为Masterpieces（杰作）的CD，里面有一些非常有名的古典音乐，即Top of classical music（顶级古典音乐）。你也许会说，年轻人喜欢流行音乐，是的，但这并不妨碍你了解一些古典音乐的常识，特别是对一个艺术系的大学生来说。

第一首是亨德尔的《弥塞亚》。亨德尔的全名是乔治·弗里德里希·亨德尔（George Friedrich Händel, 1685—1759），是出生于德国的英籍作曲家。《弥塞亚》是一部著名的清唱剧，1742年初演于都柏林。希伯来语弥塞亚的原意为“受膏者”，指上帝所派遣者，后被基督教用于对救世主耶稣的称呼，剧词根据《圣经》写成。全剧分三部分，第一部分的《田园交响曲》与咏叹调《他必像牧人喂养其羊群》，第二部分的《哈利路亚大合唱》，以及第三部分的咏叹调《我知道我的救赎主活着》和《阿门颂》尤为著名。《弥赛亚》第一部分的《田园交响曲》，采用了意大利阿勃鲁齐山区风笛吹奏者的音乐，据说是1709年亨德尔在罗马听到的。爱尔兰首府都柏林的音乐协会为亨德尔安排了一场慈善音乐会，亨德尔非常感谢他们的盛情，答应为他们“写一些比较好的乐曲”，结果就创作出《弥赛亚》。

1742年4月，《弥赛亚》在都柏林的尼尔斯音乐会堂首次演出，受到热烈欢迎。1743年3月，《弥赛亚》在伦敦首次演出时，听众深深地为音乐所打动。当《哈利路亚大合唱》一曲中“主上帝全知全能的统治”一段开始时，听众感动得一起肃然起立。当时英王乔治二世在座，也站了起来，一直站到合唱结束。从此形成习惯，每逢演出《弥赛亚》，唱到《哈利路亚大合唱》时，听众都要一起起立。奇怪的是，《弥赛亚》的词作者詹南斯对亨德尔的音乐并不满意，他在写给朋友的一封信中说，《弥赛亚》的音乐配不上他的歌词。

这里还可以对“清唱剧”稍作介绍。清唱剧（译自意大利语oratorio）一词源于小教堂（oratory）——指16世纪大教堂中的附属教堂中神父讲《圣经》的地方，因为神父讲道用圣歌加以说明，又被译作“神剧”“圣剧”。而现代的清唱剧已有了新的解释，即声乐套曲，包括独唱、重唱及合唱，用管弦乐队伴奏，内容富有戏剧性和史诗性。

第二首是格鲁克的《奥菲欧与尤丽狄茜》和《阿尔且斯特》。格鲁克的全名是克里斯托夫·维利巴尔德·格鲁克（Christoph Willibald Gluck, 1714—1787），为德国作曲家。在《奥菲欧与尤丽狄茜》中，他创立了新的意大利歌剧风格，采纳了法国歌剧中的合唱和芭蕾音乐手法，被视作歌剧改革的旗手。

第三首是巴赫的《圣诞清唱剧》。巴赫（Johann Sebastian Bach, 1685—1750）出生于德国图林根一个音乐世家，他一生创作了浩如烟海的各类音乐作品。《圣诞清唱剧》作于1734年，由六部康塔塔组成。分六天演唱，即圣诞节三天，元旦、元旦后的礼拜日及主显节（1月6日）。后世常分两天演唱，亦有作一天演唱的。其第四部康塔塔的序曲采用牧歌，所以也称《田园交响曲》，极有名。（康塔塔是意大利语cantata的音译，又译“大合唱”，指多乐章声乐套曲，以咏叹调、宣叙调、重唱、合唱组成。与清唱剧相似，但在内容方面往往偏重抒情，而故事的内容则相对简单。）

第四首为莫扎特（Wolfgang Amadeus Mozart, 1756—1791）

的G大调第三小提琴协奏曲的第一乐章。

第五首是亨德尔的《阿里安娜》广板。

第六首是意大利作曲家阿尔比诺尼（Tomaso Giovanni Albinoni, 1671—1751）的备受巴赫赞赏的小号协奏曲。

第七首是亨德尔的清唱剧《狄奥多拉》。

第八首是巴赫的管弦乐曲《勃兰登堡协奏曲》。

第九首是亨德尔的世俗合唱曲《圣塞西利亚节颂歌》。

第十首是莫扎特的A大调第五小提琴协奏曲的第二乐章。

妈妈

2003年4月8日

给女儿的信3

邓邓：

昨天爸爸也参加了我们的E-mail讨论。我想适度的距离能使我们通过书面语言共同探讨一些人生中的严肃话题。孩子，希望你能重视这样的机会，给我们一些时间，谢谢。

今天我希望接过你爸爸的一部分话题接着谈，而且我认为这样的有关爱与被爱的题目由母亲来谈比较妥当。上午我为了给你写这封信，翻阅了最近出版的书籍《骄子的叹息》（名牌大学才子才女心灵独白），以求缩小我们两代人之间的代沟。其中有一篇叫《拾穗》的文章，作者是中国人民大学的一位大学生，他欣赏了法国著名现实主义画家米勒的油画，写下的感受给了我很大的启示。这是一幅我们都很喜欢的画，本想今天随E-mail一起发给你，因为扫描仪的问题没能解决，就先不发了。好在你不久就能回家，我们可一起再看。

画面描绘的是三位农妇弯腰在麦地里劳作的情景。她们应当是三位母亲吧。由此我想到了一个爱情的问题。你现在正是二十岁的花样年华，又身处在北影，一个明星的摇篮，你爱他人以及你被他人所爱在所难免。更何况人生的初恋是令人回味无穷的经历。你的父母不是老古董，何况我们希望你能感受爱的甘露的沐浴。但和那位人大的大学生一样，从拾穗中我亦能感受到爱的艰辛。曾看过一篇有关恋和爱的文章，说爱情和婚姻正像在茫茫的麦田里拾穗一样。有的人，他刚踏入麦田，就急急忙忙拾起一枚麦穗，认准这便是麦田中最为颗粒饱满的一枚，从此就甜甜蜜蜜地生活一辈子；而有的人则不然，他走进麦田，这颗看看，那枚拂拂，拾起这颗，又放下那颗，比较来比较去，在徘徊萦绕间不知所措，不觉已是夕阳西下，在慌忙之中拾起一颗，结婚生子后，又感叹生活的不如意，似乎自己作了错误的选择，每每为未有美满姻缘而伤感。其实婚姻生活之中，配偶是否合适犹如脚穿鞋子，什么感觉只有自己知道。

我和你爸爸相识相爱在一个特殊的年代，那就是“文革”期间，当时我的父母、姐姐都相继病倒，我们的爱情生活就是在为老人看病、拿药，以及为生活、为工作读书忙碌之中度过，也许应了“平平淡淡才是真”这句话。因为有了你，我们的生活才变得充实，变得有希望。人云，“孩子是爱情的结晶”，说的就是这个道理。

我和你爸爸对爱的观念还比较开明，但是恋爱和婚姻是不同的。尤其是我想和你谈的，是关于一个人对婚姻的选择，这往往是一种人生观、幸福观的体现。人不能选择自己的父母，却可以选择自己的爱人，当然我们不要求二十岁的你像五六十岁的我们那么成熟，你在生活中遇到的第一个爱的人并不意味着就是你的终身伴侣。我想现代人的理念已经有所改变，但对人生，对爱的理解，你究竟知道多少，我不清楚，我希望我们能真诚地，犹如朋友一样讨论此类严肃的话题。邓邓，花一点时间，敞开心怀和我们共同探讨探讨，没有父母祝福的婚姻是不幸的。愿上天保佑你。

妈妈

2006年12月20日

宝宝日记（节选）

1983年12月31日

今天开始，邓邓会独自站立了，这个动作是突然的，在此之前，她仅仅会扶着东西行走。独自站立可以说是能独立行走的准备，她仅10个月就学会这个动作，比书上说的要早。

1984年2月1日

现在邓邓很会走路了，但这几天有些感冒，吃东西要吐。经过吃消化合剂、咳嗽药水后有所好转，不过这阵子体重增加不多。

1984年3月2日

最近邓邓成长得很快，体重增加不少，已有24斤了。智力发展也有了飞跃，已懂得不少别人的意思，如指给她看蛋，会讲“蛋蛋”，指面包会叫“包包”。已会喊爸爸、妈妈、外婆、奶奶、大大、妹妹等。

1984年3月4日

今天很不巧，邓邓摔了一大跤，好不容易长出来的四颗牙中的两颗门牙，被摔成了有长短，真是急人，不知会不会长好。这是一个教训，今后人若走开，一定要把她放在小床上——她的安全地带。

1984年3月14日

昨天晚上，我问母亲："现在几点钟？"她回答："8点了。"谁知抱在手上的邓邓听了后，居然也学着讲"8点"。今天开始她指着我的表会讲"8点"，别人问现在几点，她也回答"8点"。从会讲两个重复的字到学会讲两个不同音的字，是一个新的发展。

1984年3月15日

这几天因为下雨，我和邓邓不能出去晒太阳，只好整天待在我们这间小房间里。我们变换着玩具一样样玩：娃娃、塑料杯子、摇马、皮球……玩了一阵子，邓邓就没有兴趣了，没有办法，我们只好玩捉迷藏。突然她发现镜子里面有个小朋友，于是兴趣马上就转到镜子前。多好玩啊，我摇手她也摇，我笑她也笑。这可把我们的小邓邓迷住了，于是她闹着要我打开橱门，因为在她的想象里，这个小朋友一定是被关在大橱里。但橱门打开后什么也没有，她迷惑了。小邓邓，你可知道镜子里的小朋友，是你自己在镜子里面的形象，是因为镜子对光的反射而形成的，这理论对你可是太高深了。

1984年5月16日

近来小邓邓常常不舒服，从4月30日发烧达到39摄氏度后，断断续续一直没有好透。最急人的是吃东西常要吐，吐多数是因咳嗽有痰引起的，吃了广慈医院的消化药，情况有好转。

1984年6月5日

今天啊，外婆带回来了汤普森钢琴谱1—5册，小邓邓很高兴，这五册弹好，就算是一个小小音乐家了。不知她今后会不会对学钢琴有兴趣，不过一个小女孩学点钢琴，增加点修养总是好的。这几天她一直在学说话，特别令人惊奇的是3日那天，她居然能说出“妈妈不在家”这句五个字的话。

1984年6月20日

邓邓自4月30日患感冒后，一直断断续续地流鼻涕、咳嗽，我带她去医院检查了，龙华医院的陆大夫检查下来，认为她不缺钙，囟门已经闭合了。扁桃腺有点发炎，让打几针青霉素和普鲁卡因，打了几天针后，邓邓晚上睡得比较好了，这两天开始吃中药，并打了一种丙种球蛋白，希望都能见效。

1984年6月22日

最近邓邓身体好些了，天热了穿小裙子，露出小手和手臂，小腿还有点胖，挺好玩的。这一段时间她的智力发展得很快，已经能够说好多句子了，只要你叫她讲，她都能一一学着说。上星期六，我和自强带她去静安公园玩滑滑梯、跷跷板，骑电马，她都不敢，看来今后应该多带她去公园玩玩，锻炼锻炼，培养她的胆量。

1984年7月28日

很长时间没有做记录了，最近有如下一些情况。

去年夏天邓邓没有生痱子，可今年生得好厉害，因为天特别热，再加上她特别好动，片刻不停，另外可能与本身的体质有关。后一阶段，给她吃了一点六神丸，一天两粒，四五天停一下，同时又给她尝试吃金银花露、菊花晶，以求好转。

这一阶段表达能力提高得很快，已经能够讲“妈妈买冰激凌给毛毛吃”如此之类较复杂的长句子，基本上大人教她讲话，她都能够学着讲。

这几天特别热，我每天给她洗几次澡，她很喜欢在浴缸里面玩水，用一个杯子，把水倒进一个空的塑料小面盆里，再倒掉，一玩就是一个来小时，不肯出来，最后只能用她喜欢吃的山楂片哄着才能把她拖出来。

近一个时期邓邓顽皮得很，甚至比男孩子还厉害，常欺负比她大的晨晨、小多多（闸北的）。邓邓很任性，一不满足她就大哭大闹，大人吃饭她总要上桌来乱弄一通，有时淘气得把手都伸进我们喝的汤里面去。

她很喜欢看书，特别是稍带一些故事情节的书，而对看图识字之类的兴趣不大。教她几遍后，她便能说出书中的物名及简单的情节。

最近的睡觉时间是晚上9点到第二天早晨7点多，下午1点到4点，一般一天13个小时多，体重23斤（7月24日称）。

1984年8月10日

前几天给邓邓买了一盒蜡笔，她便兴致勃勃地画了起来。

开始只能横七竖八地乱涂，现在能画画了，同时也知道要画在报纸上（我拿旧报纸给她画）。也知道钢笔是爸爸妈妈用的，蜡笔是她的。上星期天又给她买了一个玩具电话和一套智力积木，现在她每天的活动就是用蜡笔画画，打电话，要大人讲故事，搭积木，用勺喂洋娃娃吃饭等。

1984年8月11日

今天我问邓邓，妈妈好不好？她说妈妈好。又问爸爸好不好？她说爸爸好。这时又问她：妈妈爸爸谁好？她笑着不回答。逼得紧了，她便说不知道，或不讲。

1984年8月12日

今天称重24斤，又给邓邓买了《娃娃的书（第七辑）》，包括《玲玲在家里》《玲玲在托儿所》《玲玲在公园》《玲玲做小客人》四册，这套书是适合2—3岁小朋友的，另外买了两盒看图识字卡片。

1984年8月14日

经过几天的训练，邓邓在理解、表达能力上有了新的发展，玲玲的四套书已能很好地理解复述了。例如，看着玲玲做小客人，已能作如下对话：

——玲玲到哪里去？

——做小客人去。

——玲玲干什么了？

——敲敲门。（边做敲门的动作）

——阿姨出来了，玲玲讲什么？

——阿姨好。

——阿姨和妈妈干啥？

——讲话。

——玲玲干啥？

——看书书。

——桌上有啥？

——桌上有糖糖，玲玲不拿。

——书架里有啥？

——书架里有娃娃、皮球、书，玲玲不拿。

——妈妈领玲玲到什么地方去？

——回屋屋，跟阿姨拜拜。

识字卡片已能说出50张左右（指一次讲对的）。从昨天开始，已经能够识别红色。她能从各种颜色的几张卡片中指出红色的那一张。

至今邓邓已经学习了以下书籍：

1.《宝宝乖》八册：《睡觉了》《起床了》《玩好了》《大家玩》《洗澡》《新玩具》《穿衣》《吃饭》。
2.《娃娃的书（第一辑）》四册：《小猫在哪里》《胖胖的帽子》《面包是谁咬的》《小猪变干净了》。
3.《娃娃的书（第七辑）》四册：《玲玲在家里》《玲玲在托儿所》《玲玲在公园》《玲玲做小客人》。
4.《幼儿童话》六册：《雪狮子》《暖暖洗澡》《北风爷爷与小娃娃》《亮晶晶的泡泡》《鼻子和尾巴》《新雨衣》。
5.《学一学》：《1 眼耳嘴鼻手脚》《2 水的用处多》《3 这是什么天气？》。
6.《好宝宝》：《1 宝宝在家里》《2 宝宝在幼儿园》。
7.《看看认认·动物》。

1984年8月15日

邓邓今天开始有大小的概念了。我给她大小不同的勺与碗，她都能指出哪个大哪个小，几次试验均如此。

1984年8月16日

今天带邓邓去自由市场逛了一圈。让她见见活的鸡、鸭等，增加其感性认识，后又去买了邓邓喜欢吃的红肠，并买了一套宝宝看的书。

1984年8月19日

今天买了一套《好宝宝》，第三、四册。

1984年8月22日

今天我们一起带邓邓去西郊公园看动物，8：15出发，一直到11：30回家。我们看了金鱼、长颈鹿、大象、猴子、老虎、狮子、斑马、狗熊等，回来后下午睡了四个小时。

1984年8月23日

今天邓邓有几件事情很有趣。

1. 早晨邻居家的孩子问她："你姓什么？"她回答："黄圣依。"平时我们在家都不叫她黄圣依，而称作"毛毛人"，最近叫邓邓，只有外面的人偶然叫她黄圣依，不知她怎么记得的。
2. 上午到二楼亭子间玩。有个小孩拿邓邓的鞋子。她对他说，鞋子脏，不要拿。

3. 我让她小便，她说“小便过了”，同时把尿盆盖好，嘴上说“盖头盖好了”，一边把高脚痰盂往床底下推。

1984年8月28日

邓邓从24日起病了，因为她最近身体一直很好，胃口不错，所以我们也比较大意。24日下午发烧38.4摄氏度，去天平路地段医院诊治，打了退烧针，服了小儿阿司匹林、大柴胡，但到晚上烧还未退，反而高达39.4摄氏度，我们连夜去了瑞金医院看急症。诊断下来，还是感冒，继续服药打针。谁知第二天问题竟出在嘴上，出现了几处溃疡，她疼痛难熬，不能吃喝，真把人急死。晚上睡不好，只好抱着，经擦金霉素甘油、锡类散，情况稍好。据医生说这是疱疹病毒引起的。

因为这两天不吃不喝邓邓明显地瘦了。到今天总算警报解除，上午吃了小半碗稀饭，中午吃了一个鸡蛋。

1984年9月16日

最近邓邓进步很大，说话能力提高很快。基本上所有的话都能讲，更值得注意的是能联想，如果你说关窗，她会反应是因为风大才要关窗，还能够讲清楚“good morning”“goodbye”“see you later”等英语句子。这两天的进展是会叫大小便，能从镜子里面认识自己，等等。

1984年10月20日

前些日子小邓邓睡觉极不安宁，晚上甚至会坐起来，站起来，无方向地再倒下去，这样一来为了不让她冻着，我们只能一晚上起来几十次给她盖被子。后来带她去看了中医，医生认为这是脾胃不和，服了五天药，这几天好了不少。现在她的智力又有进步，已经能认识颜色，如白、红、绿等，有大小的概念，胆子也大些了。我带她去静安公园，她敢坐跷跷板、玩滑滑梯等，只是还不敢骑电马。

1985年1月22日

这两个月，我们一直住在闸北，两个月没记录宝宝日记了，而这两个月邓邓的智力发展很快，不但能够讲比较复杂的话（基本的表达她都可以），还能用普通话背诵儿歌，如：小白兔蹦蹦跳，跳到草地吃青草。能唱儿歌，如《好妈妈》《小兔乖乖》《我是好宝宝》等，特别是《好妈妈》这首，歌词比较复杂，像“辛苦”之类的词语比较抽象，她也能记牢。还有她已经学会自己叫大小便，总之这两个月智力进步大，但体重增加不多。

1985年1月27日

我、妈妈、邓邓是22日从闸北回来的，第二天我就带邓邓去卫生站，吃预防小儿麻痹症的糖丸。一方面可能糖丸吃得多了，另一方面有些感冒，因此就导致小邓邓大病了一场。这病实在厉害，发烧高达40.5摄氏度，连续好几天都不退，真是吓人，这给我们一个教训，小孩的身体一定要当心。

1985年3月25日

两个月没有记日记了，小邓邓已经两岁多了，从上星期三也就是20日开始，我们送邓邓去弄堂的新苗托儿所。老师起先有些顾虑，认为邓邓可能比较娇气，事实证明邓邓的适应能力还是比较强的。我希望她去托儿所能像断奶那样很自然，所以打算3月份每天送两个小时，早晨8∶30送去，10∶30接回来，给她一个适应的过程，熟悉托儿所的环境，这几天实践下来看来问题不大。

最近邓邓的智力又有提高，能够认识颜色，数1到10的数字，特别对一个人、两个人已经能够区分。

看来她画画还有些天赋，能画出人的脸，知道先画圆作脸，画两只眼睛，眼睛下面画鼻子，嘴巴两旁是耳朵，还知道老公公有胡子，胡子在嘴下，有皱纹在脸上。这星期天我给她买了几本书，包括一些给小孩子画画涂涂的书，希望她能够感兴趣。同时还买了益智积木，但看来这些积木比较难，要过一阵子才会玩。

1986年1月1日

今天天晴，是元旦，又开始新的一年，小邓邓也长大了一岁，我决心坚持写宝宝日记。幼儿教育书上说，4—6岁是幼儿语言、行为发展的飞跃阶段，所以这一年将是至关重要的。

我们今天带邓邓去黄家过元旦，她很兴奋，特别是晚上她和晨晨玩，疯得要命，头发都玩湿了。小邓邓现在的理解能力和语言能力都很强，看来有发展潜力，因此在这新的一年中一定要加紧让她学会点东西。打算每天坚持：

1. 进行户外活动。

2. 进行一定时间的音乐熏陶。

3. 画点画。

4. 教读《365儿歌》。

5. 讲一则故事。

希望能够持之以恒。

1986年1月2日

今天星期四，天气很好。这几天我和邓邓每天都读新儿歌，邓邓记忆力很强，基本上每天都能背诵一首。我是用普通话教她的，希望能对她说普通话有帮助。

晚上姨夫小陈来，邓邓别出心裁地给她的四个娃娃分别盖上被子（手帕），让它们躺在沙发上，给四个娃娃各取了名字——青青、珠珠、玲玲、小妹妹，她自己也盖上报纸，像四个娃娃一样躺着，逗得我们大家都笑了。

1986年1月3日

今天晚上邓邓睡得不好，哭醒了好几次，这种情况十天总有一两次。不知是什么原因，想去请教一下医生。

1986年1月10日

大家都说过了三岁，小孩就容易带了，正当我得意她最近长得挺好时，8日晚上我读书回来，她又发烧了，尽管热度不高，只有37.5摄氏度。自强就给她服了阿司匹林，热度虽然一直压着，但人肯定不舒服，一直吵。从昨晚开始好了，人又精神了，又开始闹了，叫了。看来我们平时的照料，还得小心才是。

1986年2月7日

今天晴，是农历小年夜，是小邓邓三周岁的生日，从昨

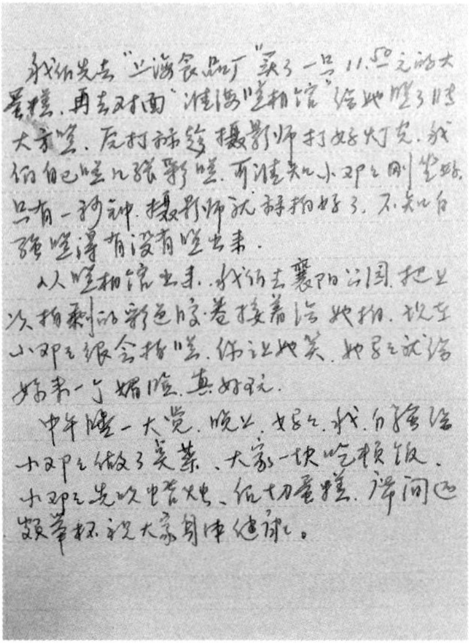
我们先去"上海食品厂"买了一只11.50元的大蛋糕，再去对面"淮海照相馆"给她照了张大方照，原打算趁摄影师打好灯光，我们自己照几张彩照，可谁知小邓邓刚坐好只有一秒钟，摄影师就拍好了，不知自强有没有照出来。
从照相馆出来，我们去襄阳公园，把上次拍剩的彩色胶卷接着给她拍，我发现小邓邓很会拍照，你让她笑，她马上就给你来一个媚脸，真好玩。
中午睡一大觉，晚上，奶奶、我、自强给小邓邓做了菜菜，大家一块吃顿饭。小邓邓先吹蜡烛、后切蛋糕，席间还频频举杯祝大家身体健康。

传理日记手稿

天起她就不停地说，我要过生日，要买一只蛋糕，要吹蜡烛。今天一早起来，梳洗完毕，吃完早饭，我、自强就带着她出去了。她穿上了红色滑雪衫，奶奶新做的蓝裤子，很精神。

我们先去上海食品厂买了一只11.50元的大蛋糕，再去对面"淮海照相馆"给她照了张大方照。原打算趁摄影师打好灯光，我们自己也照几张彩照，可谁知小邓邓刚坐好只有一秒钟，摄影师就拍好了，不知自强有没有照出来。

从照相馆出来，我们去襄阳公园，用上次拍剩的彩色胶卷接着给她拍。现在小邓邓很会拍照，你让她笑，她马上就给你来一个媚眼，真好玩。

中午睡一大觉，晚上妈妈、我、自强给小邓邓做了点菜，大家一块吃顿饭。小邓邓先吹蜡烛，后切蛋糕，席间还频频举杯祝大家身体健康。

1986年2月9日

今天是大年初一，我们应自强乡下雪珍阿姨的邀请，去黄楼乡下吃喜酒。在路上，我给小邓邓称了一下，穿衣服重30斤，比去年重了6斤。路上我们坐摆渡船，小邓邓是第一次看到黄浦江，第一次坐船，所以很兴奋。路上整整走了三个小时，原来我们以为她一定会睡着，结果她精神十足。下午美美地睡了一觉，晚上和大伯伯的外甥，王义军胖哥哥疯得不得了。夜里住在家龙新房里，床是新的，邓邓睡得特别好，半夜醒来还以为睡在自己家里，问我绿灯怎么没开。

1986年2月12日

昨天来乡下人特别累，但小邓邓却一点没有疲惫之感，年初二那天我们带小邓邓去新娘家运嫁妆，想让邓邓开开眼界。我们坐机船去的，新娘家很阔气，特别是乡下造的房子实在是好，新娘嫁妆价值万元以上，应有尽有。大人忙着搬嫁妆，小邓邓疯得不得了，大笑大唱，在场地上打滚，弄得满身是灰，她自己说，成了灰姑娘。

上午太累了，下午一睡睡到5：30了，开始吃喜酒还不醒，是我叫醒她的。小邓邓很大方，在外面比在家里表现得好，自己吃饭，别人让她唱歌，她就大大方方地唱，表现得很乖，很可爱。

1986年3月3日

春节从乡下回来，邓邓因为咳嗽，脸上发了红疹，看了不少医院，最后诊断为毛细血管脆化。黄黎明、荣慧如都说曾经得过此病，关键是不能让她咳嗽。

1986年3月15日

昨天开始，邓邓又发烧了，38.5摄氏度。去天平地段医院，张医生认为还是感冒，给服先锋霉素、蛇胆川贝散、咳嗽药再加阿司匹林，谁知到下午体温又升到39摄氏度，我只得又抱着她去手工业局职工医院，打了一支退烧针，总算没有再升温。可能因为她不舒服，晚上睡得很不好，不停地翻身，搞得大家都睡不好觉。

1986年3月16日

今天邓邓不去幼儿园，在家和我一块儿玩积木。现在她已经能够按图纸搭积木了，她自己为此很高兴，居然还问我："昨天你看电视看见毕加索了吗？"我问她："你知道毕加索是谁？"她说："在电视里看见过他。"这孩子智力不错，但看来身体不太好。

1986年4月23日

今天邓邓、她爸爸和我三人去西郊公园春游，上午9:30出发，下午3:30左右回到家，邓邓显得很精神，下午仅在回来的车上睡了不到半小时，回家后也不知疲倦。今天看了天鹅、孔雀、大灰狼、老虎、大象，可惜长颈鹿、猴子没看，因为我太累了，公园里没借到车，所以一直是我抱着她。

1986年7月25日

很久没记日记了，这三个月里补以下一些情况。

1. 邓邓爱美的表现很强烈。一是穿衣服爱挑，主意很大，天热了爱穿裙子。另一是喜欢别人说她美。有外人见了她，说她像外国人，说她好看，所以她见到人就说，人家都说我像外国人。

2. 对画画又重新热爱起来，有时早晨起来便要画，一天达两个小时左右，已能画树、花、鱼、房子、鸟、电风扇、人，等等，画得不错，也有颜色的概念。
3. 喜欢跳舞，看到电视里面的舞蹈动作后，常好模仿，更多的是自己自由发挥，动作很美，且很认真，如同表演一般。有迪斯科动作，有芭蕾舞动作，有体操动作等，会将这些动作融合在一起，有时连续表演二十来分钟，能使看的人甚感有味。
4. 7月21日钢琴厂的许师傅来修琴了，以后邓邓每天又多了一样弹琴的内容，不过她尚处于好奇阶段，目前会边唱边弹中央区的哆来咪发嗦啦西哆。
5. 最近一个时期不喜欢上托儿所，主要是觉得托儿所无聊。这孩子好动，好模仿，接受能力很强，但任性，常自以为是。有时好“疯”，特别是人多时，总的看来有“娇”“骄”二气的苗头。
6. 最近午睡醒来、早晨醒来就要找我，见我不在便哭闹，这方面不如以前，有倒退。
7. 由于之前有几次大便困难时我给她讲了狐狸吃葡萄的故事，以后便形成了条件反射，大便特别困难时常要我讲这个故事，而且也确实起到了一点作用。

8. 这几个月喜欢喝橘子水，常常一天两三瓶，自从天热以后，一天一根大雪糕，奇怪的是冰砖却不要吃。
9. 这三个月中有一次咽喉溃疡，连续好几天吃东西疼，后喷锡类散才好，体重一直是28斤，没有再增加过，但最近胃口尚可，只是吃饭时常喜欢喝汤、喝开水。
10. 很喜欢香菇，另外还有榨菜、鱼肉、虾也喜欢，红肠已不如以前那么爱吃。总的来说，蔬菜吃得较少，豇豆、冬瓜尚可。
11. 最近讲故事、学儿歌有些放松，前段时间喜欢到下面弄堂里与其他孩子玩，近来一方面天热，另一方面主要是喜欢画画，以及弹钢琴、看电视，已不怎么下去了。

1986年9月3日

邓邓学任何事情都没常性，而且喜欢自由发挥，学唱歌，正式的歌不好好学，就喜欢自己瞎唱，调子自己乱来，歌词也没有什么规律，别人听不懂，自己却唱得津津有味。弹钢琴、画画、跳舞也是如此，真不知道这种情况是好还是坏。

目前对孩子的教育有点吃力，好像没有什么好方法，颇有束手无策之感。画画深入不下去，给她买了水彩，电视里也在教，但总是乱涂。弹钢琴坐不住，认字、背唐诗、唱歌也是如此，不肯好好学，缺乏方法。

9月1日起上大班，中午也睡在那里，这两天不适应，总表示不愿去，但我坚持要她去，不能让步。

1986年10月22日

最近邓邓全托在托儿所，生活比较习惯了，吃、睡都好，明显比小的时候好带了。今天带她去淮海路称了一下，终于体重达到了30斤，原来一直徘徊在26—28斤。据老师反映，她在托儿所里上课认真，好胜心强，胆子很大，居然有顶撞老师的行为。

1986年11月27日

最近有以下几件事情：

1. 有一天晚上快睡觉时，邓邓要我抱她去他爸爸的床上（她睡在亭子间里），在床上突然诗兴大发，即兴作诗起来，什么“大海是我母亲”“海水哗啦啦地流”，等等，说了半个小时左右，我们马上给她录音录下来。
2. 邓邓早晨起来喜欢吃泡饭，而榨菜是必备的。
3. 晨晨学电子琴学得很认真，可邓邓一直不好好学，以前弹了《宝宝要睡觉》等几首，现在基本上不学了，我们准备等到幼儿园时再说了。

4. 最近与邓邓商量事情时，她总要和我们勾小指头，同时唱“金钩钩、银钩钩，小指头勾一勾，我们是好朋友，说话要算数”，可能是从托儿所里学来的。
5. 近来画画的劲头也小了，总喜欢翻抽屉，摆弄瓶子及杂物，烧饭做菜的劲头仍很足。
6. 这几个月身体尚好，没有感冒生病，但还是时常咳嗽，也不知道是什么原因。
7. 牛奶总是不愿好好喝，要哄才行，但吃药很起劲，特别是一咳嗽就自己去吃川贝粉等，吵着要吃药。
8. 半年来有一个坏习惯，喜欢脱鞋，尽管天已经冷了，但仍然是这样。
9. 10月22日所记的顶撞老师的事情是这样的，白天邓邓与班上另一个小孩违反纪律，但老师在班上仅批评了她。让她站起来，她就嚷嚷，“老师坏，老师坏”。事后了解到，另一个小孩的一个亲戚也在托儿所工作，邓邓认为两人都一样，为什么只说她，她感到委屈。事后我们批评了她对老师不礼貌的行为，第二天她由我陪着，向老师道了歉。

1987年4月15日

小邓邓现在长大了，也皮了，整天想与弄堂里的小朋友玩。今天在托儿所，她的右手腕骨折了，据说是被托儿所最淘气的小朋友推了一跤骨折的。手上了石膏，小邓邓要吃苦了，但对她也是个教训，她实在是太淘气了。

1987年7月2日

自骨折以后邓邓便一直没有弹琴，图也少画了，整天喜欢到弄堂里与小朋友玩。常对我讲，喜欢有一个小弟弟。上厕所时，不许大人在里边，要把门关上，一个人在厕所里，上完了再叫人进去。不让在里边多放手纸，一多放她就拿出来，放在柜子下面，常常如此。

1987年7月7日

今天邓邓从托儿所回来说，有一个小朋友把一粒纽扣吞到肚子里了。晚上她一个人在大柜镜子前玩，把一粒圆圆的塑料物塞进了自己的鼻孔。我事先一点也不知道。过后她着急地告诉我，东西在鼻子里挖不出来了。我一听又急又气，急忙与她爸爸一起送她到附近的眼耳鼻喉科医院看急诊。医生讲东西在里面有点深了，估计她一着急，想自己挖出来，结果越挖越进去。最后医生用小手术才解决了问题。

1988年2月12日

小邓邓已经五岁了，今天我们去买了一个核桃蛋糕，并且买了富士彩色胶卷，简单地庆祝一下生日。邓邓现在越来越调皮了，真是让人发愁，而且身上的缺点也越来越明显，大致有以下几点：

不虚心，无论学什么，大人还没讲，她就说知道了知道了，不求甚解。

无长性，什么东西只能坚持一会，见异思迁，很突出。

不爱卫生，洗脸、洗手、刷牙都很费大人精力；玩具、书用后不收好，乱扔一地。

经常骑在爸爸、外婆身上，经常要求父母做这做那，但对父母的要求却不理睬。

不懂得体贴大人，一天中使人烦恼、生气的时间占绝大部分，有时真想送她去全托。

1988年6月1日

这两天邓邓真是过节了，5月31日，幼儿园组织去金山石化厂，我也去了。幼儿园6点集合，我们5点起来准备东西。可惜这一天出发后不久便开始下雨，直至我们回家还在下，但小邓邓还是玩得很高兴。6月1日上午，我带她出席了报社组织的“欢乐时刻”联欢会，回来得了个“时装模特儿”奖的奖品。

这一阵子，小邓邓得了不少礼物，她叔叔邮来了10澳元，我给了她小潘送的储蓄电话、珠宝盒和葫芦兄弟书，她奶奶给了她一盒鸡胚宝宝素，大妈妈给了蛋糕、画笔，幼儿园给了小飞机和许多吃的东西。

1988年6月3日

这两天我去江阴出差，由邓邓爸爸带她睡觉，听说还算顺利。

邓邓已从师邵丹一月有余，每星期天从下午4点学到5点多，有一定的进展，已弹完幼儿汤普森第一册，现开始弹汤普森第一册。前一时期学习成绩多为4分，最高为5分，有时还有3分。她很聪明，但有两个缺点，一是一遇到挫折就心烦，二是坐不住，影响了她进步。

1990年11月

很久没记邓邓的活动了，现补记一些如下：

1. 自1989年7月到1990年9月，在市少年宫徐指导的舞蹈队练舞蹈。
2. 1989年在少年宫同时参加舞蹈、绘画、唱歌三个队的活动。

3. 在小学里一直比较调皮，老师常批评、告状，主要是上课讲话，上课不发言，还与同学吵架。
4. 1990年2月起，去徐汇区少年宫跳舞。
5. 1990年9月起，去上海市青少年艺术学校学习水彩画。
6. 1990年10月起，同时又加入电视台小荧星舞蹈二队，参加演出。

1990年11月28日

今天应该交饭钱了，可邓邓事先没说，叶老师让她必须今天交上，她为此下午回来了，但我和她爸爸都不在，她于是向隔壁阿婆借了30元交给叶老师，叶老师知道后都笑了。

1991年6月17日

邓邓小学二年级快结束了，好久没记日记，回忆起来补记一些，以免以后忘了，但记不全。

1. 1989年9月（小学一年级）开始在市少年宫学舞蹈、唱歌和蜡笔画（一年）。
2. 1990年9月改去徐汇区少年宫每周两次学舞蹈，去上海市青少年艺术学校学水彩画。

3. 1991年2月后，市少年宫指导又让邓邓去市里跳舞，每星期去跳一次，去徐汇区少年宫倪指导那里跳两次（星期三下午和星期六上午），星期天下午则去上海市青少年艺术学校学水彩画。这样日程安排得很紧，加上学校布置的作业，邓邓几乎没有玩的时间。

4. 1991年5月29日，邓邓加入少先队。

5. 1991年6月，邓邓恢复学钢琴。

现在邓邓开始比较喜欢学习了，爱看书了，自强买的《小学生十万个为什么》邓邓也挺爱看，晚上还考我，问我：你知道什么是"庞贝城"吗？"乌青块是怎么来的？"等等。

现在水彩画也画得不错，已学会静物水彩画写生，如能坚持几年，必有成效。

光阴似箭，我从我母亲的女儿变成了孩子们的妈妈，我常常会想起儿时的点点滴滴，想起母亲对我的悉心教导，我也常常从中得到启迪。

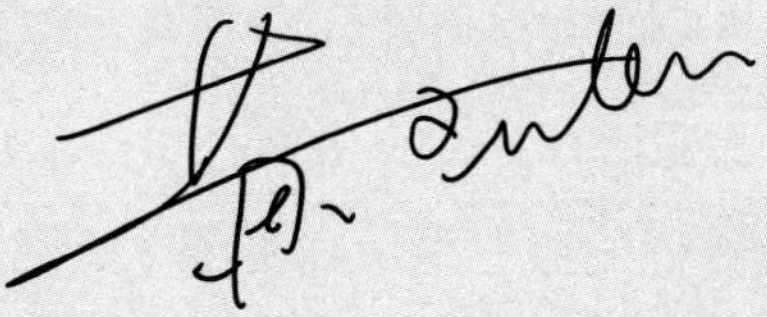

面对新的挑战

经过紧张的初三学习，终于要中考了，去哪个学校成了每个人最重要，也是最纠结的事情。我打算继续留在徐汇中学，分数上进入徐汇中学应该不成问题，学校对我比较了解，也很肯定我的文艺特长，留在徐汇中学应该不会差。此时我的大部分跟我成绩差不多的好朋友，像金剑云、虞雅茜等也都想留在徐汇中学，还有一些就想去职高技校，这样未来出路更直接。

有一天妈妈突然谈起我报考中学的事情，提议我考虑交大附中，我听后很吃惊，这个事情我想都没有想过，因为交大附中的录取分数线要比徐汇中学高不少。她说她认识交大附中的校长，了解到目前的一些中考情况，让我可以试一下。尽管我在初三时学习比较认真了，成绩也有提高，一直在班级十名之内，但毕竟交大附中是重点中学，我没有什么把握。可妈妈对我说，“你不用太担心，只要自己尽力就行，这段时间再强化一下，过交大附中的录取线应该不成问题，不行再回过头来”，于是我就全力以赴地向新目标进发了。

等到发榜时，我发现自己这次考得还真不错，可以说是超常发挥，关键是我平时最差的、常拖后腿的语文考得比较好，这样就把总的分数提上去了。

我考上了交大附中，面对的是一个与我以往的学习、生活完全不一样的环境，我不能再像初中时那样读读书、跳跳舞，颇为轻松了。周围的同学也不像我以前的同学，他们个个都是原来学校里的尖子生，读书认真刻苦，目标都是清华北大。交大附中是住宿制的生活，要与来自不同家庭、不同性格、不同生活习惯的同学朝夕相处三年，平时不能像在徐汇中学时那样，可以独来独往，随心所欲，课后逛逛商店、吃吃零食了。

面对新的高中生活，我曾在心里问自己，我行吗？然而既然已有了新的生活，有了新的挑战，那我就必须自信地面对，坚定地走下去，一直达到自己的目标。

交大附中的学习生活

进入交大附中对我来说是翻开了人生新的一页，本来想刚刚经历过紧张的初三，高一开始的生活应该是比较轻松的，像是弹簧一样，一紧一松，没有想到高一上课的第一天就给我来了个下马威。我们学校是住校的，第一晚夜自习，全班没有一个人在休息或闲聊，全都在做习题、读书，弄得我都不好意思把之前准备好的课外休闲读物拿出来。

这样的情景就是我高中生活的一个缩影，后来应急灯、手电筒成为夜自习后的必备用品，我手臂上至今还有一个烫伤的印子，就是那个时候晚上熄灯后趴在应急灯上睡着后留下的伤痕。我们那时常常是六个女生比赛谁睡得晚，好像早睡就是吃了什么大亏似的。我也总是熬到有第一个人睡了，才好意思去睡觉。洗手间是24小时有电灯的，有的同学在熄灯后就留在厕所里面看书。现在想想，在能源和时间如此有限的条件下，还能够认真读书可真是不易，当然，这不是学校鼓励，也不是学校推崇的，而是同学们自发形成的一种习惯，也是只有身处交大附中那种生活节奏下的同学才会有的自律行为。

晚上的生活是这样，早晨亦是如此，为了节约时间，同学们都放弃排队买早饭，因为那要等很久，一般都要半个小时，大家就用教室里的热的桶水冲泡面或者去小卖部买上一两块煎炸肉饼当早餐，这样就能省下很多时间做习题了。

高中三年紧张的生活状态终于在我考进电影学院的那一刻被打破了。大家都很惊讶，在这样一个九个理科班一个文科班的学校里面，选择艺术类专业的人少之又少，我们那一年，我也成为考完试拿到录取通知书后，唯一可以在自习课拿出当日报纸来看的人，轻松得让所有人羡慕。这种感觉不亚于现在拿到了一个含金量很高的奖项，在台上致感谢辞后被众人行注目礼的感觉。后来我被老师们告知，我是第一个从交大附中考到文艺表演类全国三甲学校的学生，再后来这样的学生才慢慢多了起来。

电影学院的日子里

考进电影学院对我来说，是一个非常意外的惊喜，按照我原来的规划，我应该是进一个传统的大学，奔着世界五百强的金领目标去的。高三时一次偶然的机会，我一个同学看到报纸夹缝中有北京电影学院招生的信息，就问我要不要去试一下，因为大家都知道我喜欢唱歌跳舞，觉得蛮适合的。没想到就是这样一次提议，让我跨进了人生转折点，去了北京这个离上海很远的城市。妈妈是不同意我去北影的，可是我先斩后奏，她也不得不同意了。第一天送我去学校报到，看着我在八楼的宿舍，夏天没有空调，热水要从一楼爬楼梯打上去，她说：“你自己好好的，以后这就是你生活的地方了，我们也离你很远，你自己照顾好自己。”我开始意识到，我以后要开始真正的独立生活了，一种全新的生活在等待我。

我其实很理解妈妈对我的担心。她怕我在外面受欺负，但我长大了，终究要离开的，生活中遇到的事情，也终究要自己去解决。从那一刻起，我真正成为一个独立的人。后来不管是在生活上还是工作上遇到各种问题，我也都是自己咬着牙坚持下来。因为我总觉得，这个选择是自己作的，我不能在妈妈面前丢脸，更不能让他们感到失望。在大一的时候，为了弥补自己文化课上的不足，我在专业学习之余到中国人民大学去报考了英语四级考试，每个周末骑自行车去人大上课，希望能够在电影学院的课程之外，还能再学些东西给自己增添一点优势，未来也更有竞争力。

我的脑海中总有一个念头，就是终会有一天，妈妈会为我今天的选择而自豪，我也会带着自己的成绩荣归故里。

我人生的前十八年都是在上海度过的，后十八年的开启就是在这儿了……

儿时的启迪

小的时候，印象最深刻的，是我爸爸帮我扎漂亮的盘头，骑着自行车带我去少年宫学跳舞的情景。我记得爸爸在家里用发蜡把我的头发梳得一丝不乱，紧紧盘好，再用发套包在头顶，用许多小头夹固定好。我身上穿着漂亮的粉红色紧身练功服，自信而挺拔。

那时候我曾有一段时间经常去演出，和现在的情况颇为相似。随小荧星艺术团到上海电视台演出，需要父母日送夜接，吃的是盒饭，结束也没有个准点，常常弄到后半夜。那段时间真是累坏了爸爸妈妈，他们一边忙工作，一边还要照料我。除了舞蹈，我同时还参加其他兴趣活动。唱歌、钢琴、绘画、花样游泳，一个我都没有拉下，那个年代，像我父母那样付出如此多的心力培养孩子的家长确实是很少见的。

现在我已为人母，面对孩子的教育也喜欢广撒网，然后再在孩子感兴趣的或者擅长的项目上花精力培养。看着孩子排得满满的课程表，我有时也觉得似乎有点残忍，但是我总觉得在未来的某一天，他们也许会感谢我。时间流逝得太快，孩子一晃就大了，孩童时学到的东西便是学到手了。儿童要比成年人更容易养成习惯，学东西也快，当然父母要为此付出更多的精力和时间。

我小时候的各种才艺培训，最早放弃的是钢琴。那时候一上钢琴课，我就坐不住，妈妈会拿着一把尺坐在我旁边，而我总会找出各种理由休息，一会儿上厕所，一会儿又说饿了要吃东西。弄堂里一有小朋友叫我，我就会趁机溜走，反正总是变着法子偷懒。后来在幼儿园发生意外，我的手臂骨折了，我就趁几个月的养伤把琴给停了。妈妈为此事一直很不开心，但我却不以为然。

多年后，我很是后悔，要是那时能坚持下来，自己或许也可以随时弹奏一曲。在我看来，女生弹琴显得那么有气质，那么高雅，以至于在录节目的时候，现学的我都会情不自禁地想展示一曲。所以现在我觉得，应该学的东西当孩子拒绝时不要轻易放弃，孩子的心智还没有成熟，许多事情仅凭一时的感觉，从被动学到主动学需要家长的引导和耐心陪伴，也许再坚持一下便是成功。

光阴似箭，我从我母亲的女儿变成了孩子们的妈妈，我常常会想起儿时的点点滴滴，想起母亲对我的悉心教导，我也常常从中得到启迪。

邓邓日记（节选）

1995年9月15日

今天妈妈对我说，我现在是初中生了，应该由我自己来写日记了，她不再记了。让我弄一个本子，记一下主要的事情。

有什么想法，可以随时记下来，也不用天天记。将来自己回过头来看看挺好的。所以从今天开始，我就要记日记了。

1996年1月17日

最近我得了一次肠胃炎，医生还怀疑我得了肝炎，把我吓了一跳，还好不是。去医院吊了一瓶盐水，还打了针。马上就要考试了，我很紧张，真希望考得好一些。我有一个好朋友叫金剑云，她不论是性格、成绩还是身高都与我差不多，所以成了我最好的伙伴，最有趣的是，我和她血压也一样。

最近晨晨也来上海玩，她是1991年前后去的澳洲，算算也有五年多了，我和她玩得很开心。一开始有点陌生，毕竟已分开五年多了，可过了一会儿就好了。他们1月29日就要回澳洲了，不过叔叔婶婶说，以后会让姐姐两年来一次上海，真是好极了，过两年我说不定还能和晨晨姐姐用英语对话呢。

1996年2月17日

晨晨姐姐和叔叔婶婶已经回澳洲去了，考试也考完了，可是考得不是很好，只是第12名。过两天就是大年初一了，今年的生日，我是和同学在外面过的，一点也没意思，这也算过了。在写这篇日记时，我正在看电视剧《龙在江湖》。外面还在下雪，房顶上全是雪。窗台上也是雪，用手摸一下，就像平时吃的雪泥，很有趣。

昨天，参加妈妈报社举行的春节联欢会，不太有意思。前几天，就是2月13日星期二，妈妈中了一个二等奖，得到了一辆男式的跑车，还不错，也许妈妈中奖还是靠我呢，因为算命的说我这两天大吉，会中大奖，还果然中了。不知道下次写日记又是几月几日，今天就写到这里了。

1996年2月27日

今天是星期二，开学已经两天了，一开学功课就很多。这个学期我们班转来一个新同学，叫庄艳，她排在我们舞蹈组里。

1996年6月21日

一晃四个月过去了，最近我们量身高，我去年长高很多，体重也重了，现在身高155.2厘米，体重74斤。

我已经进入考试阶段，四门副课考完，分数还可以，380分。主课也考了两门，昨天考语文，不好，今天考的数学还可以，星期一就要考英语了。我英语成绩总是忽上忽下，有点紧张。我们的舞蹈老师换了一个，只上了一节课，我也不太了解她。

快放暑假了，也没什么地方去，就在家里看看电视吧。以前我都和金剑云比成绩，但最近赵老师让我把丁璐作为我的竞争目标，我也觉得这是一个新的挑战。

我现在的同桌换了一个，本来是马婧婧，后来是赵佳，现在是郦田卿。好了以后再写吧。我的日记，see you later。

1996年7月9日

放学时老师找我，说暑假里学校与日本有一个学生交流活动，让我问一下妈妈，能不能安排两个学生住到我家，两三天时间。我回来跟妈妈讲了这个事情，她说可以的，她会跟学校联系。

1996年7月17日

考试成绩已经出来了，考得不太好，只有下次努力了。现在已经放暑假了，这个暑假，妈妈让我学会做饭。不过我会经常去爸爸的办公室，那里的厨房设备比较齐全。

说来也怪，暑假里我和谢晓莹还不错，经常一起去看电影，还经常串门，总之一句话，放暑假总比读书高兴。

1996年7月28日

昨天，日本的两个小朋友来我家了，一起来的还有一个会日语的学校女老师。因为爸爸妈妈都不懂日语，开始大家有点尴尬，后来妈妈请来的孔明珠阿姨的丈夫来了，这位叔叔在日本待了好多年，日语讲得很好，他来了气氛就活跃多了。

晚上妈妈烧了很多菜，我也烧了一个番茄炒鸡蛋，后来孔明珠阿姨也带着女儿来了。大家一起吃了饭，欢迎日本小朋友来做客。

晚上，他们都回去了，我陪日本小朋友睡在一个房间里，家里的大沙发拉起来就成了一个大床，我以前也是这么做的，日本小朋友就睡在沙发床上。反正是夏天，我就打地铺。

昨天太晚了，没有写。今天大家又一起去参观了上海历史博物馆，妈妈事先跟里面的人联系好了，有人专门给我们讲解，我与日本小朋友，还有孔明珠阿姨的女儿一起在里面照了相。这两天很开心。

1996年8月28日

暑假快结束了，新学期又要开始了。这个暑假好像很短，开学我就要读初二了，这是关键的一年，我感到有些压力。

最近妈妈给我请了一个舞蹈老师，教我跳舞，跳一个傣族舞蹈。老师说舞蹈要用的竹帽只有云南才有，已托人去云南买，这样舞蹈排练就拖后了。

暑假里，朱艺告诉我，她今年12月份要去澳大利亚，我会舍不得她走，因为我们几个好朋友又要少一个了。暑假里可以说我一直住在爸爸的办公室里，那里很舒服，地方也大。

1996年9月29日

今天我放假在家，国庆节休息四天，今天是第一天。我回到上海新村，与外婆在一起。

10月1日很高兴，但是作业却很多，还要写一篇作文，最近我们舞蹈老师换了一个，是舞蹈学校来的内蒙古的老师，听说还是一流的。

开学后的第一次语数英考试还不错，英语拿了全班第三，数学是第五，就是语文差了些，妈妈给我请了两位南模的家教，10月1日后就要上课了。

1996年11月9日

今天我约了朱艺早上来我家，在她去澳大利亚前，我想把我跳的傣族舞教给她。我爸爸天平路的地方比较大，我们两人把沙发、大餐桌移到边上，中间弄出来一大块地方。用录音机放音乐，跳了很长时间，一遍一遍，跳得很累。我们没有把东西搬回原处，准备明天再来练。

中午我们在附近的肯德基吃了饭。今天过得很开心。

1997年1月29日

已经很久没有写记录了，记得上次还是刚开学，可现在我已放假在家了，现在是17:30，下午我去参加了学校的返校活动，是在武警会堂里看话剧，很没劲，但是能和同学们聚一聚也不错。期终考试只排全班第13名，因此被爸爸妈妈骂了。不过数学和英语不错，数学93，英语92。

我很烦，快初三了，我想努力学习，再用一年的功，可是总是做不到。还有朱艺要走了，这是她在中国最后一个假期，也是最后一段时间了。开学她就要走了，我想我会哭的，因为她真的是我的好朋友。这段时间我和陈洁、吴佩佳特别好，因为我坐在陈洁前面，可开学我们要分开了，因为老师让我们按名次坐，第一名和第二名坐，第三名和第四名坐，以此类推。

还有我现在已经有159厘米了，体重是76斤。我现在的同桌是李峰，是个男生，不过人挺老实的。现在我比较喜欢滑冰，挺有趣的，经常和陈、吴去玩。好了，今天就记到这里了。

1997年2月12日

又过了两个星期，昨天是我的生日。朱艺、陈洁、袁晓婷、吴佩佳四人为我过的生日。是在袁家里过的，她父母非常好客，特别是她妈妈。这个生日开心极了，我们疯极了。我想我们不能再这么高兴地在一起过生日了，明年的这个时候，我们都已经是初三了。父母们也不会让我们再这样玩了，我突然感觉到下学期将充满紧张的气氛。

在写日记前，我刚哭了一阵，因为今天我和朱艺去哈德仕吃饭，吃饭时我们谈了很多。她开学就要走了，我好难过，我想在机场送她时，我一定会哭的。她是我的好朋友，记得刚进中学时，我只认识她一个，回想起过去我们几个好朋友在一起的日子，真是太好了。以后不会有这种机会了，朱艺走了，我们也要初三了，就算过两年朱艺回来看我们，我们也已经初三毕业各奔东西了。不过我想说，朱艺，你永远是我的好朋友。

1997年6月26日

今天考试已结束，成绩也公布了，考得很一般，没有什么特别好。还有最近我们量了身高体重，我1.6米，78斤。刚刚和吴佩佳通了电话，最近我和吴很好，两人无话不谈。曹令先快走了，因为她有喜了，下学期就不教我们了。

7月1日是个大日子，香港回归。这一天我和吴佩佳、陈洁、孙晓清几个人一起去玩，说好高高兴兴地玩个通宵，以后就没机会了，就要认真读书了。还有一个不好的消息，陈洁因成绩不好要转学了。这次数学考试，她只得了11分，把我们几个好朋友吓了一跳，她转学后我们一定会很想念她的。

1998年8月10日

陈洁没有转学，进了模特学校。我已初中毕业了，考进了交大附中，几个好朋友也将各奔东西，吴去了经管学校，金剑云还是留在徐汇中学。

1999年7月17日

现在是高一的暑假，怎么来形容呢？这个暑假似乎让我轻松了不少，在高中的这一年中，真的让我学到了很多，但也失去了很多。我的几位室友各具特点，也都是挺好的人，但怎么说呢，和她们在一起显然跟与吴佩佳她们在一起的感觉不一样，她们显得有点书呆子气。

下星期我要参加一个夏令营，是去四川，这是我第一次参加，有一点兴奋，同行的都是很优秀的学生，有学生会主席、文联会会长等，我很希望通过这次活动，能认识更多的朋友。

上个星期，我和吴佩佳、陈洁去看电影《好孩子》，我玩得很高兴，找回了以前初中时的感觉。昨天我又和金剑云去买衣服，又到书城买书，一天的时间充实而有趣，她还和我讲了很多徐汇中学的事，包括一些老同学的近况，他们的变化还真是不小呢。

1999年7月28日

天蒙蒙亮，我背着随身的行李来到团市委，准备启程远赴西昌。一群同龄人在一起，我们很快便相互认识了，一路上大家有说有笑地。出发前我们先来到东方电视台，参加一次意义特殊的出征仪式。上海市副市长、航天基金会领导等都出席了仪式，为这次不同寻常的活动，更添加了几分光彩。

1999年7月29日

今天是夏令营的第二天。经过一整夜的旅行，每一个人的脸上都不免有些倦意，可大家还是表现得精神抖擞，因为我们将到达一个陌生而又神秘的地方——西昌卫星发射中心。说它陌生，是因为平时的学习涉及航天知识比较少。说它神秘，是因为它让人联想到那浩瀚无边的宇宙。来到这里，谁能不兴奋？怀着这样一份向往的心情，谁能不激动？

窗外那连绵起伏的群山，茂密的灌木，滔滔的江水，扑面而来的清新的空气，都让我感受到一种远离繁华大都市的乡土气息。同学们纷纷拿出了自己的相机，捕捉那美丽壮观的景色。

三／人散后，一钩新月天如水

父母爱情

一

1945年抗日战争终于结束了，大片国土收复，使经历战乱的中国老百姓看到了希望。此时我爸爸三十二岁，他比他姐姐邓季惺先到上海，在中央信托局工作，工作是搞外贸。不知怎的，抗战胜利后，姑妈昔日的老同事、老部下都纷纷向上攀高枝，一时人心涣散。为了让报社在大上海站住脚跟，姑妈想到了爸爸。她让爸爸在上海替她招兵买马，两姐弟又一次开始了合作。

1946年《新民报》上海晚刊创办，晚刊主将是赵超构，其他的主要人员多是爸爸的同学，其中有新闻编辑部主任韩鸣（清华大学），文艺部主任李仲源（大夏大学）及其夫人周光楣（复旦大学），经理部主任高本乐（清华大学）。

作了这些布局后，姑妈又开始了她的北京之行，真正意义上开创了《新民报》五地八版的局面。

姑妈把家安在了南京，那里有她的两个女儿，她最钟爱的儿子吴敬琏留在了上海。吴敬琏进了复旦大学经济系，主修经济专业。南京的《新民报》和上海的近在咫尺，姑妈是想把工作重心再次转移到上海。她的两个女儿都在抗战结束以后从大学毕业，大女儿吴敬瑗也是经济系毕业，其丈夫在南京《新民报》工作，小女儿吴敬瑜毕业于金陵女子大学外语系，其丈夫是塔斯社的记者。

这时候爸爸身兼数职，他自己的本职工作是主管上海棉纱的配额，还要关心刚建立的报社。三十出头的他，正处在一个很关键的时刻，一个男人完成学业后经过了近十年的积累，应该是处于人生的黄金时期。

这个时候，在朋友柳无忌和柳无垢兄妹俩举办的一个舞会上，爸爸认识了一群上海音乐学院的女学生。其中一个小他十五六岁的上海姑娘后来就成了我的妈妈。

在熙熙攘攘、乐曲悠扬的舞厅里，爸爸呷着高脚杯里的酒。在爸爸的视线里，出现了一个身材高挑的女学生，长长的头发随意地梳扎着，身上穿了一件合身的黑色平绒旗袍，脚上是一双黑色的高跟鞋，她的旗袍领口戴了一枚别针，在灯光下亮晶晶地闪烁。

有人给两人作了介绍。妈妈打量了一下眼前的男士，这是一个佩戴着眼镜的青年人，身着一套很普通的西服，乍一望去似乎没有什么特别的地方。

妈妈从中西女中毕业后，外婆就说考音乐学院吧，因为在外婆的心目中，女孩子用不着成为女学究式的人物，选择学钢琴是现今时髦的事情，学音乐的女学生比较容易找到丈夫。妈妈同意了，当时她正在江湾的上海国立音乐专科学校钢琴专业学习。我外公当时是上海四明银行的经理，作为一个银行家的女儿，妈妈很少考虑生活和就业问题。周末到了，音乐学院的学生都喜欢结伴去看电影，或者早早回家。今天有同学来约，说是有一个舞会，大家凑在一起热闹热闹，于是妈妈就来了。

爸爸和妈妈打了招呼，说的是一口流利的国语，让妈妈有点吃惊。随着乐曲响起，爸爸有礼貌地邀请妈妈跳舞。妈妈跳得非常熟练，相较之下爸爸就较为生疏了。在乐曲变换成下一首舞曲时，爸爸和妈妈来到了舞池边，开始了他们的第一次交谈。

爸爸介绍自己是清华大学经济系毕业的，从重庆来上海不久，目前在中央信托局从事外贸工作。

妈妈发觉眼前的这位男士，是一种在她的经历中从来没有碰到过的人。他低沉的嗓音和字正腔圆的国语，是一个上海姑娘从来没有接触过的。他随口就能把你的思路带到他的话题中，他天南海北地讲着，让人惊奇。他怎么会懂得这么多？爸爸给妈妈留下了非常深刻的印象。妈妈身上也有着一种爸爸从未接触过的上海姑娘的贤淑气质，两个有着不同爱好的人愉快地在一种特殊的艺术氛围中交谈。爸爸多年后回忆说，与妈妈相识的那个晚上太美了。

二

第一次见面给双方都留下了很不错的印象，但他们都知道这仅仅是初交，谁都没有太在意第一次见面的结果。

作为一个金融资本家的女儿，妈妈自然不乏追求者，她还很年轻，并不太着急要马上结婚。当时她的同学中倒是有急于嫁人的，像我外婆的一些朋友，家里有年纪大点的女儿儿子，就有希望孩子早点结婚的想法，他们大都认为女孩的恋爱不宜拖得太久。

妈妈还是一如既往地住校读书，她每天努力练琴，还要上声乐课，她会去苏石林班上选修声乐，对艺术歌曲很感兴趣。晚上的时间她还喜欢看看英语小说，翻翻时装杂志。20世纪40年代末的上海，各种外国的东西在上海已经很流行了。

妈妈和爸爸后来又有一次在书店里相遇，这一次妈妈完全被爸爸的魅力所吸引。闲谈之中她发现，无论是知识结构还是人生阅历，自己都不能和爸爸相媲美。只要妈妈谈起任何一本书，爸爸都能对这本书的来龙去脉讲述得清清楚楚，无论是讲中国的，还是讲外国的，它的历史背景，它的人文地理，爸爸都能讲得头头是道。

他们俩在慢慢地靠近，同学们发现妈妈的国语开始变好了，在言谈中多了不少国语词汇，在看书学习上，也变得好学了，一切都在发生着变化。爸爸和妈妈渐渐地相熟，爸爸发现妈妈会有来自家庭的烦恼，喜欢清静，在这一点上和自己挺相似。

爸爸告诉妈妈，他一个人住在富民路的房子里，告诉她自己在北京有过的生活，在重庆的同学和家人。他告诉妈妈当时国民党政府已经通缉了他在南京工作的姐姐，他正在帮助姐姐组建上海的《新民报》，不知道会不会对他有影响。他还告诉妈妈自己很想去留学，自己受导师——著名经济学家陈岱孙的影响很大。

爸爸在清华大学时，积极参与了一二・九运动，并是学生领导者之一。他对此却讲得非常简单，他并没有认为这是自己人生的华彩乐章，只是在大学读书的时候曾经有过的一段经历。

通过交往，他们的年龄差距在缩小，他们在一起读读书，看看电影，对于故事中人物命运的理解有很多相同的地方。他们的兴趣也在接近，妈妈会经常和爸爸一起去看话剧，这个领域是我外婆家人很少涉及的。我外婆家的兄弟姐妹在一起的时候，都是开派对、打麻将，进行群体活动，而妈妈和爸爸在一起的时候，往往是两个人的相聚，这一点让喜欢安静的妈妈非常满意。妈妈的国语很快就非常流利了，这使得我婶婶等同学朋友都很吃惊。妈妈的语言能力其实很强，她年轻的时候学说国语，去香港学说广东话，以及后来学俄语的速度都显示了她驾驭语言的能力。

三

爸爸妈妈结婚了。我的外婆喜欢操持婚礼，使自己的女儿出嫁得非常体面，钱自然从我外公那里出。她尽力为妈妈置办嫁妆，婚礼定在上海国际饭店的二十四层，姑妈为我爸妈的婚礼刊登了一个特大的结婚启事，所以前来参加婚礼的人相当多，有同学，有亲朋好友，也有看热闹吃白食的。因为是上海解放前夕，我姑妈姑爹都已经被列入了国民党的黑名单，所以就没有来。我的爷爷、奶奶和我爷爷最后的一个妻子都来参加了爸爸的婚礼。

爸爸原先不希望在此时成家，但是他偏偏遇到了一个自己十分倾心的、能够和自己同甘共苦的伴侣，于是他选择了结婚。

婚礼以后，应该是蜜月旅行了，爸爸妈妈准备启程去香港。我外婆对政治基本不太了解，上海解放在即，新政权会是一个什么样的情况，她心中没有底，于是作出了一个重大的决策，要妈妈在上海的所有兄弟姊妹都随爸爸妈妈去香港，并考虑让他们都在香港读书，唯独留下了我最小的六舅舅。

反正我外公在香港，现在爸爸妈妈又结婚了，外婆很放心地让她的儿女们离开上海，至于离开后，他们是去香港读书还是去国外，她倒有一点和爸爸妈妈相同的想法——先出去看看。于是爸爸妈妈和姑爹姑妈、阿姨、舅舅以及一大批相熟的文化人一起去了香港。

四

妈妈和爸爸到了香港后，妈妈发现自己怀孕了，因为剧烈的生理反应，她什么都不能吃，吃什么吐什么，加上香港炎热的气候，使得她对于新的生活，产生了一种畏惧的情绪，同时外公对于他们的到来也表现得很淡漠，这使得他们感到非常的失望。

在这个困难的时期，大家都给予了妈妈很大的安慰，尤其是和妈妈感情很深的陈姐更是给予了妈妈无微不至的关怀和照顾。

1950年6月5日，我姐姐在香港圣玛丽医院出生了，她的出生给全家带来了很大的欢乐。她长得很胖，是一个非常乖巧的小女孩，妈妈、二姨、三姨都尽可能地打扮这个漂亮的小女孩。因为她出生在香港，应该有一个英文名，爸爸翻遍了词典未果，最后还是我的三姨提议，就叫《大卫·科波菲尔》中那个最好的人——姨婆的名字Bessy吧。我姐姐的身上寄托了大家对于新生活的向往和追求。

姐姐满月的那天，收到了家里很多朋友送的礼物，其中有一条金项链，是一件非常有象征意义的礼物，项坠是一个小巧的金鸡心，配一把小小的钥匙，意味“开心”。

在此之前很长一段时间里，我妈妈家都没有出生过一个婴儿，大家都在猜测这是一个男孩还是一个女孩。我的爸爸家认为我的端姑姑已经生了一个男孩，我的小姑姑已经生了一个女孩，爸爸是家里的大儿子，应该是生一个儿子了。话是这么说，但在为孩子准备衣服的时候，两个阿姨却不约而同地设计各式各样的女孩衣裙，她们说妈妈一定生女孩无疑。陈姐因为自己从来没有过孩子，所以对于妈妈即将出生的孩子，也给予了极大的关注。

爸爸一直把他的妻子看作他的最爱，在任何艰难岁月中，他都在她的身上得到安慰，对于自己所得到的那份情谊，他倍感珍惜。如今在孩子身上，他同样感受到爱的温暖。他非常喜欢孩子，而且认为应该有两个，他甚至已经为我们起好了中文的名字，他认为最能代表他思想的两个字是“真”和“理”，所以他的孩子应该一个叫传真，一个叫传理。

爸爸妈妈非常珍惜朋友们送给姐姐的礼物，无论价钱多少，对他们来说都是一份珍贵的情谊。在他们开始自己新生活的时候，不可能想到今后会遇到什么，但是爱给他们带来了一个小小的生命，将能帮助他们度过所有的忧伤和困苦。他们希望能给予她一生的幸福，这是我姐姐出生的那一刻我们全家的企盼。

五

那时在香港和妈妈最为亲近的人是陈姐，其实她并不姓陈，而是姓贺，名月香，是一个十分慈祥的人。她和我的外公外婆一样是宁波人，她非常年轻的时候结了婚，但是她的丈夫在一次出海中遇了难，她就一个人离开家乡来到了上海。开始在上海的卷烟厂做工，因为受不了工头的欺负，就来到了我的外婆家，那时我的六舅舅才三四岁。可在后来的日子里，她和我外婆相处得并不融洽，和我妈妈感情却很好，所以我爸爸妈妈结婚以后，她就随他们一起去了香港。

我的亲奶奶，本来要来照顾我的妈妈，但是因为她自己的女儿刚生下了一个女儿，所以就犹豫了，她知道我妈妈年轻，似乎更信任自己娘家人，所以与爸爸沟通后，爸爸就没有坚持让她来，于是照顾妈妈的重任就落在了陈姐身上。陈姐很耐心，也很仔细，但是因为没有生过孩子，所以不知道怀孕会遭受这么多痛苦，但她对于妈妈倒是关心至极。

因为在香港可以买到各式各样品牌的奶粉，妈妈决定不给孩子喂母乳，这样她可以脱开身去找工作，把孩子交给陈姐带。虽然爸爸认为他不需要妈妈去工作养活家人，但是这时候，妈妈似乎受到爸爸朋友圈内的人很大的影响，她认为自己还很年轻，可以边学习边工作。她的这个想法和我二姨的非常接近，她们都不想依靠外公生活，因为每一次去外公那里拿生活费，外公都想尽办法不给或者少给，这使她们的心灵受到很大伤害，而且拿到钱后，我大舅舅他们又不节省，所以她们希望能自食其力。当然她们的这种想法得到了爸爸极大的支持。

虽然中华人民共和国已经成立，但全国真正稳定还需要一段时间，于是爸爸妈妈开始准备找工作了。他们先熟悉并适应当地的生活习惯，希望能早日从家里走出去。爸爸很快找到了工作，香港资本家唐新海要去巴西开拓他的海外市场，极力邀请爸爸同行，但这个时候爸爸犹豫了，一方面，他希望以后能回到上海或者北京工作，另一方面他不愿意留下妈妈和姐姐，离开刚刚熟悉的环境。此外对他影响很大的姑妈也一直在等待回国的时机。

这个时候，爸爸的老朋友陈忠经先生来到香港，他曾是北大一二·九运动的主要负责人，他给徘徊不定的姑妈和爸爸带来了喜讯。他认为新中国的建设需要很多人才，所以希望他们考虑回去。

陈忠经的到来使得爸爸和他的一些朋友受到很大的鼓舞，在香港随便找一个工作不是他们的心愿，与他们原有的理想和抱负似乎相距甚远，现在他们面前又展现出了一条新的道路。

六

1951年我在上海出生，那年爸爸刚从香港回来。他告诉我，如果不是回到上海，他肯定不会再要我这个孩子的。或许是我从小身体就很健康，不像我的姐姐体弱多病，又或许爸爸在我身上寄托了自己的许多希望，反正我自小就特别受到爸爸的宠爱。

记得在我小时候，他总喜欢把我高高地举起来，驮在他的背上，然后左右摇晃，亲昵地叫我的小名；他教我背唐诗宋词，给我讲中外故事；有空的时候会带我去看他喜欢的京剧，会带我去吃他小时候爱吃的冰镇酸梅汤、杏仁豆腐；他让我学钢琴、学绘画。应该讲，我的童年是很幸福的。

爸爸是一个非常有趣的人，他会经常跟我们讲起很多他青年时期以及大学时期的事，生病以后也跟我讲起过他吸烟抽烟斗的过程。

爸爸是1934年以全国第三名的优异成绩考入清华大学法学院经济系的，学号为2637。入学后师从著名的经济学家陈岱孙，在他的指导下爸爸很早就开始阅读政治经济学的原著。

20世纪30年代，大革命的风暴席卷了北平，清华、北大的地下党极为活跃，其中就有中华人民共和国成立后的一大批领导，比如蒋南翔、李昌、彭真、伍修权、荣高棠等。爸爸当时在学校里是个十分出色的学生，口才也很好。他和他的好朋友陈忠经，一个当选了清华的学生会主席，一个当选了北大的学生会主席。

六十年后，1996年9月，担任过清华大学上海同学会会长的高本乐伯伯见到我时，就极力称赞我的父亲，说他是清华九级出名的人物，才华出众，在一二·九运动时担任学生会主席，深得清华同学的尊重，希望我能在《清华九级校友通讯》上写一篇文章纪念他。

那时清华、北大的学子们组织了读书会，常常就大家关心的话题进行探讨。因为爸爸一个人住在北平，所以他的寝室就成了同学们经常聚会的地方，大家的活动都是在晚上，熬夜是经常的，于是这些学子们便开始学会了抽烟。

爸爸说，他们的同学中会吸烟的人很多，他们后来又抽过雪茄和板烟丝，认为饭后一支烟会让人在思维与写作上产生一种灵感。所以我在后来的生活中，也经常给他的板烟斗添加烟丝。

直到后来他得了病，怕闻烟味的时候，他才感到自己的病重了，不知不觉间已经抽了几十年的烟了。

他总结自己会在晚年得肺气肿，引发肺病的重要原因就是抽烟，所以从那个时候开始我们家就再也没有人抽过一口烟。

七

“文革”开始的时候，爸爸还没有六十岁，他还可以骑自行车去上班，但随后不但要在工厂接受批斗，还时不时地要写大量的外调材料，这使他身心疲惫。工厂的劳动虽然不繁重，但纺织厂的飞花纤维对他伤害极大，恶劣的现状使他的肺气肿迅速恶化，身体变得越来越坏，短短几年就从慢性气管炎，发展到重度肺气肿，再到肺功能衰竭、肺源性心脏病。

他写外调材料时十分认真，而且几乎每一份材料都是一式几份，当时我们都不太理解，为什么要这么认真地写，他回答说，这关系到人家的前途与性命。他常担心他年轻时相识的那些朋友的安危。

我那时经常是过节回来，有一次返沪，去爸爸劳动的工厂接他下班，那天很晚了，看到他拖着疲惫的身子走出来，我忙迎了上去，希望能陪他去医院开病假。厂门旁边就有一辆直达纺一医院的电车，可是从厂里到车站那短短几百米的距离，我们连走带挪花了很长时间，真可谓一步一喘息。这时我才知道爸爸的病为什么一直拖着，慢慢变成了大病。他当时经常气喘吁吁，每天晚上发烧早上退，其实已经得了肺结核了，但咳嗽有痰的表象掩盖了他的真正病情。

那时我已经下乡了，我看到和我一起插队的同伴，居然连父母都一起接了去，虽然干的是农活，吃的是粗茶淡饭，但一家人其乐融融，使我很羡慕。当时我也想去租房子，希望把家移到农村，家里人能团聚，可是因各种原因，终究没有如愿。

1972年的年初，父亲连续多日高烧不退，按当时的情况，他是不能随便到医院去看病的，我只得一次次地跑他单位的医务室，百般恳求，终于征得同意去单位所属的纺一医院检查。那天我和母亲搀扶着父亲来到了医院，医生在听完我们的陈述后，马上让父亲作了X光透视，然后又拍了片子。记得我一个人默默地坐在放射科外走廊的长凳上等候医生读片的结果，心中真有说不出的担忧。那天天气阴冷阴冷的，窗缝里吹进阵阵刺骨的寒风，终于我等到医生拿来了报告。医生还未开口，那神情就把我吓了个半死。“情况怎样？”我惊恐地问。“你们怎么这么晚才来看病？”这回轮到医生感到疑惑了，接着他告诉了我父亲的病况，“你父亲得的是开放性肺结核，已病得很重了，两肺布满浸润性的结核，还有空洞，再加上弥漫性肺气肿，致使肺功能极差，根本没条件手术了，所以想吃点什么就买点什么吧，也只能拖拖时间了。”

我不记得自己是怎么走回父母身边的。父亲被留在了医院，他是那么高兴，因为他再也不必为每天能不能请到病假而担忧，又能按常规进行抗结核的治疗，他想肺病不算什么，还以为自己的病情会很快痊愈。我陪伴他在医院里住了下来。

父亲瘦得只剩一把骨头，乏力到了极点，手拿不起一本书，连盖在身上的被子都嫌重，骨头疼到连坐在床上都不能坚持，我只能从家里带了一个软枕头给他垫着，父亲就这样开始了他的住院生活。医生给他采用雷米封、PAS、链霉素的联合疗法，在医院还能吊点滴，效果不错，父亲也很配合。可他的身体太弱，吃得又少，血管很不容易打，每一次打针，都会使我紧张。

按理说每天医生查病房，总会留有医嘱，接着便是护士来打吊针，但当时一般人的工作态度很随便，护士来打针，父亲自然不敢有半点的埋怨，但看着日渐硬化的血管他又显得百般无奈。

又一针扎进了父亲的手臂，输液的针头在他的皮下弯来弯去地寻找血管，这里探探，那里试试，还是未见有回血。父亲一定也觉得很疼，他的眉头皱了起来，可他依然面带微笑，和蔼地对护士说："我的血管不行，别着急，再慢慢找找。"

从手腕开始，护士把针头一点点往上扎，从内侧到外侧，终于找到了一根血管，又有了回血。可好景不长，输了一会儿，手臂就鼓了起来。我只好再去护士办公室找护士来重打。

连续一个疗程，几个月里父亲天天打吊针，使他的血管变得更加脆弱，我曾目睹他一天之中挨了七针，护士小姐像纳鞋底似的在父亲的手臂上扎着，我的心一直收紧着。住院治疗后，父亲的症状明显地改善了，胃口好了些，我们就鼓励他多吃，增强营养，他笑着说，那一阵喝的牛奶，比他一辈子都喝得多。

这住院一住就住了整整六个月，半年的护工生活使我有了另一番生活体验，从进去时的陌生到和医生、护士、护工、同病房的病友，以至化验室、食堂、太平间的各类工作人员相熟，从观察，到了解，到相知。从我父亲住院开始，我才真正了解了社会基层人们的思想、语言及生活习俗。

转眼六个月的医院生活结束了，我们可以回家了。正因为有了这六个月的住院，父亲可以不用再去厂里接受改造了。我也由于父亲的病而不去农村了。尽管当时我们只能拿到很少的生活费，但是一家人能在一起生活，还是很幸福的。后来尼克松访华，《中美联合公报》发表，连上海的广播电台也开始教英语了，父亲就列了计划，给我系统地补习文化知识。

因为我只有初中的文化程度，数理化几乎没有基础，所以就只能从文史方面开始我的学习之路。

八

住院治疗后父亲的病并没有根本痊愈，父亲的身体还是日渐衰弱，隐隐之中我总是感觉到我们分别的日子逐渐在迫近，尽管大家都知道这已是不可避免的现实，但我总是不停地在祈祷上苍能尽可能地延缓这一天的到来。父亲活得很苦，在病榻上，他被一阵阵的咳嗽、一声声的气喘不时地折磨着，看着也让人觉得心痛，而我们又不能代替他。这样的日子，当时觉得很长很长，现在想来只有短短的四年，而这四年，是我和父亲相依为命的四年。

我珍惜那时的每一天，因为对我们来说几乎每天都是一个关卡。夜晚我睡在他的病榻边伺候。“是小妞子吗？”只要是我在他的身旁，他似乎就能安心。就这样我们度过了春夏，又过了秋冬。原以为春天来了，最困难的日子熬过去了，一切会慢慢好起来，谁知他还是未能熬过最艰难的1976年。他终于走了，走向安息，走向永恒……我对于父亲的情感，像一个解不开的情结，我们彼此是那么的依恋。

从1972年到1976年的日日夜夜，我是在享受亲情和担心生离死别中度过的，我感谢，感谢他生命的最后时刻把他许多人生的体会传授给我，给我关怀，给我教诲。记得我们一起读诸葛亮的《出师表》时，父亲把自己的号送给了我。他说回顾自己的一生，他有很多话要说，但绝大多数的祸又都是从口中而来，爷爷为了纠正他的这个毛病，给他起了个号为“缄三”，即三缄其口。后来我进了《新民晚报》，就用此笔名写文章。爸爸留给我的最后遗言是：照顾好妈妈和姐姐。

我的父亲1916年腊八节来到人世，1976年5月10日去世。在这个世上他只活了六十年，至今已离开我们二十多年了[1]，但我仍然思念着他，特别是他晚年和我相处的日日夜夜的情景，总会不时地萦绕在我的脑际。

九

过两天我将去苏州为父母合葬，对我来说这是一件重大的事

1　本文写作于2002年3月。

情。1951年10月26日，我降临人世，是爸爸妈妈把我带到了人间，给予了我生命，我感谢父母的养育之恩。

我的童年是非常温馨和美好的。我上很好的幼儿园、小学，学习钢琴、唱歌、书法、体育，在少年宫度过自己的课余生活，这都要感谢父母对我的培养。

我和姐姐中，妈妈喜欢姐姐些，因为她从小身体不好，爸爸则更偏爱我，因为我健康活泼。每天要下楼吃饭时，爸爸都会亲昵地说："妞子，来。"把我驮在他的背上，一路驮着下楼吃饭，要不就是任我一溜烟地从三楼沿着楼梯扶手滑到一楼。在我们吃饭的大餐桌前的墙上，挂着的是一幅以高尔基《我的大学》为题的油画，我们是背着"谁知盘中餐，粒粒皆辛苦"的词句长大的。尽管我们在学校接受的教育是断断续续的，可爸爸妈妈从没有停止过对我们的文化修养的培养。

我们的家庭生活是幸福的，充满着阳光的。但月有阴晴圆缺，在我们的生活里也并非没有坎坷，没有波折，只是大家很少有脸红的时候。

在我的记忆中，从来没有见到爸爸妈妈大声地争吵过，爸爸妈妈永远是相亲相爱的。妈妈提出外公在香港破产，家里需要帮助，爸爸二话没说就同意搬离自己独门独户的小家，搬来和外婆一家同住，并主动负担起妈妈几个弟弟的学费。爸爸提出要赡养爷爷的后妻，妈妈也毫不犹豫地同意。在经济上是这样，在生活上亦然。爸爸的生活从来都由妈妈照顾，在我们小时候，爸爸总会安排我们的学习，妈妈呢，则尽可能地按爸爸的要求为我们作安排。

我记得小的时候，我和姐姐会在地上铺一张席子，躺在妈妈的两边，妈妈用英语、俄语为我们讲述《一千零一夜》等故事，爸爸下班回来，会亲切地教我们诵读诗词，我和姐姐会背的第一首唐诗是：床前明月光，疑是地上霜，举头望明月，低头思故乡。

1964年，下乡搞“四清”归来的妈妈得了忧郁症，爸爸极力安慰和帮助她，找各种医药书和各种治疗方法，我们两姐妹似乎在一夜之间长大了，学会了自己管账，自己去商店买东西，自己安排自己的生活。

十年“文革”中，爸爸妈妈都度过了极为不幸的一段人生。爸爸没有能活到“文革”结束，带着无限忧虑和悲愤离开了人世。而妈妈则撑着自己的病躯顽强地帮助爸爸度过了他生命的最后时光。

十年“文革”结束了，但生活的重担依然。我有了自己的家庭，我有一个很好的孩子，我依然按爸爸生前对我的期盼生活着，艰难并快乐着。我承担起了家庭全部的重任，我有了工作，妈妈就退休了，姐姐也待在了家里。在爸爸离开的日子里，姐姐结了婚，虽然她的婚姻并不尽如人意，但她也有过一段和别人相同的人生的经历。

如今妈妈和姐姐都相继离开人世。姐姐是1992年去世的，她的离世使人倍感伤痛，她还太年轻，想到她几乎一生都是伴随着病痛，我便会凄然泪下。我们两姐妹曾经共渡难关，相扶相持，但她却在我想为她创造更好的生活之时离我而去。姐姐的离去给妈妈和我的打击是巨大的，2002年的1月，妈妈因长期的抑郁而身患癌症，在经历了一次手术之后，终因病灶的扩散而离开了人间，享年72岁。我深感没有能够更好地照顾妈妈，但我的确尽了自己最大的努力了……

不久我将安葬妈妈，将妈妈带到爸爸和姐姐的身边，假如他们地下有知，将能再度团聚。

虽然我们天上人间相隔万里，但我的思念之情不灭。

爷爷与保路运动

一

我的爷爷邓孝可，1869年出生在四川奉节。热心政治，主张宪政，是四川立宪派的核心领导之一。

爷爷的父亲叫邓徽绩，共有两个儿子，一个是我爷爷，另一个是我爷爷的弟弟，叫邓孝然，是我姑妈邓季惺的父亲。两兄弟很早就有了经营工商业的想法，他们用祖传的田产共同创建了森昌泰火柴工厂，据《重庆开埠史》记载，这是长江中上游地区第一家近代的民营工厂。

爷爷当年为了寻求革命的真理留学日本，在东渡日本的轮船上，他和同乡吴玉章不期而遇。在远洋的轮船上，他们俩彻夜畅谈，成了好朋友。不过，到了横滨两人却分道扬镳了，爷爷依然坚持他的立宪维新立场，去拜访正在流亡的梁启超，而吴玉章却走上了跟随孙中山的革命路途。这在吴玉老后来的《辛亥革命》一书中有过很详细的记载。

在中国的近代史中有一场著名的运动，那就是四川的保路运动。1903年，清政府颁布《铁路简明章程》，准许各省官商自集股本建立铁路干线或支线，设立铁路公司，从此拉开了民间资本投资铁路的序幕。1911年5月，清政府以“铁路国有”为名，将民办川汉、粤汉铁路筑路权抵押给英法德美四国银行团，招致四川各阶层，尤其是广大城乡劳动人民的反对，从而掀起了轰轰烈烈的保路运动。

爷爷当时是四川保路运动领袖之一，保路同志会副会长。1911年9月7日，爷爷与其他八位保路运动领袖遭到了清政府四川总督赵尔丰的诱捕，随后发生血案。清政府派鄂兵入川镇压保路运动，造成武昌空虚。孙中山评论这段历史说，在四川爆发的保路运动是辛亥革命的前奏，若没有保路同志军的起义，武昌起义或者要迟一年半载。

主张宪政的爷爷，晚期与康有为、梁启超等参与复辟帝制活动，袁世凯称帝及张勋复辟失败后，爷爷意志消沉，在杭州作寓公。

二

辛亥革命爆发后，我爷爷只身一人离开了自己的故乡，临走前给他的结发妻子写下了休书，用今天的话说，是正式办了离婚手续。因为他意识到革命的危险性，就将祖传的家产留给了他的弟弟邓孝然，并托付他照顾家人，大有“壮士一去不复返”的豪情。他去到皇城根儿的北京，这一别就是永远。

爷爷尽管饱读四书五经，也去过日本横滨，但是到北京还是头一次，他一直在思索四川保路运动和辛亥革命的成功与不足，尤其是在经历了个人的生死瞬间后，他需要调整心态，以便考虑下一步的人生旅途该如何走。

我的爷爷是独自一个人来到北京的，这时他只有三四十岁，对家乡有无限的怀念，北京虽然有很多朋友，但毕竟和家有很大的区别。这时有一个女人闯入了他的生活，这就是后来我父亲称之为“妈”的人。她非常善良热情，对于我爷爷的过去知道得很少。他们生活在一起，而且爷爷也的确希望有人照顾他的生活。爷爷年轻时是一个非常激进的人，自从投到康梁的门下，成为他们的追随者，他就走上了一条充满坎坷的崎岖小道，他为之奋斗的目标能不能成功，让他愁肠百结。屋漏偏逢连夜雨，不久父亲的妈就得了病。一次小小的着凉感冒转为肺炎，她病了，而且很快就病入膏肓。为了照料她的身体，爷爷又找来了一个人，她就是我的亲奶奶。她完全不是我爷爷理想中的妻子，她是一个勤劳的劳动妇女，四川人，名字叫作舒淑仙，她不识字但贤淑忍让。

她为我爷爷生下了两儿一女，这就是我的父亲邓友金、叔叔邓友豹和我最小的姑姑邓友鸾。我爷爷有妻子儿女，但那时他对于自己献身的事业看得很重要，对于生与死的体验也还没有后来那么清晰，所以很不在意孩子们。但是后来就不一样了，对妻子孩子的爱难以言表。

我的父亲是爷爷老年得到的儿子，其实现在的人四十岁才有孩子，根本不算什么，但一百多年前就不同了。我的父亲是幸运的，他从小除了享受浓浓的父爱外，又享受了两份母爱，他一个叫妈，一个叫娘，不久他的妈便去世了。爸爸告诉我，在他的记忆中失去妈很痛苦，因为妈虽然不是他的亲妈，但她自己没有孩子，便给了爸爸所有的爱。在爸爸的记忆中妈的形象是高大的，她和我亲奶奶关系很好，她认为是奶奶给了她当妈的欢乐。我爸爸被送到北师大附中的幼儿园、小学及初中学习，在那里爸爸度过了他的童年和少年。

爸爸的妈去世之后，爷爷就只有我奶奶了。他们都是四川人，都有对于家乡的爱和对故土的情，但他们之间的共同语言并不多。爷爷喜欢爸爸和叔叔，带着他们游北京，游颐和园，在那里有着爷爷推翻清王朝的理想和抱负。看到圆明园，这曾展现中华民族辉煌的精美建筑，如今却只剩断壁残垣，爷爷非常感慨。爷爷的心思和我奶奶确实很难达到共鸣。奶奶关心的是孩子会不会着凉，会不会太累，孩子明早上幼儿园应该要早起，不该给孩子讲太多的事。但是爷爷想到的是自己曾经冒着生死的付出，他会滔滔不绝。

在爷爷的家庭生活中有甜美的一面，我的奶奶是一个心灵手巧的人，会做各种各样的北方小吃，当然也有家乡的口味。我叔叔在北京出生，他的身体从小就不是很健壮，于是爷爷就想到要爸爸和叔叔去景山学习中国传统的武术，像太极拳、五禽戏、枪剑等，他认为连他自己都应该参加，尽管自己并不很年轻了，学习武术也不能抵御洋枪洋炮，但对强身一定会有很大的好处。

因为叔叔从小身体不好，于是爷爷奶奶在北京又找了一个丫鬟，这就是我后来的又一个奶奶。她同样是一个出身穷苦家庭的女孩，是一个旗人的女孩，模样俊俏，人很聪明伶俐，她是被她父亲用骆驼拉来卖给爷爷奶奶的，爷爷问她姓什么，她说自己姓郭。她学习文化的悟性很强，爷爷给她起了一个名字，叫素，后来便是我爸爸的素娘。

1917年，随着为时十二天的张勋复辟收场，爷爷就和他的维新派朋友离开了北京，到了他们认为的人间天堂——杭州生活。这时我的父亲已经长大，他一个人留在北京读完了高中，然后以非常优异的成绩考上了清华大学经济系。

三

爷爷他们决定到杭州安家，他们首先选择的是西子湖畔。苏东坡描绘西湖有名篇："水光潋滟晴方好，山色空蒙雨亦奇，欲把西湖比西子，浓妆淡抹总相宜。"苏东坡也是四川人，出四川眉山来到江南，虽然官场不得意，但他却享受了人间天堂的美景，这也是爷爷他们选择在杭州落户的原因。

爷爷想在杭州找一个依山傍水的地方作为他常居的住所，地点就选在了著名的九溪十八涧附近。杭州人都知道那里离虎跑最近，是杭州饮用龙井茶的最佳地点。去过杭州的人只要到西湖，必要去的是虎跑，在九溪十八涧饮龙井。从山涧汩汩涌出的山泉清澈见底，那里环境宜人，既有《桃花源记》中的意境，又没有盛夏的暑热。杭州的热就是夏天太阳照射在西湖上的热气散不开所致。爷爷他们之所以会注意到这个特殊的气候问题，是因为他们是四川奉节人，四川是一个盆地，特殊的地理环境让它成为中国的一个火炉。所以爷爷他们选择住所时就考虑到了这个因素。

爷爷为自己风景宜人的新居取名"可园"。可园的建造花费了爷爷极大的心血，他的院子里搬来了太湖石，任溪水从石上流过。这里的竹子也是一个很大的特点。中国文人喜欢写竹、画竹，也喜欢种竹，而且九溪十八涧上到处都是石和竹。爷爷说那里的景色之美是他自己非常认可的，就是上个茅房，从窗外望去都是景。

1962年，我第一次由爸爸妈妈带着去游苏杭，我们住在西湖对面的西湖饭店。中秋之夜游三潭印月，爸爸还带我去了虎跑，他一定要我脱了鞋在石上走，他告诉我，这是他小时候和叔叔经常玩的一种方式，用脚嬉水，任凭溪水在自己的脚下滑过，你就能感受到虎跑水所含有的矿物质。然后到虎跑的溪边扔钱币，只有那里的水才不会让钱币沉入溪底，他告诉我，不要说现在五分、一角的硬币，就是当时的“袁大头”（银元）也是如此。

四

1953年，这一年的夏天特别炎热，过了夏天，爷爷就去世了。那时我只有两岁，所以爷爷在我记忆中并没有留下什么印象。但是小时候爸爸给我讲过不少爷爷的经历以及他们过去的生活状况，这些我至今记得。

小时候家里有很多线装书，我1958年开始上学读书，习惯读文字横排版的书，对于线装的竖版书很不以为然。爸爸告诉我这些书都是爷爷留下的，他们都习惯于读线装书，说起读线装书的特点，爸爸会如数家珍：一是轻，二是它可能完全没有断句，三是还有一些注解，这和英语书很接近。爷爷和他的朋友们总是在家里，或者在杭州的某一处交流一些对时局的看法，以及各自读书的体会。他们这样的生活比起在四川的乡绅生活虽然要清苦一些，但是精神世界得到了很大的满足。

这时在杭州的家中唯一缺少的是我的爸爸。他一个人留在了北京，在北京师范大学附中上学，只在暑假、寒假时才会去杭州，所以他是家里唯一一个没有长年在杭州生活过的人，他听不懂杭州话，也不会说杭州话，不像他的弟弟妹妹们多少有在南方生活过的童年经历。我的两个姑姑和叔叔都在南方读的中学、大学，叔叔毕业于上海交通大学机械系，端姑姑毕业于上海复旦大学会计系，小姑姑毕业于南京金陵大学（今南京林业大学）植物系。

杭州的生活寄托了爷爷对生活、对后代的期望。爷爷非常讲究和钟情的是中国的园林艺术，这在他的小女儿身上有所体现。他讲究中国园林方寸间的艺术，他经常说，中国的建筑中有一个“天圆地方”的概念，最早是人们由于知识局限而产生的错误认识，而后就演变成中国传统建筑艺术中的一个重要的理念。

后来，爷爷的妻子、儿子、女儿竟然靠他当时教授的一点国文底子以及园艺知识，漂洋过海到美国谋生，这恐怕是爷爷始料未及的事。

五

到了杭州后，爷爷的生活就比较安定了，他喜欢每一个孩子，对他们一视同仁，希望他们生活得安定美满。

他的两个妻子一个有三个孩子，一个只有一个孩子，自然在家务的承担上，我的奶奶就会多承担一些。尤其是刚到杭州，南方湿润的气候使我的叔叔患了哮喘病，孩子一生病，母亲的责任就大一些，而我的两个姑姑从小就比较健康，也都长得很漂亮。家里人称我叔叔为“武”，这是叔叔的字。中国人给孩子取名，往往是命中缺什么，取名时就要加什么，叔叔身体不好，所以在杭州就开始练武，练太极拳、太极剑，爷爷还专门请师傅教他学习武术，认为对他有好处。

叔叔和端姑姑同岁，端姑姑小时候长得特别好看，所以深得爷爷喜欢。在叔叔和她小的时候，爷爷就开始让他们学习钢琴，若家里来朋友，让孩子表演一段钢琴，唱上一曲，这在多年前是一件非常时尚的事。端姑姑终生喜欢西洋音乐，这不能不归功于爷爷对她的培养，她还爱好京剧、歌剧，后来也让我表姐学习钢琴、芭蕾。我的小姑姑是他们兄弟姐妹中最小的，她的身上同样寄托着爷爷的期望。爷爷非常重视让他的孩子们学习书法和诗词歌赋，他为每一个孩子选字帖，教他们练字。这和他年轻的时候完全不同，那时仿佛就是家里要他成家，所以他对孩子的关心很少，很少花时间和他们待在一起。

小姑姑从小在可园秀美的环境中长大，自然培养了她对于植物学的爱好，后来她读完大学，经日本到了美国，在异国他乡开了一家花店。我去过她的花店，和一般现在国内的花店不同，除了卖花，还展示东方的花艺，这和她自己的经历有关，她学的是植物学专业，同时还受到东方艺术的熏陶。在日本的一段时间里，年轻的她就用自己的特长来谋生，她的花店有着一块非常奇特的类似铜质的招牌，上面是一幅以她自己名字设计的很现代的招牌画。

在我爷爷的人生中，最令他得意的是我父亲，父亲从小就特别能说，所以爷爷就给他起了一个字“缄三”，取意是三缄其口。若干年后，父亲把他的字送给了我，他告诉我沉默是金。这当然并不意味着不说话，而是要学会管住自己的嘴，知道在什么场合说，什么该说，什么不该说，说到什么程度。父亲是爷爷离开四川后生的第一个孩子，而且是个儿子，爷爷老来得子非常高兴，加之父亲从小就特别聪明，那时他们还在北京，年纪轻轻的他就显示出自己的能力，深得爷爷的宠爱。父亲的童年是幸福的，他一个人独占了三个人的爱（父亲、妈、娘），当然后来还有他的素娘——因为素娘没有儿子。

爷爷在新中国成立后的第四个年头去世了。在他盛年时期，他和我父亲之间的关系就不是一般意义上的父子，爷爷将他所有的爱都给了我父亲。在父亲身上，爷爷寄予了最大的期望和心愿，即使在他自己准备南迁的时候，他依然希望父亲留在北京，那时父亲只有十多岁，才上中学。他是一个人在北京读完了高中，考上了清华大学经济系。

父亲只是在学校放寒暑假期间才会回到杭州的家里。留在他童年记忆中的是与他朝夕相处的同学和他的妈的墓——年轻的她没有留下孩子就一病不起了。尽管妈留给他的印象是模糊的，但那是一个曾经给过他母亲般爱的女人。每次从北京来到杭州的家，父亲都感到很快乐，因为那里有他的父亲，他的娘，他的素娘以及他的弟弟妹妹们。

六

岁月不居，斯人已逝，俯仰间已是百年。

爷爷和父亲都已故去，但每当我打开泛黄的旧书页，总会情不自禁地追怀起他们的往事。

父亲和爷爷的年龄相差四十岁左右，在百年前，这样的年龄差都可以是爷爷和孙子辈的关系了。对于父亲来说，他是爷爷的长子，但情同朋友，爷爷喜欢看父亲背诵唐诗宋词，朗读经典古文，而他自己则静静地倚床而听，这样的生活给爷爷带来很大的乐趣。父亲深受爷爷传统文化教育的影响，在他还很小的时候就显示出对于人文历史的偏爱，这一点给予了赋闲在江南的爷爷很大的安慰。

父亲在北师大附中读书的时候，正值新文化运动蓬勃发展的时期，相比在江南过寓公生活的爷爷等人，他的思想进步了许多。父亲和一些志同道合的同学组织文学社，积极参与到新文化运动中。他的同学中就有出身清朝正黄旗的格格，一个女孩敢于独自从东北出来，住进男女同校的学校读书，全然不顾封建礼教的束缚，在反封建的道路上已经走得很远了。

这时爷爷从北京朝阳大学法律专业毕业的侄女邓友兰毅然改

名邓季惺，表示不服从家里以“孝友传家”起名的排行，同时也反对家里为她相亲，表现出强烈的反封建忠孝礼仪的决心。姐弟俩来到杭州，他们的这些举动给刚刚为自己下半生定下了新目标的爷爷以极大的冲击。

不过，爷爷、奶奶和父亲的素娘还是对于他们的到来给予了很大的关怀，他们一起游览了杭州的美景。父亲和他的堂姐邓季惺带着他们的弟妹们在杭州度过了好几个假期。

杭州的山山水水留下了我众多亲人的足迹。江南好，风景旧曾谙。日出江花红胜火，春来江水绿如蓝，能不忆江南?

外公和外婆的恩怨

一

我的外公戴行骅是一个资本家，不过他这个资本家不同于一般的工业、商业资本家，而是一个金融资本家。他出生于20世纪初，原籍浙江鄞县，属于宁波，童年时的几个好友，后来都成了上海很有名的人物，有出版家赵家璧、工业资本家章显华等。童年时外公的母亲去世，外公在父亲的安排下离开了故乡，到湖北汉口读中学。刚到汉口时，外公是一个老实巴交的乡下孩子，特别是刚刚失去了母亲，显得柔弱和孤单。如果说宁波的鄞县还不算是一个穷僻的地方，那汉口在20世纪20年代初已经是一个商贾云集的都市了。我外婆就是在外公读中学的时候和他相识的，那时外公外婆的学校已经是男女同校了，男女间的交往一点都不保守。他们俩中学毕业后从汉口来到了上海，并在上海结了婚。

他们俩完全是自由恋爱，在那个年代是非常新潮了。他们完全按照自己的心愿谋职，成了现在所谓的白领。他们在一个石库门安了家，靠自己的努力奋斗。

我外公开始在上海四明银行工作，这不是很高级的洋行，而是一家民营集资的银行。抗日战争全面爆发后，上海周边的中小城镇和农村遭到了日寇的烧杀掠抢，上海许多文化人去了陪都重庆，而周边大量的外来人口却涌入上海，他们带来了资金，带来了人力，上海进入了一个经济繁荣阶段，这使得四明银行的业务得到了空前的发展。拿我外婆的话说，外公就是在这个时候，从一个普通的上海小白领，一步步发展到襄理、监理、副总经理、总经理。因为到处是战乱，有相当一部分人觉得还是上海太平，就举家来到上海。钱存在外国人的银行里，他们觉得不踏实，而且外国银行的门槛有点高，他们的资金也不是很多，所以四明银行凭借优质的服务在上海滩得到了极大的发展。

我外公他们参与的民营银行是完全的华资银行。20世纪30年代，日本的侵略激起了中华民族的愤慨，上海周边的城镇到处都在打仗，老百姓为了保值，把自己仅有的钱财放到了华商银行，通过交易，通过抵押，通过放贷，小额的钱财得到了升值。可以说，在面临外商倾销的形势下，华商银行为扶持民族工商业与外商争夺市场，维持民族工商业的生存，作出了融资和放贷的努力。

四明银行在开办之初就引进了外国银行的管理模式，同时又结合30年代上海的现状和他们自己的经济实际情况，形成了一整套民营银行的管理模式，像采用新式的会计制度、“顾客是上帝”的服务理念等，同时还开展了外国银行家们都不屑一顾的小额存款等业务。

我的外公能从一个普通的银行职员，逐步在银行业的经营管理中展现出自己的才华，在上海银行业崭露头角，这主要是当时的金融形势所造成的。他开始参与四明银行工作的时候并不是大股东，因为那时的银行开业，在偌大的一个上海滩实在是一件太平常的事了。租用一幢老式的洋房就可以开张，资金也并不需要很多。但是四明银行的发展确实是不容易的，它根本无法和官办的银行竞争，也无法和各种外国的银行抗争，所以在募资的初期，投资者是不多的，吸引有知名度和声望的人成为董事也是不容易的。在第二次世界大战刚刚开始的时候，外国的银行一时间放松了对中国的控制，才使得中国的民族资本找到了喘息的机会，有时间腾出手来进行资本的积累。尤其在上海，由于中国作为参战国加入了第二次世界大战，上海又有租界，中国的民族工商业得到了很大的发展，交通运输、商品流通、机器制造都呈增长的势头。市场的扩大，商品的流通，自然而然地增加了信贷的需求，各行各业都迫切地希望得到银行的援助，以解决资金匮乏和结算困难的问题。上海的金融界急需满足各种新兴产业对于资本的需求，这也就是私营银行应运而生的土壤。它们乘势而上，进入了一个前所未有的黄金时代。

二

20世纪30年代金融业的发展使得上海的经济达到了历史上最为发达的一个时期，当时上海地价的上升带动了上海房地产的迅速发展。

原来上海的商业中心是南京路。南京路有上海最繁华的四大百货公司，还有永安公司、七重天等。上海的商业在迅猛地朝西南方向延伸，南京路开始向西发展，向名、质、优方向发展。从南京西路到静安寺这一商业网的形成，使得延安路的地产大幅增值。这个商业网的特点不是大型的百货商厦，而是比邻接踵的特色小店。

这时候四明银行启动了一个手笔极大的项目，在延安西路、南京西路建造职工新村——四明村。四明村一改传统的石库门格局，建造了有抽水马桶等卫生设备、使用煤气的新式里弄。它的开间很大，讲究的是得房率，只在房前设计了一个很小的花园。在材料的使用上，从传统的砖木结构朝水泥砖木结构转变。应该说，上海的建筑从石库门转变到新式里弄是上海建筑史上的一大变革。

四明村的建造是上海金融业民间资本第一次通过不动产抵押融资的成功案例，使得我的外公从一个普通的银行从业人员，跻身到上海滩金融资本家的行列之中。

我外公觉得事业成功的标志就是赚到钱，金钱可以给他带来极大的乐趣。四明银行的发迹非常的快，一个重要手段就是对地产和黄金的炒作。外公人缘很好，看上去非常忠厚老实，对待员工非常客气，所以他在银行的凝聚力很强。当他决定在现在的延安中路买下这块地皮的时候，他是胸有成竹的。外公的成功使得上海人开始重视民营银行的融资，认为金融业和银行是捧金饭碗的工作，所以我的外公外婆家变得门庭若市，希望进四明银行工作的人太多了，与此同时又为他进一步的融资创造了很好的条件。

但是外公可以通过四明村为四民银行的职工大幅度地提高福利，那么为什么不给自己家弄一幢房子呢？照外婆的话说是他的良心不好，事实并非如此简单。在房地产经营、股票债券投资中钱生钱是比较容易的，当时外公手里有大把的钱，但他宁愿去投资也不愿意给外婆置房作纯粹的消费。

我外公满脑子都是赚钱的念头，对于他的做法，我外婆是很反感的，她认为这种做法不道德，但外婆自己又不是能勤俭持家的人，她希望过优越的新生活。这样外公为了不后院起火，就在可能的范围内尽量满足外婆的物质要求。

20世纪30年代，上海已经有了股票、金融债券的交易，上海交易所里人头攒动，几乎每一天都是一场战斗，人们一个个像冲锋陷阵的战士。据我外婆说，外公一到交易所眼睛就会放光。

三

外公的业务在那个时期发展很快，除了银行、房地产业务外，很快又建造了仓库，开展了信托业务，后来又发展了信贷。为了谋取某笔生意，他会使用种种办法，像请客吃饭、打麻将、打牌，后来甚至发展到去三马路、四马路的“长三堂子”，结识当红的姑娘。

外公和外婆之间的裂痕不是一开始就有的，开始的时候，他们俩一同出入上海滩很多高级的场所，外婆是很善于应酬的，无论打牌、打麻将、参加午宴或晚餐，她都是举止高雅、穿着得体。有时候，在外公谈生意时，她就和各位太太周旋。外公外婆也感觉到商场的险恶，但是人在江湖，身不由己，这时候首先感到担忧的是我外婆，因为渐渐地她发现我外公谋取利益的手段有时不太光彩，开始他总是说“这跟你没关系，你不用管”，但发展到后来，许多事情就远远偏离了正轨了，爱憎分明的外婆就难以接受了。

上海的十里洋场对我外公的诱惑太大了，此时外公是一个三十多岁并自认为很成功的年轻人。开始的时候，他认为一切都是正常的应酬，对于我外婆的提醒，他认为是危言耸听。于是后来他和我外婆就各走各的道了，虽然一开始彼此会感到痛苦，但在事业上，天平往往更多向男人倾斜，而我外婆就明显地处于弱势。外婆很不甘心，坚决要住高档的住宅，要享受成功人士太太的生活，她很少考虑孩子们的利益。她认为孩子是两个人的，既然外公可以不管，为什么她要作出牺牲，在这样的心态下，两人的情感便产生了裂痕。

四

四明银行在全国的大银行中属于小弟弟，但在上海，因为经过十年的经营，尤其是在地皮的抛售炒作中得到了很大的好处，所以发展得很好。

1945年日本无条件投降，从重庆来的国民党“接收大员”纷纷抢滩上海，使得上海的金融业又面临了很大的人员调动，而与此同时，我外公外婆的家庭矛盾也发展到了一个新的阶段。

抗战结束，国民党的金融政策不利于中小民营银行的发展，为了保住自己的成果，外公他们在抗战后期已经开始投资外国的股票及债券，希望开发海外市场，同时他们也看到中国民族资本力量的单薄，无法和外国银行竞争，所以他们第一站就想去香港建立一个通往海外的分部。

外公想去香港开设四明银行分行的念头不是一天两天了，如果说上海有比较好的金融机会，那香港也一样有，他不但这么想，也付诸行动，曾经几次去香港考察，认为那里的氛围虽然没有上海那么好，却是一个新的领域，完全应该去尝试一下。他认为自己的想法是成熟的，不行再回来也未尝不可。

应该说外公的想法是有道理的，问题是他在上海有一个家，有七个还未长大成人的孩子，他不能一走了之。我外公把他的想法一提出来，马上遭到了我外婆的反对。首先，她是不会离开上海的，香港是一个陌生的地方，人生地不熟，而且当时的香港和上海存在很大的差距，远不如上海繁华；另外孩子还小，动一动有很多麻烦，孩子要转学，家要搬迁。

其实更主要的是，外婆怀疑外公去香港的目的是金屋藏娇。外婆认为像外公这样的人，离开家一定是另有打算，至于什么拉近和世界的距离、发展银行业务等，那完全是托词，任凭外公如何解释，外婆都认为他是在狡辩。

五

1946年的初春，天空淅淅沥沥地下着细雨，空气中的湿度似乎很高，气压有点低，让人呼吸都感到有些压抑。

一天的交易结束了，外公从交易大厅出来，刚经过一场激烈的金钱拼杀，他像以往一样需要放松一下。自从他开始自己的银行生涯，每一天都是这么过的，有朋友劝他要落袋为安，可他难以接受，他不愿意让已经鼓起来的钱袋再次变空。

他不认为自己是一个唯财是命的商人，但是他也想不出还有什么更好的生活方式。和他在一起的人，谁不是这样生活？在外面吃饭，和一两个女人交交朋友，至于会不会对她们投入自己的情感，他从来没有很好地想过。不过这次他却突然想起，是不是应该找她商量商量，于是他走进了熟悉的那扇门。

今天他迈进去的脚步有点沉重，有点犹豫。因为是要商量一个决定，他把这一次的决定看得很重，这是他第二次的人生选择。虽然他对前景还有一些茫然，但他认为这是自己深思熟虑的结果，不是小孩子玩的过家家。他决定了的事就会义无反顾地走下去，这是他的性格。

1946年，抗日战争胜利半年后，我的外公终于作出了去香港开拓自己人生的决定。

到了话别的那一天，外公隐约感到他和这个家是在作着永远的诀别，这是一个不幸的预感。谁也没有料到，这一天后我外公和外婆真的再也没有见过面，哪怕一个电话、一封书信都没有。他们两人都活到近九十岁的高龄，我们很难理解，外公外婆有什么解不开的恩怨，竟然在离别后的整整半个世纪里，再也没有联系过。

我外公到香港后，仍然不改冒险家的性格，想在香港大干一场。他带去了很多黄金，可最终并没有干出什么大的事业，只留给大家一片难以解开的谜团……

六

在我外公事业成功的同时，外婆觉得自己不能年复一年地陷于怀孕和生育之中，应该有自己的生活。在20世纪30年代，具有这种意识的上海妇女还是不多的，尤其她只是一个普通的家庭妇女，仅仅是中学的文化水平。

她不是一个女权主义者，但她认为男女双方在家里应该是平等的。不存在我为你牺牲，你为我服务的问题，她大胆地争取自己应有的权利。于是外公退却了，他提议把孩子送往江西他的父亲家里。

外公的父亲是一个宁波人，他选择到江西生活是由于他最后一次的婚姻，儿子已经成家立业，他希望自己有一个舒适的家，就在江西庐山上买下了一幢房子，开始只是偶尔去住住，每年的夏季上海有点热，就去那里避暑。但后来，他渐渐觉得那里的生活较上海来说更平静，更适合老年人，于是就有了去那里定居的念头。最先被送去的是我的妈妈，她从小就十分懂事，不会惹老人生气，而且一个女孩容易让外公的继母接受，因为她没有孩子，于是童年时的妈妈暑假必去江西庐山。开始只是夏天去，过完暑假就回上海，这是外婆的主意。外婆的理由是外公的继母是为了笼络人心，是老头子的主意还是他太太的主意还不清楚，小孩是她自己的，只是送到那里去玩玩而已。外婆知道，她公公的太太很希望和她搞好婆媳关系。

外婆是性情中人，她对于家庭生活的要求很高，很有主见，这源于她从小失去母亲，她是家中的大姐，在大家族中，她很小就显露出聪明才智，当然这并不表现在她对名利的追求和对丈夫仕途的关心上。外公外婆是同学，作为江南人，外婆很小就一个人离开家乡来到了汉口，她比我外公早到汉口，早进学校，她的年龄大外公四岁，而我外公也是失去母亲后由父亲送到汉口读书的，大家都是宁波人，又同是天涯沦落人，所以两人从小就有了感情。外婆跟我谈起过她中学时的生活，她原来很瘦，一直认为自己的身段很好。

外婆说她那时穿旗袍，而且又开得比较高，穿玻璃丝袜、高跟鞋，喜欢梳当时最时尚的横S发型。她知道自己的缺陷，就是发际线比较高，所以学会了用火钳夹头发，使得前面的头发比较蓬松，这让她在当时的同学中成为一个能引领时尚新潮流的人，和还处在封建家长制管控下的同学相比，她显得思想开放得多了。她自诩上江人，将武昌城里的同学称为下江人。对一些同学要遵守父母之命的婚姻，她非常抵触，这时候她只有十六七岁，是一个大胆追求爱情的人。而我外公在学校中就没有外婆那么引人注目，加上比她小四岁，所以他对于外婆有很深的仰慕之情。

我没有见过我外公，自从外公外婆关系破裂，外公出走后，在外婆家是从来不让我们提“外公”这两个字的，外婆说：“只当没有这个人。”而讲到我外公和外婆相识相恋的那一段，外婆就会非常自豪地说：“当时是他追求我的。”

七

外婆是一个个性非常外露的人，为人处世缺乏理性。她对爱情、对婚姻，抱有不切实际的幻想，一旦失去，常常就会表现得极端。问题是她不是一个有包容心，能够与外公同舟共济的人。她也不同于一般的中国妇女，为了孩子能够忍让，她有七个子女，却从来没有自己带过一个，很多认识她的人都很难想象这种情况。

外婆并不是特别追求钱财的人，如果要她在丈夫升官发财与家庭美满、婚姻幸福之间作一选择，她会选择后者。一个重要的原因是，她从来就没有真正经历过艰苦生活的磨炼，她总是感到金钱带给她的和她在感情上付出的不成比例，这就是她感到自己婚姻失败的原因。

外公去了香港，这对外婆的家庭生活似乎并没有太大的影响，兄弟姐妹反而觉得父母间无休止的争吵总算因外公的出走结束了。他们都是十多岁二十岁不到的孩子，住在上海新村一幢房

传理的母亲（左）和三姨

子里。三楼是孩子们的天地，二楼是外公外婆的房间，一楼是客厅，亭子间是保姆的卧室。孩子们对外公外婆之间的矛盾都有自己的看法，也有自己过日子的方式。妈妈和二姨喜欢翻阅*Life*画报，这是一本美国的生活类杂志，有点类似现在的时尚杂志，而且都是照片，很少有文字，即使有，也全是英语。妈妈她们都是中西女中的学生，对于生活类的英语自然谙熟，那时的中西女中，即现在的市三女中的课本全部都是英语的，是当时上海的教会学校，使用的教材完全不同于一般的学校。当然妈妈她们不谙政治，也不了解劳苦大众的生活，只是生活在自己家比较小的圈子里，只知道兄弟姐妹情、同学朋友义，二十岁不到的人很少会有超出自己年龄段的思想觉悟。她们会仿照画报中时尚的发式来打扮她们的小妹妹，我的三姨从小长得很漂亮，姐姐们会照着画报给她剪刘海，一会儿又给她扎起马尾，好在她小，自然听任姐姐们摆布。

男孩子呢，他们失去了父亲，倒显得有点拘谨，但是他们依然有自己的玩法，学开汽车，学打气枪，自己骑自行车到乡下去钓鱼，拍幻灯片在家里放，但是他们很少再去跑马场。他们在家里开派对，学跳交谊舞，其中跳得最好的是我妈妈和我三舅舅。妈妈是学钢琴的，虽说钢琴弹得不怎样，但是舞跳得却是好极了，一个曲子前奏起，不论是布鲁斯还是恰恰，她的舞步总是那样的灵活和娴熟，在家里她最好的舞伴总是我的三舅舅。他尽管不是学艺术的，但他身上有着与生俱来的艺术气质，他可以用姐姐指导学的那一点钢琴技术，进行爵士风格的即兴伴奏，让家庭派对的气氛达到高潮。那时他们是一群正读中学或大学的学生，唯有最小的弟弟，我的六舅舅还在读小学。童年的他们是亲密无间的一群孩子，他们不知道人生的道路会各不相同，他们的学业会不同，他们的家庭会各异，他们的命运又会有很大的区别，有的生活坎坷多一些，有的顺境多一些，就像一个人的十指，无法指指相同。

我外婆不是一个慈祥的老奶奶，她到了祖辈的年龄，其实还很年轻，只有四十多岁，让她完全回归家庭，承担教育第三代的重任，是完全不可能的。她在我外公离开以后，并没有感到很大的失落。七个孩子的上学、穿衣、吃饭等问题，常让她感到厌烦，她认为这都是我外公带来的，她本来可以享受自己的生活，却被这么多孩子拖累，从这一点来讲，她不是一个很称职的母亲。在我的记忆中，她不太关心孩子们的前途和教育。在对待丈夫、对待儿女的态度上，我母亲、二姨和三姨，都和外婆有着很大的差别。

在外婆家，有了一个孩子就有一个保姆带，每一个保姆会有自己带孩子的方式，外婆只是对她们作一些指导，其实她还真提不出什么意见，但是外婆认为做家务带孩子，从来都只是想不想做，而不是该不该做的问题。我们问她这句话的含义，她认为，做不做是态度问题，做得好不好是能力问题。她说，很多家务活她从来就没有干过，只是慢慢地“看会”了很多，所以知道这个人比较会带孩子，那个人饭烧得比较好吃，这个人的针线活好些，等等，仅此而已。而她自己从来没有亲手带过一个孩子，烧过一个菜。她认为这些事不需要她事必躬亲，否则请这些保姆干什么，她只需要了解情况及使用保姆就行。

这就是外婆管理家庭的理念，因为在外婆家，从来没有一个人可以制约她的行为，凡事她说了算。然而，家里有很多保姆，她们之间有矛盾是必然的。

在相当长的一段时间里，我外公为家里提供了富裕的经济条件，而外婆是一个非常喜欢热闹的人，家里有很多的亲戚朋友，有的为了进四明银行就会奉承外婆，这就形成了我外婆张扬的个性。

在我外婆的字典里，教育这个词是没有的，她认为，“小孩嘛自己会长大的，要啥教育，阿拉就是自己长大的”。确实，在现实生活中，身教的作用往往大于言教，所谓的教育都不是在说教中进行，而是在潜移默化中进行的。假如一对父母时常争吵，你骂我，我打你，对孩子的影响就会很大，孩子会在心里对这样的家庭关系产生一种厌恶心理，这可能是妈妈最早想从家里走出去的原因。她是家里最大的女孩，她不喜欢家里总是充满火药味，而且不愿意母亲让她带妹妹去父亲那里要全家的生活费。

那年妈妈二十岁，她阅历很浅，是一个学习音乐的人，每天在琴房里要练好几个小时的琴。当时去读音乐学院，开始是外婆的决定，后来她也渐渐地喜欢上了钢琴，她的音色不错，老师让她选修苏石林教授的声乐课。苏石林是白俄罗斯歌唱家，1930年受聘为上海国立音乐专科学校外籍教授。他和一个中国女子结了婚，因为他在声乐领域的造诣很高，所以在上海有很多学生。

这种选修课在上海音专很受欢迎，弹钢琴需要大量时间，而学声乐一天只需要练半个小时就足够了，所以主课是弦乐系的学生都喜欢这样的声乐选修课。妈妈不是一个学琴很优秀的学生，她不是出身于音乐世家，也并非从小就学琴，但是她是一个蛮用功的人。至于毕业后干什么，是否以教钢琴为生，对于一个银行家的女儿来说，她倒没有想得那么远，她只是在学习中享受到音乐带给她的乐趣。

我的大舅舅、二姨、三舅舅全部进了沪江大学读商科，类似现在的工商管理系，这是当时上海有钱人家的孩子最喜欢学的专业。

八

上海解放在即，而我外婆对金融形势的发展不是很关心。她不像她的一些朋友，为了孩子可以去留学、结婚，尽可能地向丈夫索取钱财，而是表现得非常大大咧咧，大有你走你的阳关道，我走我的独木桥的意味。她经常说的一句话就是“权当没有你这个人，没有你我就不活了？”妈妈就是在这样的一种环境中生活的，她不喜欢她的母亲，但也不想早早结婚离开家。在家里她是大姐，她和她妹妹在我外公离开家的那一刻变得懂事了，但是她们也没有遵照我外婆的意愿，立场坚定地站在她的一边，她们不太喜欢家，喜欢找自己的朋友。

那时我二姨父的母亲去世了，在他父亲续了弦以后，我外婆担心他们三兄弟会吃苦，所以对他们就非常关心，这样我外婆家的兄弟姐妹中，就又增加了三个成员。因为他们就住在我们的隔壁，所以外婆家也就成了他们的家。在弄堂里，在沪江大学，他们这几个人就成了一伙，一起上学，一起回家。我妈妈和三舅舅他们会一起滑冰，一起跳舞，一起弹琴，给家庭带来了不少欢乐。

那时我妈妈与妹妹们年龄已经不小了，她们的内心也许开始有早点恋爱、离开家的念头了。我妈妈与爸爸的接触不是非常公开，妈妈似乎认定我外婆不会喜欢我爸爸这种思想先进的人，爸爸与外婆的关系确实不似我二姨父和我外婆的关系那么融洽。我外婆家与我爷爷家是两种不同类型的家庭，外婆不太认可文化、学问及知识的力量。

外婆比较喜欢她的三个女儿，她不认为婚姻上要长者为先，必须我大舅舅先结婚，我妈妈在其后，这是她的开明之处。我外婆心目中的女婿应该是一个长相比较英俊，年龄与女儿相仿的人，至于学历她倒没有过高的要求。在重学历、信奉孔孟之道的中国，像我外婆这样的人还真不多。

尽管我外婆书读得不多，但她看人看物却有非常独特的视角。我大舅舅在沪江大学读商科，人也长得很英俊，追求他的人不少，我外婆没有因为他是家里老大就要让他先结婚，她觉得孩子大了，应该自己选择自己的婚姻。我大舅舅的同学中，有一个是当时上海商会会长朱葆三的女儿，她对我大舅舅很有好感，按照世俗的做法，我外婆理应促成这样的婚姻，通过联姻在经济和社会地位方面得到利益，但我外婆对此则不以为然，她为人处世有自己独到的一面。

我妈妈的情感非常丰富细腻，她和我外婆是生活在一起时间最长的人，却是性格上完全不同的两种人。我妈妈凭着她的直觉，认为我外婆不会喜欢我爸爸这样年龄大她很多的人。外婆在社会上接触过各种各样的人，唯独不喜欢也很少接触学术型、研究型的人，而我爸爸恰恰就是这样的人，他相信知识就是力量，智慧能够创造财富。他和我妈妈的相识相恋，直到相爱的过程非常自然，当妈妈把这件事正式提出来的时候，我外婆的反应先是非常吃惊，因为她根本没有想到妈妈会和这样一个人谈恋爱，她不能理解妈妈为什么会爱上这样一个人，她不喜欢我爸爸是显而易见的。但是当他们正式提出，希望外婆可以同意他们结婚时，外婆就表现出一种少有的大度。她马上要我外公多拿点钱出来，好好操办婚事，尽管其中有她要面子的因素，但确实表现出她性格中豁达坦荡的一面。

其实外婆对我父母亲结婚一事还是颇有微词的，好在她足够民主，尊重孩子的选择。况且我爸爸年纪比较大，可能让外婆想起我外公的事情，反而对我爸爸比较放心了，所以她才会让她的五个孩子随我爸爸妈妈一起去香港。当然她也能想到，我外公对他们的到来肯定不会欢迎，但外婆认为孩子也是他的，作为父亲他理所当然要承担对孩子的责任，难道他只管他后来的家？用外婆的话来说，“我是将他一军”。

九

外婆把儿女送去香港时只有三十多岁，她感到非常轻松。她觉得她和她的小儿子将在上海过上一种没有很多烦恼的生活。

外婆目睹了解放上海的过程。因为打仗，我六舅舅不上学了，外婆恐怕他不安全，就住进了国际饭店，这里是上海当时的最高点。解放军是分几路解放上海的，1949年5月26日夜晚，外婆听到了几声枪响，她起来拉开厚厚的窗帘，没有看到她想象中的满天的红光，也没有听到密集的枪声，她就安心地睡觉了。第二天早晨起来，她就发现上海解放了。

上海解放了，外婆走出国际饭店，看见清早的大街上睡满了解放军，当然她不知道什么“三大纪律八项注意”。这时候她在国际饭店已经住了很久，她在思索，她是不是该回家了。

四 / 似是故人来

永恒的怀念

去年8月27日，突然得知姑妈邓季惺病危的消息，我急忙飞往北京，待我赶到医院，她已处于弥留阶段，虽然我守护在她身边整整一夜，希望她能复苏，但第二天，姑妈还是离开了人世。

对于姑妈的死，我是很悲痛的，尤其是未能与她真正地道别，这成了我终生的遗憾。我怀念姑妈，并不仅仅因为她是我的亲人，我的长辈，更因为她是我事业上的启蒙者，人生路上的引路人。

在我还很小的时候，我就从父辈那里知道了许多关于姑妈办报的故事。我很敬重她，也一直以她为自己的榜样。“文革”时，家里的处境十分艰难，亲朋好友大多自顾不暇，面对相继患病的父母，我非常悲观。这时姑妈来到上海，她说自己十几岁从四川独自出来，读书、工作，历尽家庭和事业的艰辛，最后成功地办起五地八版的《新民报》，她用自己的经历鼓励我去战胜困难。她对我说，人的一生总是会遇到这样或那样的艰难曲折，重要的是如何对待它。此后姑妈不时地给我寄钱、寄东西，在那艰难的日子里，从姑妈那里我得到了力量，感受到了亲人的温暖。

“文革”结束后，我开始攻读大学课程，由于基础差，困难不小，又是姑妈常常给我鼓励。我进《新民晚报》社工作后，姑妈更是频频和我通信，从报纸风格到栏目编排，从联系作者到处理来信，从工作学习到待人处事，无不给我以谆谆教导。我知道姑妈之所以如此对我，是希望我能够继承她开创的事业。

尽管姑妈早已离开了报社，但她一直关心着报社的发展，对复刊后的《新民晚报》，她更是倾注了自己满腔的热忱。1989年，为纪念《新民晚报》创刊六十周年，我去北京组稿，姑妈不顾自己八十岁高龄，亲自带我一一拜访了夏衍、阳翰笙、朱学范等老先生，请他们给予晚报支持。在姑妈的帮助下，这次任务完成得很好。我想，姑妈的这种敬业精神，正是我们这一代新《新民报》人应该学习的。

1992年初，我去美国探望丈夫，当时大多数熟人都认为，我家有很多亲戚在美国，我这一去是不会回来了。行前，姑妈曾语重心长地对我说："我相信你们俩能在美国待下去，你们会有汽车有房子，生活也会比国内好，但你恐怕再也找不到比在《新民晚报》更有意义的工作了。"后来在纽约，我遇到了正在美国访问的姑妈的儿子吴敬琏，他给我讲起上海改革开放的新形势，我极受鼓舞，很想回来看看。姑妈闻讯后对我的决定很赞赏，她提到，我们家从祖父参加四川保路运动开始，几代人就一直在寻求国富民强的道路，应该说如今正逢百年不遇的大好时机。正是在姑妈和其他一些亲朋的鼓励下，我回了国。这几年，也正如姑妈所相信的那样，晚报的确发展很快。在我的亲人中，姑妈是最了解我的，她的去世使我永远失去了一位最好的导师。

姑妈已离开我们一年了，《新民报》的另一位创办人，陈铭德姑爹也已去世七年多了，我同样深深地怀念他。努力工作，让《新民晚报》更加兴旺发达，这不仅是今天我们《新民晚报》人的责任，也是对两位老人，对赵超构伯伯，对许许多多已离我们而去的老《新民报》人的最好怀念。

1996年8月28日

心祭

写在姑妈逝世十一周年前夕

8月28日就要到来了，这是姑妈逝世的日子，这个日子永远地记在我的脑海里。有人曾经说过，对一个人的成长来说母亲是最值得怀念的，但在我们邓家，姑妈的养育教导却是我们子侄辈永世难忘的。

我曾经在姑妈逝世的那年在《新民晚报》上写过一篇悼念姑妈的文章，人的感情是很奇特的，对于非常熟悉的、非常亲切的人，提起笔来便会思如潮涌。此次从北京回来，看到东郊的家里，在中间起居室里放置着一张姑爹姑妈的遗像，望着相片上姑妈的微笑，便又想起我们共同生活过的那些难忘岁月。

那是在1972年，随着中美、中日的建交，我们已经开始和海外的亲友通信，也开始和姑妈联系了。姑妈一获知爸爸患结核病住进医院的消息，就匆匆一个人赶来上海。那是在一个午后，寂静的病房里悄然无声，爸爸正在休息，忽然有一个熟悉的身影出现在了医院的病房门前，我和爸爸都惊呆了。姑妈站在病房前，她并没有直接走进病房，而是迅速地从包里拿出一双软底的鞋子，换上后方才走了进来。她解释说病房里需要安静，怕影响其他的病友，这个举动真是太使我吃惊了。姑妈和爸爸相见，老姐弟俩执手相看泪眼，激动得连话都说不出来。姑妈首先宽慰爸爸："结核病不算什么，我有经验，一定会好的。"姑妈的话给了病中的爸爸和我极大的鼓励和安慰。爸爸抱怨说："姐姐怎么不先来封信，这个地方就是久住上海的人都不好找啊。"

多年不见的他们有着说不完的话，但不久姑妈便理智地打断了爸爸的话，说"我们都累了，改天再继续聊吧"。爸爸顺从地点点头答应了。

我送姑妈走出病房，姑妈对我作了详细的指导，从护理病人到注意营养，甚至连每一天该吃些什么，她都一一关照我。她告诉我，她曾经护理过她的丈夫、大姐、小哥哥，在她的精心照料下，他们的病情都得到了好转。说着姑妈还从包里拿出一些介绍信，她讲爸爸的病需要一些医生的指教，在北京时，她就请教了中国医学界泰斗式的人物钟惠澜大夫，并为爸爸介绍了她劳保医院的王铭新医生，说在他们的帮助指导下，爸爸的病情一定能够得到缓解，还告知我世界上出现了一种新的广谱抗生素，如若和其他抗结核的药物联合使用，将会产生极好的疗效。姑妈的到来给了绝望中的我很大的鼓励，姑妈还以自己的亲身经历教诲我，不管遇到什么困难，一定要有信心。多少年过去了，姑妈的话还在耳边萦绕，总会给我无穷的力量。

后来我进了《新民晚报》工作，我和姑妈的通信便没有间断过，我们俩写信的内容从家事谈到了报纸，也许因为我是我们家唯一一个在新中国成立后在《新民晚报》工作的人，姑妈给予了我极大的关怀和指导。当我们谈论工作时，姑妈有一句铿锵的话语深深地印在我心里，那就是“假如你连字号字体都搞不清，你在报社还有什么发言的权利”。她给我讲“三张一赵”的编报方针，细致到他们的版式的样子、标题的字号。

在我进报社工作后不久，姑爹就去世了（那是1989年2月11日），为了筹备姑爹的追思会，姑妈一一拟定了参加者的名单。如今想来，那天其实是通过一个简单的茶话会对姑爹姑妈多年的工作乃至一生作了一个总结。那天在会上，姑妈表现得异常沉着，但晚上当我和姑妈在一起的时候，我看到了姑妈的痛苦。凡在《新民报》工作过的人都知道姑妈能干、负责、办事讲原则的一面，但只有姑妈自己最清楚，在她创业的过程中姑爹的支撑作用是多么重要，姑妈失去亲人的痛苦是难以言表的。

姑妈把她使用多年的通讯录交给了我，那不是一般意义上的通讯录，而是凝聚了多年，历经了风风雨雨后，人与人相处的记录。有的人是我认识的，我向姑妈作了介绍，而有的人则是我不认识的，姑妈就跟我讲此人和我们这个家族的关系。记得后来的一天，姑妈带我去为《新民晚报》创刊六十周年组稿，姑妈不顾自己八十多岁的高龄，亲自陪我去夏公（夏衍）的家中，一路上，姑妈语重心长地对我说，她曾经陪很多人去过夏公的家里，但夏公一定会记得我，因为我是她的侄女，而且还是《新民晚报》副刊的编辑。那天，夏公在家里亲切地接待了我们，陪伴着他的是他的女儿沈宁和一只漂亮的大白猫。正如夏公后来在文章中所说，他本来只打算发个贺电，但盛情难却，才亲自写了《祝愿》一文，说的就是那天的事。

后来我又去冯亦代先生家组稿，那天，接待我的是冯老和他的夫人郑安娜女士，其实冯老夫妇和姑爹姑妈的私人情感并不是很深，但姑妈为冯老同意为《新民晚报》创刊六十周年写文章而心怀感激，我去过以后，姑妈马上亲自给他们打了电话，向他们表示感谢。

还有就是柯灵先生，他曾在《新民报》办到上海时，参加过报社的编辑工作，在姑妈参加《新民晚报》创刊六十周年纪念会的同时，上海的《收获》杂志上发表了他写的《回看血泪相和流》一文。我拿给姑妈看，并和她一起拜读了柯老满怀深情的文章。从此在全国政协、文代会开会的时候，姑妈总是和他们夫妇坐在一起。

直到她生命的最后，她一直保持着和我通信的习惯，那时她的身体已经很差了，医生通过股动脉血测试出她的肺部严重缺氧。我收到她最后一封信时离她去世仅一个星期，信中的字迹依然还是她原有的风格，讲的也还是在新中国成立的前夕，她亲自去朱德处请求他为《新民报》题词的事，讲述的仍然是工作。

姑妈是一个极讲原则的人，她的爱憎往往表现得特别强烈。她总是把她的这种做人的原则灌输给我，让我们子侄辈深有感触。如今姑妈离开我们已经有整整十一个年头了，和她联系的子侄辈中没有人不受到她的关心和帮助的，每当想到此，总会使人热泪盈眶。她的一生都在坚持不懈地为自己的理想追求着，给我们后人留下的是无穷的哀思和怀念。

冢上秋风又一年，微言唯有故人知。姑妈将永远活在我们的心里。

2006年8月

将爱埋得更深

今年清明是我妈妈逝世后的第一个清明，如何寄托对于亲人的哀思，是每个失去前人的后辈思索的问题。扫墓、踏青，固然都是很好的选择。无意间我翻阅了加拿大作者希拉·黑利的《我嫁给了畅销书作家》一书，希拉·黑利的名字对人们也许是陌生的，可谁没看过由阿瑟·黑利的同名小说改编的电视连续剧《大饭店》呢？阿瑟·黑利是如雷贯耳的大作家。读他写于他父亲追悼仪式上的悼词，颇为感叹，摘录一段如下：

> 这次追悼仪式十分简单，因为我父亲一生简朴，我们现在尊重他老人家自己的意愿，我请求在座的各位尊重我们的信念，我们也尊重各位的信仰，你们认为有必要，请默默祈祷吧。我父亲乔治·韦林顿·黑利生于1883年，上星期三与世长辞。他出生那年，格拉德斯通任首相，维多利亚女王在位，女王加冕为印度女皇还只有七年。温斯顿·丘吉尔才十一岁。夏尔·戴高乐出世是三年之后的事。赖斯兄弟在基蒂霍克首次飞行还差二十年。泰坦尼克号沉船事件发生在二十九年之后。第一次世界大战离当时有三十一年，而第二次世界大战相隔五十六年之遥。人类首次登上月球与我父亲出生之年相距八十六年……

我想黑利用如此句式写下他父亲的悼词无非想表明，他父亲的寿命很长。生和死自古就是文人骚客笔下的话题。人有生就有死，更何况生生死死不由人，有的人死了却如活着，有的人活着但活得很苦很累，于是人们对生和死有了新的理解，那就是追求人活着时的生活质量。让我们珍惜每一天的相识相聚，让我们为了缔造每一天的好心情而尽最大的努力吧，我想，这才是积极的人生观。

妈妈是一个善良的好人，人说好人一生平安，是对人生的一种企盼，在妈妈的遗像前，我安放了一尊香炉，置放上一张“送您去远方”的卡片。逝者去矣，我祈祷您在九泉能安宁，我们现在的分离，并不能阻隔我们间的关联，也许待我们相聚的时候，一切又会变得更美好。亲爱的妈妈安睡吧。

原载于2002年4月5日《新民晚报》

爸爸和黄苗子夫妇

黄苗子夫妇是中国著名的文化人，他们戏称自己是二流人，因此和吴祖光夫妇、高汾高集夫妇、丁聪父子等结社成为了二流堂，我爸爸结识他们是在抗日战争时期的重庆。那时爸爸才从清华大学经济系毕业不久，因为姑妈邓季惺、姑爹陈铭德在重庆办

《新民报》的缘故，爸爸会经常出入《新民报》社，自然他与当时的《新民报》人与《新民报》作者相熟。

黄苗子是一个很奇特，也是极有才气的人，他和著名的法官郁华的女儿、郁达夫的侄女郁风结婚后也到了重庆。抗战时期二流堂是个很活跃的地方，爸爸和他们接触很多。他们夫妇都很热爱绘画，尤其是郁风当时就在重庆开画展，珠联璧合的他们经常是一个画画，一个题字。爸爸后来回忆说，在重庆的经历用一句很恰当的话说是“谈笑有鸿儒，往来无白丁”。他们都有在南方生活的经历，黄苗子曾在上海工作，而多才多艺的郁风亦在抗战时期编过《新民报》的副刊，她的故乡浙江富春江严子陵是个景色秀美的地方，因为出了郁华、出了著名的文学家郁达夫而闻名。那里和我爷爷晚年在杭州九溪十八涧的故居邻近，所以爸爸和他们的关系就一直很密切。

记得爸爸谈起他们之间有过一次为报纸版面所作的构思，说“那真可以成为中国绘画史上极成功的精品”。黄苗子说他和郁风，“要画一张漫画的话，那么假如自己站在郁风的前面，郁风刚好大他一圈，而假如郁风站在自己的前面，那么自己会整个地被她遮盖”。黄苗子如此风趣地谈论自己夫妻俩外貌的差异——黄瘦小个，而夫人郁风却身材适中，喜好艺术的她经常穿得很有个性，这个形象的比喻在当时的文坛被认为是佳话。

后来因为国民党的通缉，姑妈、姑爹、爸爸和许多文化人一起去了香港，在那里他们又经常地往来。新中国成立后，是留还是回，或者远走他乡，是当时很多人思索的问题。由于受到我爸爸的好朋友，同是一二·九运动学生领袖，当年任北大学生会主席的陈忠经的鼓舞，爸爸妈妈和黄苗子夫妇同机从香港回到了上海。回到上海后，黄苗子夫妇去了北京，而爸爸却留在了上海。

生活中有欢乐，有坎坷，有奇巧，有偶然，这便构成了我们父辈人的整个的人生。如今，爸爸和他们夫妇都已故去，但他们的后代依然在延续着他们的生命。无数的回忆，无数的酸甜苦辣，还是会组成我们的人生。

2014年8月14日

李玉茹与她的女儿

我结识著名京剧表演艺术家李玉茹是缘于她的女儿李如茹。如茹是和我同一所中学同级不同班的学生，我第一次见到她是在学校的阶梯教室，那天学校正在举行上海市小青蛙故事会选拔赛，只见一个身着藏青色列宁装，眼戴深红色镜框眼镜的小女孩走到台前，她有声有色、字正腔圆地讲述着早已准备好的小故事，那副神态马上吸引了我的注意，她便是日后成为我好朋友的李如茹。

我和她相熟是在1966年的11月，那时大批的学生都去全国各地串联，而我们这些自认为家里有问题的人就待在家里。一天学校通知说让我们去上海郊区的北桥公社参加劳动，于是学校的很多同学都一起去了那里。

那是学校设在现属闵行区的一个学生课外活动基地。房子是学生自己用干打垒建造的，平房有玻璃窗，双人叠床，相比大家后来去农村插队落户的条件来说还是不错的。说是去参加“三秋”，可那里离真正的农村还甚远，不过较之我们原来生活的环境已经有了很大的变化。一天三顿都是自己做的，吃的还是细粮，也许我们两人有很多的相同之处，所以不久就形影不离了。

当时因为“文革”不读书了，我们就整天待在一起，京剧院只发给如茹妈妈一个月15元的生活费。十几岁的我们，已经懂得这钱要尽可能地省下来，给关在“牛棚”里的爸爸妈妈送吃的。那时李妈妈待的“牛棚”，是京剧院的一间厕所，一拦为二，一半给李妈妈和童芷苓住，另一半则是给顾忆萱（顾的夫人是著名的京剧十姐妹）住。

小时候我并不是李妈妈的戏迷，但我经常与李如茹到“牛棚”去看望她，便很快与她相熟了，以至于后来发展成了忘年之交。我记得有一次她就跟我说："邓子，我把自己一生的事都讲给你听，以后如果我的脑子坏了，你们也可以给我记得。”

李妈妈是一个经历坎坷的善良的好人。她是中华戏校的学生，她学会唱京剧，既非家传，也非师傅教授，却是地地道道的科班出身。当时业界流行的说法是“教会了学生，饿死了师傅”，足见竞争异常的激烈，李妈妈的成功完全是靠自己的勤奋，靠自己的努力。她一点一点地偷戏，客串过无数次的宫女，直至把一出出的戏全都学会、记熟。她得等角儿有应酬时，才能有机会救一回场，还不知自己会不会被喝倒彩、轰下台，可见当时要在戏班子里混出个角儿是多么的不容易。

改革开放以后她虽然已经年近花甲，依然宝刀不老，能表演《贵妃醉酒》的下腰衔杯动作，足见当年童子功的扎实。

李妈妈是最早被“解放”的一个。那是在1970年我们下乡后不久，当时我们着实为李妈妈能够获得“解放”而兴奋。

历尽浩劫后的李妈妈一出“牛棚”就力尽所能地帮助我们，因为她和《红灯记》中李奶奶的扮演者高玉倩是同科的同学，所以她选择了《红灯记》中最著名的唱段，教我们演唱“都有一颗红亮的心”。她还教了我们最基本的身段、台步和云手。她告诉了我们很多只有京剧演员才可能知道的演戏的艰辛，尽管我们都有些唱歌、舞蹈的基础，但李妈妈告诫我们京剧难度极大，要三下两下就会唱是根本不可能的。京剧之所以被称为中国的国粹，是因为它有最为完美的程式，所以是不可能不费一番苦功就速成的。

但学来的这点基础，如茹还真派上了用处。那是在她下乡去江苏、安徽后，大家都想考个文工团什么的，以便离开农村。如茹就是凭借了她这些半拉子的本领，一曲“红亮的心”让她旗开得胜，离开了农村，到了安徽的南空蚌埠基地，成了一名文工团战士，这或许成了她生命中一个很重要的转折点。

“文革”结束以后，如茹如愿考上了上海戏剧学院戏文系，尽管当时她已在农村、部队生活了近十个年头，但校园的生活还是很使人憧憬，那是百废待兴、日新月异的年代。

在学校里，有一大批很有思想的、不算太年轻的青年人，有当时著名的青年女导演苏乐慈，有如今还活跃在舞台上的戏剧理论家和剧作家余秋雨、沙叶新等。正是有一大批文化人的参与，才使得沉寂了十年的文化领域呈现出从未有过的繁荣景象。

如茹作为一个改革开放后进入校园的大学生、研究生，她又走出了国门，跨过英吉利海峡开始了新的学业。她参与了一个国际性的学术交流活动，作为中国戏剧表演艺术家，在英国的利兹大学进行莎士比亚的研究。

在如茹的少女时代，我们曾经有过一次奇特的经历，那是我俩去农村的前夕，准确地讲，是在毛主席发出“知识青年到农村去，接受贫下中农的再教育”的指示后不久，有朋友为我俩的出行前途算过一卦，说如茹的前景会有曲折，但一切又能迎刃而解。当时我们都不以为然，一笑而过，如今想来莫不是真应了当时的预言。

2008年中秋夜

孔令朋的《今生今世》

非典时期，闲来无事，随手翻阅了《今生今世》一书。

这是我的老邻居，孔子第七十六代嫡系八府长孙孔令朋先生的一本自传体小说，在书的封底介绍中有这么一句话——“折射个人与国家，家族与社会的前途命运”，读后颇有一种苦涩的感觉。

且不谈孔老风风雨雨的特殊人生，亦不谈他自然朴实的写作文笔，只想谈谈我和这个普通老人的交往。

记得在晚报上读到过一篇他因患肺癌戒烟的小文，我当时真是感慨万分，竟有一种想打电话给他的冲动，劝他一定要戒烟。我与他们一家曾经是多年的邻居，他的夫人和我一起演过戏，他的女儿和我是校友，他的大儿子孔德予和我是同事，所以我对他们有难以忘怀的记忆。

我童年时，他们家从汾阳路搬来，宽敞的家装潢得富丽堂皇，他们家里时有悠扬的曲调传出——抒情的西皮流水，激昂铿锵的锣鼓。还总有京剧票友在聚会——如今很多活跃的票友都曾出入于他们家。他的夫人万复郁也很漂亮。

记得一次里弄里要演出，他们来邀我去客串一下小孩的角色，我就被稀里糊涂地带了去，抱个娃娃，在台上走了一圈，那时的孔令朋先生就在抽烟。

他的大儿子和他家楼上的两兄弟老爱来我们家借小人书，借了呢，又不及时归还，我们不得不厚着脸皮去他家讨，于是认识了他的大女儿孔德韫。她的小名叫菲菲，长得特别好看，很白，梳着两条棕黄色长长的大辫子，我们就给她起了个外号叫“白雪公主”，见面就叫她“白雪公主”姐姐。后来我们渐渐长大，考取了不同的学校，因年龄不同，所以慢慢就交往得少了。

“文革”时紧缩房屋，他们家早已没有了床，仅有一张沙发，一张钢丝床，十余平方米的空间居然容纳了一家五口人，但房间布置得十分温馨雅致。他们的门口再要置放一个碗柜显然是不可能的，更何况他们也不会为了这样的小事在邻里之间制造麻烦，于是就向上方空间寻找出路，他们家的碗柜就是架空在他们房门口的上方的，当时我真为他们能有如此的想象力而感叹。

后来我和他们的大儿子又在同一家商店工作。那时的商店工作时间很长，从上午九点开门要做到晚上九点打烊，我们小店卖的都是些小杂货，尤以烟为主。我父亲因为得了肺结核，和烟自然早已无缘，但店里卖烟，我自然熟悉各种香烟的价格，那时一条大前门是三元五角，算是比较高级的，最便宜的当数生产牌，只有八分，当然都是要烟票的。我那时最关心的是水果，也许是源于我在插队期间在农村当过会计，我的心算很好，尤其善于凑零求整，于是得以有机会经常去水果摊帮忙。商店里每个月都要盘结一回，水果的毛利很多，几乎是对本对利，当然不会有缺钱的时候。杂货就不同了，有烟，有酒，还有肥皂草纸，加上当时各种零卖商品，有票证和钱财的进出，多人经营就只好靠相互监督了。

孔老的大儿子右臂因从小患小儿麻痹症而残疾，所以工作起来尤其辛苦，每次看到他踩三轮车运货，我心里总感到酸酸的。当他拉着满满的一车货物来到我们店时，我总会情不自禁地走上前去帮他一把，替他搬一箱香烟，抬一筐啤酒，这时他都会对我一笑，以示感谢。

读着孔令朋的《今生今世》，特别是联系他写的小文，我想，人的一生经历各异，有的人平稳顺达，无惊无险，有的人曲折起伏，变化莫测，但像孔先生那样福祸交织，时上时下的情况确属罕见。他想，照此下去他也许会患肺癌而死，但让他戒烟可能会比让他死更痛苦。

他书中扉页上有他的全家福，他的笑容很含蓄，倒是“白雪公主”姐姐的女儿大有几分妈妈和外婆的旧日模样。

2012年12月15日

姜桂之性，到老越辣

忆于光远笑谈伪科学

于光远同志于2013年9月26日去世，享年98岁，真可谓是活了一个世纪的老人，我最早是在我父亲的“文革”交代材料中知道有这么一位一二·九运动的参与者和领导者的。当时的清华同学会每过一段时间就会印一本同学名录给大家作为纪念，我最早见到的同学名录是在中华人民共和国成立十周年之际，一大批一二·九运动的参与者为《星火燎原》撰写的回忆录，随着大家的追忆，很多往事连带当年读书时的学号都出现在纪念册上。第一本清华同学录是一本印刷非常讲究的紫红色硬封面的册子，从中我第一次知道了清华的前校长梅贻琦、体育教授马约翰和很多其他的清华人。于光远同志正是其中的一位，他是当年清华物理系的学生，原籍上海。

十一届三中全会后于老任社科院副院长，我真正近距离接触他，听他讲述自己的一些真知灼见，是在1994年。一天我在《新民晚报》上班，总编辑束纫秋同志来叫我，说有一个工作一起去做，我这才第一次见到了于老。当时于老已经退了下来，我们在《新民晚报》的大楼里一起吃了午饭，然后去了时任上海市委宣传部部长王元化同志位于衡山路的办公地，同去的还有于光远的秘书冀朝燕女士等。

当时全国有一个热门的话题——气功，我们的讨论在轻松的气氛中进行着。于老是我们的老领导，又是我们报纸《夜光杯》版的作者，他笑谈自己只是一个写作的新秀。作为一个物理系的学生，他的科学救国梦被抗日战争打碎后，参加了学生运动，走上了革命的道路。他讲到了自己的人生信念，从领导的岗位上退下后想再干点什么，他说："我是一个不以忙为苦而以忙为乐的人，闲来无事的时候连手脚放在什么地方都是问题，我认为忙是运动，而生命在于运动，我也不反对闲，闲是相对静止，闲有利于冷静思考。正确处理忙闲，应该是善于把忙和闲结合起来，能够在忙中保持一点闲的心情。但我怕闲苦、闲烦、闲闷。"

他认为自己没有在年轻的时候完成科学梦、写作梦，或许能够在退休以后实现。他讲了一些自己有趣的经历，关于如何看待科学和伪科学的问题。他讲到在当时，他听说有一个叫严新的人，据说法力无穷，可以包治百病，很多人对此都深信不疑。那严是不是真有如此的功力？这引起了于老极大的兴趣。

他说，他和中科院的院士何祚庥曾就此问题，在香港中文大学就严新的手法到底能不能产生光感、力度等一系列的问题做了各种科学实验，动用了各种先进的科学仪器，包括嘴里念念有词能否产生效用，有没有腹语等，结果发现所有的一切都不能产生任何物理化学的效应，唯一能产生的是一种纯精神的作用。于老和何老对此作了专题的报告，他们完全是本着科学的态度看待事物的。于老坚持认为这是科学和伪科学之间的一场较量。他认为自己是得益于五四精神，得益于所信仰的“赛先生”和“德先生”，所以尽管上了年岁，还始终秉持“姜桂之性，到老越辣”的信念。

自此我就和他熟识了，有了忘年之交。他一直认为自己是《夜光杯》的一个作者，是一个老梅枝头、青春勃发的写作新秀。每当新年来临之际，我都能收到一份他用计算机打印的贺年信，信中写了他在这一年中所经历的大事，去了什么地方，是去考察、调研还是去旅游，得病后的感受，等等。虽然信是用计算机打印的，但是抬头和签名，一定是他亲笔所写，年年如此，连续数年。

作为曾经的中宣部领导，于老对像我这样一个普通的新闻工作者，犹如一位亲切的长辈，他给我寄来的不仅是一纸普通的问候，还是一份对于新年的珍贵的祝福。

2014年7月29日

丰子恺与《猎人笔记》

春节在家随手翻阅屠格涅夫的《猎人笔记》，读着读着，思绪就把我带入丰子恺先生父女共同翻译此书时的情景。小时候，我经常阅读各种小说，而且我爱绘画，所以我非常喜欢去丰子恺先生的家里玩。

我和他们一家的相识缘于我妈妈和丰老大女儿丰陈宝阿姨是好朋友，当时她们在一起筹建音乐出版社，她们曾经都有过一段在江湾生活的经历，妈妈在那读的是音乐专科学校，而丰阿姨读的是中学，对江湾生活的熟悉使她们有很多共同的语言。而且她们都有一对儿女，年龄又相当，所以童年的时候，我们几个孩子就经常一起玩，一起去听音乐会，阅读的都是丰阿姨的丈夫杨民望叔叔撰写的说明书，我们将此称为是领我们步入音乐殿堂的敲门砖。

当时在家翻译的是丰子恺先生，因为他的日语非常好，而俄语则是在翻译中提高的，当时的翻译家都是个人在家里一字一字地翻译的，而翻译同时需要准备大量的资料，还有文字的处理。丰老没有助手，在家中只有他们老夫妇俩，外加一个小女儿丰一吟——她正因身体不好而休学在家，于是大量的工作是由她担当的。

丰子恺先生是一位十分慈祥的老人，他工作非常勤奋，而生活却很简单，他每天都坐在写字台前，写字台上整整齐齐地放着他的书稿和画稿，一坐就是整整一天。

我现在读的《猎人笔记》是改革开放后出版的一套被认为是最好的“外国文学名著丛书”中的一本，那是经过十年“文革”

后，最为热门的书了。当时几乎是新华书店每上市一本，人们就争先恐后地去排队抢购，这种场面和现在要由写书人签名售书推销的情况比真是大相径庭。

经历了十年的“文革”，人们对知识的渴求和解决肚子饥饿的迫切是一样的，所以尽管我们都是才拿36元工资的人，我们还是毫不吝啬地每月拿出10元钱作为书报费固定的开销，于是若干年后，我们积累起了一大批书籍，我们自己戏称是砌起了书墙。这种文字的诱惑，我想可以追溯到丰子恺先生的影响。

《猎人笔记》翻译于20世纪50年代末，而我读的版本则是1979年后的再版本，正文之前是丰一吟的译本序，在她的序中她只字没提她当时参与工作时的任何情节，而是就《猎人笔记》一书的作者屠格涅夫的生平和其主要作品进行了介绍。《猎人笔记》是屠格涅夫早期作品中最优秀的一部，当然也是19世纪俄罗斯文学和世界文学中最为璀璨的明珠之一。

在《猎人笔记》的翻译过程中，丰子恺先生和丰一吟建立起深深的父女情。在丰子恺先生的画里，我们能看到大量表现舐犊情深的作品，他的画很多都取材于他的孩子，而丰一吟的形象却很少出现，因为她那时还太小。丰先生的画中多是他自己的生活，他的家乡，他的家庭、儿女，如《瞻瞻的脚踏车》中那儿童跨着两把芭蕉扇当车骑的画面，又如《阿宝两只脚，凳子四只脚》，寥寥数笔就表现出一种充满亲情的快乐的家庭生活。而他和小女儿丰一吟的父女情则是在他的翻译工作中体现的，一种爱的教育和培养在润物细无声中得以充分地展现。

每个人都渴望爱人和得到爱，从单个的人到组建成家庭、养育孩子，这种父女间的关系太值得人羡慕和渴求了。《猎人笔记》中很能表现屠格涅夫的希望，同时也蕴含着丰子恺父女的情感的一段话是：在早春的日子里，当四周一切都发出闪光而逐渐崩裂的时候，通过融解的雪的浓重的水汽，已经闻得出的是温暖的土地的气息，在雪融化了的地方，在斜射的太阳光底下，云雀在天真烂漫地歌唱着，急流发出愉快的喧哗声和咆哮声，从一个溪谷奔向另一个溪谷……

这就是屠格涅夫和丰子恺式的对春天的描述……

2007 年 8 月 4 日

元宵佳节忆陈振鹏先生

在中国人的记忆里，最能代表元宵节的习俗是猜灯谜、拉兔子灯、吃汤圆，但在我，每到元宵节却常会想起陈振鹏先生，他是《新民晚报》副刊《夜光杯》版的老编辑，我认识他的时候他早已退休。那是1993年的一天，因为主管灯谜工作的一位老作者去世，领导让陈先生来接手主管灯谜的工作。当时我们在编的编辑都觉得只有在元宵节时才可能应应景讲讲灯谜的话题，这样的栏目会不会长期存在都不一定，就是抱着这样的心情，我认识了陈振鹏先生。

陈先生精于古典文学，曾经长期在我们副刊工作，当年《新民晚报》停刊的时候，他去了上海古籍出版社。

那时我们在报社的工资都比较高了，但他由于没有回到报社，工资待遇相对就差多了。他住在武宁新村，一对老夫妇和女儿、女婿，外加一个小外孙一起住，当然他的住房在上海来说不算是困难的，三房一厅的格局，有独用的厨房和浴室——尽管都很简陋。自从他主管灯谜后，收入就有了增加，他对待工作的认真程度常使我惭愧，一早发出来的灯谜，转而上报后就会有差错，虽然我为此作了很多的努力，但半年之中总还是会有一两次失误。陈先生和我谈过能否杜绝差错的问题，他借给我很多讲谜格的书让我参阅。其实所谓的猜谜还是非常有规律的，如打一物、打一字都是一定的，有的是从字形上，有的是从格式上，有的则是从引申的意义上来说的，细细琢磨还是蛮有意思的，有点像英语的填字游戏。在中国古典小说《红楼梦》中就有大量的这种游戏，不过陈先生为之注入了新的内容，例如他从他的小外孙的爱好出发，看了很多推理小说，在谜语中运用相关元素。后来我们设计过一个叫“谜话”的栏目，就是意在让群众也参与进来。

后来他的夫人不幸得了癌症，老夫妇俩相依为伴的生活似乎是走到了头，失去老伴的日子里陈先生的身体每况愈下。当时正值《新民晚报》创刊七十周年纪念，会议在新民大酒店举行，我当时的想法是让他出来散散心，就把通知寄给了他，心想他还从来没有来过新的大楼，那就去一回新民大酒店吧，路途也不算太远。

然而我当时没有考虑周全，没有请报社派辆车去接他一下。结果当我们要开会的时候，发现陈先生踉踉跄跄地赶来了，我一看，顿时吓了一跳，只见他全身是血，一问才知道他不熟悉路，在过中山北路的时候，一个小砖堆让他跌了一跤。这一跤跌得可真不轻，鼻青脸肿不算，头还跌破了，吓得我们整个会都没有参加，请大酒店的医生为他包扎伤口后送他回了家。当我送他回去时真是后悔莫及，蛮好的一件事，结果发生了这样的意外。

后来他果真病了，他坚持要住在田林的第六人民医院，装了心脏起搏器，再后来我又去为他祝贺过一次新年，就听说他因病离开了人世。

很多认识的人都一一远离了我们，每每想起这些曾经一起工作过、一起生活过的亲朋好友总有些感慨。值此元宵佳节之际，就祝愿家家幸福、人人团圆吧。愿陈先生在天之灵安息。

2011年1月14日

我所认识的曾彦修

我在《新民晚报》工作期间认识了曾彦修同志，这是我的荣幸。1957年的整风反右运动开始之际，曾老首当其冲地被打成了右派，他当时的职务为人民出版社副总编辑。十一届三中全会之后获得平反，再次任人民出版社社长、总编辑，直至1983年退休。我有幸认识他，并和他有过多次的交往，这源于他曾是我们《新民晚报》的《世相杂谈》栏目与林放杂文奖的评委，当然后来他又成为我的作者。

曾先生是一位思想很开放、知识很渊博的长者。我第一次见到他是给他送林放杂文奖的评选稿件，当时有很多是群众的自发来稿，但都是我们先阅读过的，按程序，我将一部分稿件交给曾老审阅。他非常仔细地阅读了全部的稿件，几乎对所有的稿件都作出了评审意见。当时我也才进报社，对杂文的选择很没有经验，但我知道在改革开放前的《新民晚报》上每天都有一篇林放的杂文作为头条发表。但1980年复刊后的《新民晚报》该如何面对世事作出反映呢？我们大家心里都没有底，尤其是因为我们都是一些年轻的同志，是新闻战线上的新兵。这次的林放杂文奖的评审重在发现新人，可既要保持旧的传统，又要面对改革开放的新局面，这个标准的尺度该如何把握？这不仅是我们年轻编辑面临的问题，同时也是许多老同志遇到的问题。

林放杂文奖是全国晚报郑州会议以后发起的，收到来自全国各地的很多来稿。对于林放杂文奖是否完全沿用过去从文史角度来评定世事的评选标准，当时就有人提出了一个新的建议，即增加洋为中用的内容。参加评审的有很多都是多年为晚报写稿的老将，有林放、束纫秋、蒋文杰、江曾培、郑拾风等，当然他们大多沿用了过去晚报的杂文的形式。在众多的稿件中我们评选出一些优秀作品，其中不乏新人出现，如南京师范大学的年轻教师吴非，复旦中文系毕业才分配到《北京晚报》的李辉等，都很年轻，当然也有当时已负盛名的公刘、邵燕祥等，实际上那时我们的作者队伍已经不限于上海本地，而是遍及全国了。

第一次与曾老接触，我就深深地感受到他作为一个经验丰富的老同志对工作兢兢业业、一丝不苟的态度。当然后来我同曾老比较熟了，我们会从工作、写作谈到他自己的研究方向等。他告诉我，他正在研究苏联解体后的改革开放的问题，这是一个非常严肃的话题。能在近距离聆听这位献身于中国文化事业的老人对于时局的见解，是一件值得庆幸的事。

我在《新民晚报》工作的十年，有机会与很多非常出色的文化人接触并与之有较深的交往，使我受益匪浅。

2013年12月18日

画家陈小翠

从小被称为神童的西泠印社的陈小翠，可能是一个被很多人所遗忘的人物，但在我童年的记忆里，她的形象却是特别鲜活。

陈小翠是鸳鸯蝴蝶派文人陈蝶仙之女。她从小受到很好的古文、诗词教育，是工笔仕女和花卉画的行家，中国画院画师。在新中国成立后一段相当长的时间里，她一直和我住在同一条弄堂里。她的父母去世以后，她就一直一个人生活，似乎是游离于整个社会之外。她一个人住在房东家的楼上，房东家的男主人有外室，平时家里只有女主人和她的三个尚未成婚的儿女，这对于陈小翠来说倒是很方便，她和房东合用一个保姆来给她烧饭和洗衣服。她的生活异常丰富，她酷爱画画，尤其擅长画花鸟和仕女，为了画得好，家里养着鹦鹉和黄鹂，她的鹦鹉会叫“小姐，小姐”，对着黄鹂的啼啭歌鸣，陈小翠会产生很多诗情画意。因为她没有单位，没有公职，所以也没有人管她，生活比较自由，新中国成立后所有的政治运动好像都与她无关。她的朋友大都是画家，像贺天健夫妇、陆小曼等，平日里三五个好友常常一起谈谈天、饮饮茶。他们不去什么俱乐部之类的沙龙，而总是在襄阳公园或者画家贺天健在淮海路上的高塔公寓坐坐聊聊，品品画、论论诗。贺天健的山水画很有特点，他以线条勾勒山上的轮廓，和一般的画家用的皴法不同，设色讲究层次。画成之后，用什么诗句，按个什么闲章，是他们经常探讨的话题。他们都是一些旧文人，从历代的名画中认定仕女应该如何画，他们就画了，而没有受到当时社会环境的影响。

陈小翠不仅画画得好，唱曲吟诗也是好手，在我们的弄堂里除了中国著名的民乐家卫仲乐，可能就数陈小翠了，这是指她的古琴和琵琶的演奏。中国人好以琴棋书画来评论一个人的修养，陈小翠唱的评弹，当时叫弹词和苏昆，她边弹边唱，很有韵味。而她弹奏的古琴，那学的人就更少了，因为有这种古曲曲谱的人太少了。我曾向她介绍过卫仲乐的《十面埋伏》，不知她后来有没有联系过。小时候我因为比较喜欢画画，经常去她家，看她敷色。而她楼下的房东对她却很不了解，因为她总是沉浸在自己的天地里，和外界几乎不怎么接触。她把自己的卧房和起居室布置成粉色系，她的窗帘是粉红色的，她的床罩是粉红色的，她的衬衫是粉红色的，所有的用具都是粉红色的，所以我们就给她起了一个绰号——“粉红人”。她的生活应该说很自在，一点没有受到政治运动的影响，她只是偶尔和几个朋友一起去杭州，看看西湖，赏赏美景，到西泠印社谈谈印谱。

1966年9月18日，陈小翠楼下那户房东因男主人有外遇而遭到冲击，陈小翠被误伤，多年积累起来的画稿、诗词被毁于一旦，她引煤气结束了生命。

2014年7月29日

高本乐伯伯

《新民晚报》的资料室，其实是一个非常简陋的地方。赵超构伯伯当社长的时候，《新民晚报》在上海的新闻界中属于一个小弟弟的角色。它的读者定位在八岁到八十岁的大众，走的是一条大众媒体的市场道路，这个定位使得它在改革的浪潮中得到了很大的发展，订户几乎遍及整个上海，而且完全属于自费订阅。

赵超老在谈到自己写作的时候，对于晚报的资料室非常重视，因为这是一个能够得到很多信息的地方，他读报、看书、看杂志，从别人间接的生活中汲取自己写作的养料，笔耕数十年如一日。这里就要说到的是在资料室工作的高本乐伯伯，他因为是我爸爸的老同学，又是通过我爸爸的关系走进《新民晚报》社的，所以和我们家的关系一直非常亲密。他的右手上有一大块红色的印记，所以非常洋派的他总是避免和人见面握手，尤其对小孩。在我孩提时，他几乎每个星期日都来我家，我总是按照西方人的习惯和他拥抱以示问候，这种方式一直持续到他去世。

他在离开了《新民晚报》的经理岗位后，就长期担任资料室的主任，其实这倒是免除了他在私营企业时的很多烦恼，因为那时他要担任的是管理工作，这个工作就是一个用钱和管人的工作，处理的都是一桩桩最烦人的事。而他在资料室的工作就做得非常好，充分地发挥了他自己的特长，工作做得非常细，第一线的记者、编辑有任何问题，都能通过他做的卡片知识的线索，得到很好的解决。

“文革”中《新民晚报》停刊，高伯伯去了五七干校，在五七干校他就退休了。十一届三中全会后《新民晚报》筹备复刊，高伯伯没有来报社，而是担任了清华大学上海同学会的会长，他的办公室就设在原来的上海工业大学内。后来上海工业大学合并进了上海大学，钱伟长担任校长。高伯伯和钱伟长是清华的老校友，一二·九运动的参加者，又同为清华大学上海同学会会员。

清华大学上海同学会每年都会寄一份清华人及其后代的通讯录给我，其中注明谁为清华××级的同学，原来的学号是多少，现在的通信地址在什么地方。如果本人去世了，那么他是哪一年去世的，他的后代的通信地址在什么地方，还有谁曾经为通讯录出资，出了多少，作何用，结余多少，等等，都一一列明。这份通讯录原来一直是高伯伯在办，他去世前还特地告诉我他二女儿的名字（高士敏）和她的通信地址。高伯伯让我有机会写写一二·九运动，因为从那里走出了一大批在中国近代史上有过卓越贡献的人。也许他们都已不在人世，但是他们的后代还在，有的在国内，有的在海外，无论他们身在何处，都是中华儿女，他们依然知道自己来自哪里，他们的根在何处。

2012年6月20日

《不夜城》主话金融

告柯老在天之灵

清明时节雨纷纷。淅淅沥沥的雨不停地下着，我徜徉在上海火车站，雨夜中的上海华灯璀璨，真是一座名不虚传的不夜城。想起今年的6月19日该是柯老逝世两周年的纪念日，对故人的思念之情油然产生。

柯老，柯灵也，本名高季琳。与其说他和我相识，不如说我和他们夫妇有缘。他的夫人陈国容是我就读市二女中时的校长，我到《新民晚报》工作后，作为一名小学徒时常会去他家约稿、取稿。到过柯老家的人都知道，他家的大门上贴有一张小小的启事，下午四点后才会会客，但因为我可以先看望陈校长，所以这个限制对我似乎不起作用，也许我们间有太多相熟的人和事，我们自然而然就成了忘年交。

记得一次我去他家，正当教育基金要上市，由于陈校长是教育界离退休人员，她也有一些基金，柯老又有些稿酬，我们之间的话题就从如何使用闲置的钱财开始。他们问我如何处置这些资金，我满心疑虑。陈校长出身金融家庭，又有多年教会学校的工作经历，柯老是大名鼎鼎的剧本《不夜城》的作者，我一个小编辑能给什么建议呢？可生活在国际化大都市上海，论及金融、话及股票实在是太普通的事了，我于是脱口而出："做股票哇！"但见柯老戴正了助听器，陈校长用她那双颤颤抖抖的手为我沏好茶，瞧他俩那么认真地要向我请教的架势，不能不使我汗颜，我怎么敢在饭店面前摆粥摊呢？我赶忙笑着说："柯老啊，说真的，我所有的股票知识还都来源于您呢。"

这回轮到柯老诧异了："我可从来不会做，也从来没有做过呀！"

我大笑起来："说起资金运作，您可是当之无愧的《不夜城》主啊。您在电影里对报价、听行情，如何在现货和期货中取舍，以及交易所人头攒动的场景的描述，真太让人信服了。"

"可那是电影啊。"柯老不无感慨地回答。

是的，认识柯老的人都知道，他的纸上烟云，的确犹如屐齿印苍苔，字字行行，涂涂抹抹，都是他浅浅深深的生命留痕。他每写一篇小文，都要仔细翻检大量的资料，可以用一个"煮"字形容他写作的艰辛，这种沧桑感，也许只有写作人自知，但偏偏文字缘又如骨肉深，使人难舍难离。好在现今写作人已非同柯老以往那样单枪匹马地干了，而变成了工作室，再加上计算机提供的便利，创作条件今非昔比。尽管前路依然漫漫，但写作人还是能如柯老一样咬牙坚持下去。而且通过资金运作，相信会有更多的文化人脱掉穷酸文人的帽子，真正地扬眉吐气起来。

2002年6月14日

《申报》经理马荫良

我初识马荫良是在1989年，当时我作为一个编辑记者去他家约稿，那时的上海《新民晚报》副刊需要组织编写以“初识共产党”为主题的《十日谈》栏目，领导让我去请他撰写一篇短文。他住在淮海路陕西路的淮海坊，正对着上海著名的西式点心店哈尔滨食品厂的后门。这是一幢新式里弄房子，他住在二楼，走上笔直的红漆楼梯，按响门铃，应声而来的是一位年长的老人。他中等个子，说一口上海话，当我将来意说明，他沉思片刻后答应考虑一下，我寒暄几句就告辞了。

马荫良从1929年起任《申报》经理，在上海孤岛时期任《申报》总经理，他的工作经历是怎样的，自然是我十分关心的。史量才领导的《申报》的全盛时期，随着张竹平的离去，由一个自家的亲信担任经理，从钱财上讲，是管紧了老板的钱袋子，但劳资的矛盾却更为加剧。20世纪30年代的中国乃至全世界，都面临着相当严峻的政治形势，尤其是第二次世界大战爆发后，中国的文化中心已经随抗日烽火的燃起转移到了重庆。孤岛时期，《申报》的同仁依然生活在上海，面对风云变幻，马荫良既要团结同仁，又要面对大楼管理和新闻自由等诸多问题，他的处境是艰难的，他必须小心翼翼，所以这个时期《申报》的管理和张竹平的大刀阔斧有着明显不同的风格。

在档案馆做了案头工作后，我再一次去了马老家。马荫良对我讲了他在《申报》碰到一位地下党员的事。那是一位普通的共产党员，新中国成立以后他担任上海中医学院的党委副书记，他担任校领导后，依然关心教职员工的生活，甚至关心学生上课时的灯具，认为一般的灯泡没有白炽灯的亮度高，所以提出改造校园内所有教室的灯，从而使学生的近视率得以下降。后来我们又谈了当时，也就是改革开放以后的办报情况。文章写成后，我拿小样去请他修改，他很满意，文章见报后我去给他送样报，多次来往后我们就渐渐地熟悉了。当他知道我的姑妈是邓季惺时，他与我谈话就比较随意了，他告诉我他和我姑妈同是办报人，我也问起了他个人的生活工作情况。他说他是一个人在淮海坊独居，平日的生活由一个侄女照顾，侄女住得很近，所以他没有什么困难。他很关心我们年轻一代报人的工作生活情况，其间我也认识了马老的侄女，她是一位中学退休教师。再后来我去给他送稿费，他非常客气地说："文章是你写的，我只是提供了一些写作的素材。"所以他坚决不肯收稿费。

因为他住的地方离我并不远，所以我们后来还有过多次的接触，谈话也很随意，谈到了史量才的惨遭杀害、《申报》的盛衰，谈到了办报人的不易，谈到了地方通讯社稿件的传送，等等。马老说，改革开放后的大好形势来之不易，又说，新闻工作者这个职业是很吸引人的，我总是默默地聆听着。我们的联络一直持续着，直至马老在徐汇区中心医院去世。

2011年2月18日

似是故人来

我进上海《新民晚报》工作十年了，在这期间有太多的巧遇和邂逅，许多事都给我一种似是故人来的感觉。

我在《新民晚报》的副刊部工作，这是一个在《新民晚报》的历史上有着举足轻重地位的部门。当年《新民报》副刊的“三张”（张友鸾、张恨水、张慧剑）都是大名鼎鼎的人物，而我此时要提到的是另一位报人唐云旌，又称唐大郎。唐是新中国成立前“海派方形周刊”的主办人。后来唐也进入了《新民晚报》，负责副刊部。他是一个编副刊的高手，他的文章以文字俊秀著称，尤其是诗词歌赋很见功力。我进《新民晚报》的时候听说他已去世，颇感遗憾，只能从他昔日的朋友及他的作品中了解他的为人和写作。

一天，我收到一份来稿，其文字秀美，写作风格总给我一种似是故人来的感觉。我编发了他的游记后，有点感触，就将此文给了当年很欣赏这种文风的南京《新民报》的党组书记蒋文杰看，他读后似乎也有同感，但既然人家的署名为“商友敬”，我们也只能随意聊聊。

这位作者后来又陆续来过几次稿子，编发后我就将报纸连带他文章的原稿寄给了他，他留的地址是上海商业学校。几次交往后，我萌发了想认识一下这位作者的念头。后来他来了，有意思的是来了一家人——他、他的妻子以及一个年幼的女儿。他已过花甲之年，妻子却是我们同龄人，年幼的女儿很是可爱，令人惊奇的是孩子的打扮似乎有一种五四女学生的风格。一问姓名，我还真吓了一跳，原来他们就是唐云旌的女儿一家。但商友敬的写作风格倒不尽是唐大郎的遗风，也许因为他工作的性质，其文风倒有几分张慧剑的风格，无论是写散文还是写游记都很洒脱豪放。

后来我将他的来历告诉了蒋文杰伯伯，蒋伯伯和我颇有同感，为唐大郎还有后人在写作感到欣慰。

1998年10月

秦瘦鸥与《晚霞集》

今天我在晚报的资料室看到一本秦瘦鸥老先生亲笔题名赠送的《晚霞集》。此书出版于1985年，那时我还未进《新民晚报》社，但他在书中提到的许多事和许多人我都很熟悉。我进报社以后经常因连载小说的稿子去淮海西路40号秦老的寓所，由于我和秦老有许多共同熟悉的人和事，我们的关系就相当不错。今日读他的《晚霞集》，我又回想起我们的交往。

秦瘦鸥老先生是《新民报》的老报人，但他的编制却是在上海文艺出版社，应该说是我母亲的同事。但人事的变迁都是过去的事，每次见到秦老，我们更多的是就事论事地谈及一些稿件的质量、文字的修饰、共同的爱好之类的话题。

秦老是位老报人，当年在报上写文章的不少人是他的晚辈。秦老是写通俗小说的能手，早在20世纪40年代，他的一部《秋海棠》就风靡文坛，后来小说被改编为各种戏曲评弹作品，使秦老的名声大震，但也就是因为《秋海棠》，他被归入鸳鸯蝴蝶派文人，这使他吃了很多的苦，真是成也萧何，败也萧何。

改革开放后，他写过《秋海棠》的续篇《梅宝》。也许后来的情景已不像当初所想的那样，小说虽然发表，但反响和《秋海棠》相比似有明日黄花之味。自然有关这个，我不敢和秦老多谈。

为我们报社的长篇小说润笔则是他的又一项工作。记得李玉茹的长篇小说《小女人》在晚报连载后，李的丈夫曹禺先生就为小说的章回分段而惊叹不已，觉得每一回都不是简单的了断，而是设置了悬念，当我把润色者是秦老之事告诉他时，他不无感叹地说："难怪啊！"后来我把曹禺的原话告诉秦老，他听了十分欣慰。

我们间的谈话经常会涉及不少相熟的人，他说起自己在《新民报》的经历时，感慨颇深。他说上海沦陷后，他和许多文人一样向往大后方——重庆，嘉定的小同乡、燕京毕业的钱辛波就是他带去的，一路上可没少受惊吓。

我告诉他钱辛波一家的近况，知道钱在北京很好，他很高兴。我们也会谈及抗战时期是选择重庆还是延安等话题，这就是朋友间的讨论了。

秦老和许多老报人一样，觉得要当个好的新闻工作者很不容易。新闻新闻，要广而多闻，又要报喜报忧，真正要办出风格很难。

我们也曾谈到小严——我们副刊部的主任严建平。秦老和小严从祖辈起就相识，犹如说起我们家一样，他特别提到的倒不是小严的祖父严独鹤，而是将小严和他的叔叔相比较。真是不得不感叹秦老的眼力，"连阿叔都不如他成熟"，这是秦老的原话。

如今秦老已经作古，每每黄昏散步，途经淮海西路40号，抬头仰望十楼，我都会猜想这里是否还住着他的儿孙辈。我想起我曾去那儿取过稿件，在那儿和秦老有过那么多交流，总有些怅然若失。

2005年4月11日

华美的丽调

读秦绿枝先生在《新民晚报》上发表的有关评弹的文章，总是令我很有感触，很多共同认识的人，共同熟悉的事，总能钩沉往事。从小我就随外婆去书场，像东华书场、沧州书场、西乐书场都是常去的，开始只是喜欢书场外的苏州小吃，但时间久了就能听出点门道。尤其是在我们童年，20世纪五六十年代的文化娱乐活动远不如今天那么丰富，对喜欢听故事的我们来说，评弹还是很有吸引力的，所以我们就渐渐喜欢上了评弹——这门深具中国特色的说唱艺术。

说起丽调，现在的人似乎都已淡忘了。20世纪五六十年代有过一场关于中国传统文化继承和发扬的大讨论，反映在评弹界新旧诗词的谱唱上，就是成功地尝试了新的唱腔，丽调就是在“蒋调”与“徐调”的基础上发展起来的。

我认识徐丽仙很久了，她原先住在我们弄堂里，和我的外婆很熟，她说唱传统书目的时候，已经是人到中年。独特的嗓音给了她得天独厚的优势，她声带宽厚，音色圆润，用现在的话说，具有磁性，很有感染力和穿透力。当时书场的音响效果不似现在的高保真，弹词艺术又没有什么机关、布景、道具，仅有的是一块屏风、一张桌子、两把椅子，说大书的外加一块惊堂木、一把扇子而已，男士用弦子，女士用琵琶作为伴奏，所以对演员自身的要求就特别高。徐丽仙好像也没有什么评弹界的家族渊源，但她委婉而动人的唱腔，使她在众多的弹词艺人中独树一帜。她后来患喉癌，痊愈后对艺术的追求更达到了一个新的高度，评弹界给过她一个美誉，叫花腔丽调。

那时的文艺园姹紫嫣红，从家传带徒的模式走向评弹学校的学院培养。当时的评弹界也存在一个卖座的问题，即现在讲的经济效益，这就涉及流派传承和普及的问题。曲艺家们一方面是从书目着手，另一方面是在原有的说唱中加入方言和其他的曲艺元素，在这方面徐丽仙的贡献就很大，她创出了自己的新流派——丽调。谱唱开篇即将原来基本曲调的反复、旋律的变化进行革新，运用声乐的手段，加强了琵琶的过门、转调、倚音的处理，大大丰富了原有的评弹元素，有点近似于现在所谓的戏歌，当时的报刊曾对此有很多的评论。

正值“上海之春”音乐节举行，上海音乐学院支持评弹界出现的这种积极的变化与提高，其民乐系加入了琵琶弹唱的曲目，评弹团也有为毛泽东诗词谱曲的节目参加，这使评 弹艺术达到了一个新的高度。

丽调以委婉、柔和、清丽、深沉而著称，徐丽仙个人也很具特点，她不注重外表，对艺术精益求精。改革开放以后，她还带病出演，感人至深。如今人去矣，曲依存，徐丽仙在中国的评弹百花园中永远留下了盛开过的芳华。

2008年10月9日

图书在版编目（CIP）数据

岁月可当歌 / 邓传理，黄圣依著. 一上海：东方出版中心，2021.6（2021.6重印）

ISBN 978-7-5473-1822-5

Ⅰ. ①岁… Ⅱ. ①邓… ②黄… Ⅲ. ①邓传理－自传 ②黄圣依－自传 Ⅳ. ①K825.5 ②K825.78

中国版本图书馆CIP数据核字（2021）第078960号

岁月可当歌

著　　者　邓传理　黄圣依
责任编辑　张芝佳　唐君宇
装帧设计　付诗意

出版发行　东方出版中心有限公司
地　　址　上海市仙霞路345号
邮政编码　200336
电　　话　021-62417400
印 刷 者　上海盛通时代印刷有限公司

开　　本　890mm × 1240mm　1/32
印　　张　11.375
插　　页　6
字　　数　258千字
版　　次　2021年6月第1版
印　　次　2021年6月第2次印刷
定　　价　51.00元